煤炭资源管理理论与实践

Management Theory and Practice on Coal Resource

赵国浩 著

经济管理出版社
ECONOMY & MANAGEMENT PUBLISHING HOUSE

图书在版编目（CIP）数据

煤炭资源管理理论与实践/赵国浩著 . —北京：经济管理出版社，2015.4
ISBN 978-7-5096-3599-5

Ⅰ.①煤… Ⅱ.①赵… Ⅲ.①煤炭资源—资源管理—研究—中国 Ⅳ.①F426.21

中国版本图书馆 CIP 数据核字（2015）第 006839 号

组稿编辑：杜　菲
责任编辑：杜　菲
责任印制：黄章平
责任校对：雨　千

出版发行：经济管理出版社
　　　　　（北京市海淀区北蜂窝 8 号中雅大厦 A 座 11 层　100038）
网　　址：www.E-mp.com.cn
电　　话：(010) 51915602
印　　刷：北京京华虎彩印刷有限公司
经　　销：新华书店
开　　本：720mm×1000mm/16
印　　张：17.75
字　　数：348 千字
版　　次：2015 年 4 月第 1 版　2015 年 4 月第 1 次印刷
书　　号：ISBN 978-7-5096-3599-5
定　　价：68.00 元

·版权所有　翻印必究·
凡购本社图书，如有印装错误，由本社读者服务部负责调换。
联系地址：北京阜外月坛北小街 2 号
电话：(010) 68022974　邮编：100836

本书出版得到以下基金资助

国家自然科学基金项目：应对气候变化的煤炭资源低碳化利用理论与政策研究（71173141）

国家自然科学基金项目：区域碳减排潜力调控机制与政策研究（71373170）

山西省高校重点学科建设专项资金项目：山西省煤炭工业转型发展中煤炭价格动态研究（晋教财 [2012] 46号）

中华全国供销合作总社重点研究课题：煤炭资源综合利用对策研究（供销函科字 [2011] 80号）

山西省国际科技合作项目：煤炭资源低碳化利用技术路径选择研究（2013081070）

山西省社科联专项课题研究项目：山西省生态环境补偿机制研究（SSKLZXKT12）

前　言

煤炭资源作为人类社会生存和发展的基础保障，它的高效、绿色、低碳开发和利用对一个国家乃至整个世界的经济社会发展有着十分重要的作用。在中国，随着国民经济的持续快速增长，对能源的需求数量日益增加，而中国能源结构中的70%来自煤炭资源；而传统的高度开采和低效利用开发模式造成了严重的煤炭资源浪费和生态环境破坏，仅照此模式将难以满足经济社会持续发展的需求。当前中国在城镇化、工业化仍然高速发展的阶段时，又要实现低碳发展和节能减排目标，是中国在煤炭资源管理中亟待破解的一个难题。因此如何在科学发展观的统领下，优化配置煤炭资源、低碳化利用煤炭资源、综合开发利用煤炭资源，促进煤炭行业实现循环经济和可持续发展，在煤炭资源管理理论与实践方面有着非常重要的现实意义。

本书集中了赵国浩教授在2005～2014年期间以第一作者发表的36篇关于煤炭资源管理理论与实践方面的学术论文，着重反映了在煤炭资源优化配置、煤炭资源系统分析、煤炭资源低碳化利用、煤炭资源综合利用、煤炭资源整合、煤炭行业可持续发展、煤炭行业发展循环经济等领域的研究成果，涉及能源经济、管理科学、系统科学、决策科学、统计学、经济控制、可持续发展理论、循环经济理论和社会经济发展战略等方面的理论与应用。

36篇学术论文是在近十年来赵国浩教授主持的国家级和省部级科研项目研究基础上发表的，得到支持的科研项目有：煤炭资源优化配置的理论与政策研究（70873079）、煤炭资源价格形成机制的政策体系研究（70941022）、应对气候变化的煤炭资源低碳化利用理论与政策研究（71173141）、区域碳减排潜力调控机制与政策研究（71373170），山西省高校重点学科建设专项资金项目：山西省煤炭工业转型发展中煤炭价格动态研究（晋教财［2012］46号）、资源型企业可持续发展研究（晋教研［2010］7号），中华全国供销合作总社重点研究课题：煤炭资源综合利用对策研究（供销函科字［2011］80号），山西省国际科技合作项目：煤炭资源低碳化利用技术路径选择研究（2013081070）、煤炭资源综合利用技术方法研究

(2008081014),山西省自然科学基金研究项目:系统工程理论方法及其在煤炭资源管理应用中的基础研究(2009011021-1)、资源管理系统工程理论与实践研究(2006011042),山西省回国留学基金研究项目:山西省煤炭资源最优配置对策研究(晋留管办发〔2010〕14号)、山西省煤炭资源最佳开发规模与实证研究(晋留管办发〔2008〕10号)等。

目 录

第一章 煤炭资源优化配置理论与实践 ⋯⋯⋯⋯⋯⋯⋯⋯⋯⋯⋯⋯⋯⋯⋯ 1

第一节 煤炭资源优化配置分析研究 ⋯⋯⋯⋯⋯⋯⋯⋯⋯⋯⋯⋯⋯⋯⋯ 1
第二节 煤炭资源优化配置方法研究 ⋯⋯⋯⋯⋯⋯⋯⋯⋯⋯⋯⋯⋯⋯⋯ 8
第三节 煤炭资源优化配置机制研究 ⋯⋯⋯⋯⋯⋯⋯⋯⋯⋯⋯⋯⋯⋯⋯ 14
第四节 煤炭资源优化配置评价研究 ⋯⋯⋯⋯⋯⋯⋯⋯⋯⋯⋯⋯⋯⋯⋯ 21
第五节 煤炭资源配置需求预测研究 ⋯⋯⋯⋯⋯⋯⋯⋯⋯⋯⋯⋯⋯⋯⋯ 27

第二章 煤炭资源系统分析理论与实践 ⋯⋯⋯⋯⋯⋯⋯⋯⋯⋯⋯⋯⋯⋯⋯ 35

第一节 自然资源管理理论研究方法 ⋯⋯⋯⋯⋯⋯⋯⋯⋯⋯⋯⋯⋯⋯⋯ 35
第二节 煤炭价格传导机制实证分析 ⋯⋯⋯⋯⋯⋯⋯⋯⋯⋯⋯⋯⋯⋯⋯ 39
第三节 中国煤炭价格监测预警研究 ⋯⋯⋯⋯⋯⋯⋯⋯⋯⋯⋯⋯⋯⋯⋯ 51
第四节 煤炭资源资产化的管理研究 ⋯⋯⋯⋯⋯⋯⋯⋯⋯⋯⋯⋯⋯⋯⋯ 57
第五节 能源投融资耦合协调机制研究 ⋯⋯⋯⋯⋯⋯⋯⋯⋯⋯⋯⋯⋯⋯ 66

第三章 煤炭资源低碳化利用理论与实践 ⋯⋯⋯⋯⋯⋯⋯⋯⋯⋯⋯⋯⋯⋯ 84

第一节 基于随机前沿模型的碳排放效率评价 ⋯⋯⋯⋯⋯⋯⋯⋯⋯⋯⋯ 84
第二节 基于前沿分析方法碳生产率指数测算 ⋯⋯⋯⋯⋯⋯⋯⋯⋯⋯⋯ 94
第三节 低碳经济环境下煤炭资源开发利用研究 ⋯⋯⋯⋯⋯⋯⋯⋯⋯⋯ 101
第四节 二氧化碳减排路径的分析与选择研究 ⋯⋯⋯⋯⋯⋯⋯⋯⋯⋯⋯ 109
第五节 山西省节能潜力分析评价与对策研究 ⋯⋯⋯⋯⋯⋯⋯⋯⋯⋯⋯ 118

第四章 煤炭资源综合利用理论与实践 ⋯⋯⋯⋯⋯⋯⋯⋯⋯⋯⋯⋯⋯⋯⋯ 127

第一节 煤炭资源开采综合效益模型及应用 ⋯⋯⋯⋯⋯⋯⋯⋯⋯⋯⋯⋯ 127
第二节 煤炭资源利用效益最大化对策研究 ⋯⋯⋯⋯⋯⋯⋯⋯⋯⋯⋯⋯ 139

第三节　煤炭资源综合开发利用对策研究 …………………………… 147
   第四节　煤炭资源利用效率与生态帕累托关系研究 ………………… 154
   第五节　山西煤炭资源综合利用对策研究 …………………………… 160

第五章　煤炭资源整合理论与实践 ………………………………………… 168
   第一节　山西煤炭行业资源整合兼并探讨与对策研究 ……………… 168
   第二节　山西煤炭资源在经济转型下的可持续开发利用研究 ……… 176
   第三节　基于产业集中度视角下的山西煤炭资源整合分析 ………… 184
   第四节　煤炭资源优化配置视角下的山西煤炭资源整合分析 ……… 191
   第五节　基于 DEA 煤炭资源整合过程中的企业绩效评价研究 …… 199

第六章　煤炭行业可持续发展理论与实践 ………………………………… 212
   第一节　山西煤炭行业可持续发展现状研究 ………………………… 212
   第二节　基于 SWOT 分析煤炭行业可持续发展研究 ……………… 217
   第三节　煤炭行业走可持续发展道路的战略定位 …………………… 223
   第四节　基于可持续发展的煤炭资源承载力研究 …………………… 230
   第五节　煤炭行业可持续发展评价指标体系研究 …………………… 235
   第六节　可持续发展视角下的煤炭行业发展研究 …………………… 240

第七章　煤炭行业发展循环经济理论与实践 ……………………………… 247
   第一节　煤炭行业循环经济发展对山西的启示 ……………………… 247
   第二节　基于循环经济的煤炭行业发展模式研究 …………………… 253
   第三节　煤炭行业循环经济评价指标体系研究 ……………………… 258
   第四节　循环经济下的煤炭企业发展对策研究 ……………………… 264
   第五节　山西煤炭行业发展循环经济对策研究 ……………………… 269

后记 ………………………………………………………………………………… 276

第一章 煤炭资源优化配置理论与实践

第一节 煤炭资源优化配置分析研究[①]

一、资源配置现状

资源作为人类社会生存和发展的基础保障,它的高效开发利用和合理配置对一个国家乃至整个世界的经济社会发展有着十分重要的作用。在中国,随着国民经济的持续快速增长,对资源的需求数量日益增加,需求品位日益提高,但传统的高度开采、低效开发利用和低效益配置模式造成了严重的资源浪费和生态环境破坏,照此模式将难以满足经济社会持续发展的需求。2006年3月5日,国务院总理温家宝在政府工作报告中提出,单位GDP能耗当年要降低4%左右。这是中国首次将能耗指标列入国家发展目标,能源消耗和减排成为政府职责考核硬指标。中国在城镇化、工业化高速发展的同时,又要走资源、能源节约的道路,是中国亟待破解的一个难题。因此如何在科学发展观的统领下,合理开发利用与优化配置资源,具有非常重要的现实意义和历史意义。

传统经济学以资源消费的最大产出(利润最大化、产量最大化、效用最大化)为目标,通过资源投入边际收益与边际成本的平衡,来实现资源配置的最优化。但是,传统经济学的资源有效配置理论存在着三个方面的重大缺陷:一是资源配置目标的单一化,只追求资源配置经济效果的最大化,没有考虑到资源配置的社会目标、公平目标、生态环境等因素;二是没有把资源利用过程中产生的外部效应作为内生变量纳入系统优化模型,导致资源开发的环境污染与破坏;三是

---

① 原论文:《资源优化配置系统分析与对策研究》,《和谐发展与系统工程》2008年第9期。

只考虑到资源空间对象上的合理分配，没有把时间因素纳入优化配置模型，从动态角度上系统分析资源在时间维度上的优化配置问题，缺乏运用系统科学理论方法来解决优化配置问题。

二、资源优化配置系统分析

资源优化配置是一项复杂的系统工程，有许多影响因素。既要考虑可持续发展，也要考虑市场运行的情况。强调经济、社会的发展必须同资源的开发利用和环境保护相协调，强调供给、需求与市场的协调。资源优化配置系统思想强调社会经济发展速度与效益相结合，当前利益与长远利益相结合，局部利益与整体利益相结合，强调社会、经济、资源与环境和谐发展，强调系统优化，这种思想与传统经济发展模式大为不同。传统经济发展模式只强调经济发展和需求供给的传统战略，忽视经济、社会、资源与环境相协调、供给与需求相协调，导致区域产业结构不合理、经济发展畸形、生态环境恶化、社会不和谐等。资源优化配置强调社会经济发展速度与效益相结合，当前利益与长远利益相结合，局部利益与整体利益相结合，强调社会、经济、资源与环境和谐发展，强调系统优化。可见，资源优化配置战略思想符合资源供给、社会经济、环境效益与市场效率的系统联系和要求，是一种系统思想。

系统是由若干个相互作用、相互依赖的要素组成的一个具有特定功能的有机整体。资源优化配置是一个复杂的系统，它由许多子系统组成，主要有供给子系统、需求子系统、市场子系统和支持子系统。

供给子系统是资源优化配置的物质基础与资源保证，是资源优化配置的源泉。资源的供给子系统制约着社会经济可持续发展，同时，它又是市场子系统和支持子系统的服务对象。需求子系统是社会可持续发展目标和程度，它是资源优化配置的动力，其他三个子系统都是为之存在和服务的。需求子系统是为了达到实现社会经济可持续发展与人类的和谐发展目标。供给是因为有需求，同样，市场与支持的存在也是为了社会经济可持续发展的需求。市场子系统是供给满足需求得以实现社会经济可持续发展的关键环节。没有市场，需求得不到公平合理的满足；没有市场，资源得不到有效配置；没有市场，资源优化配置也就无从谈起。市场在资源优化配置系统中扮演着主要的角色。支持子系统是资源优化配置得以顺利进行的保障，从供给到市场，再到需求，支持子系统一直在保驾护航。离开了支持子系统，资源优化配置不会顺利进行，势必出现不合理、不公平以及盲目的现象。离开了支持子系统，资源优化配置的实现难以达到。因此，需求子系统、供给子系统、市场子系统和支持子系统相互影响、相互制约，共同构成资源优化配置系统。其系统要素关系结构如图1-1所示。

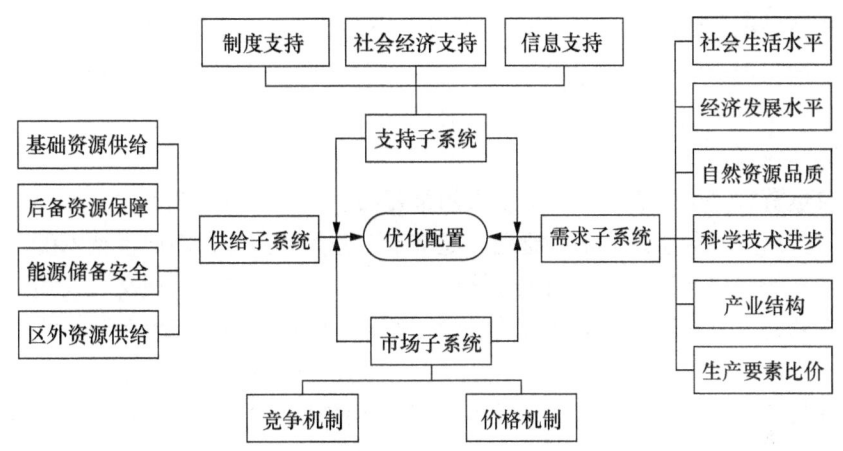

图1-1 资源优化配置系统要素结构图

走资源优化配置道路就是要协调好这四大子系统之间的关系，在保证四大子系统健康稳定发展的前提下，保持经济长期持续发展，目的是实现资源的优化配置，提高资源利用效率，促进经济稳定发展、社会持续进步。

三、资源优化配置构成要素分析

影响资源优化配置的因素众多，加之未来错综复杂的内因和外因，存在着许多难以预见的不确定因素。本节对资源优化配置系统中的供给、需求、市场与支持四个子系统进行系统要素分析与研究。

（一）需求子系统

自然资源是人类文明和社会进步最直接、最重要的物质基础。作为人类直接生活资料的自然资源，其开发利用的历史和人类历史一样悠久。人类为了维持生计、求得生存，在社会发展的早期就开始开发利用这些资源。就人类对自然资源总的需求而言，人口在不断增加，人们总想得到更多更好的食品和其他生活资料，希望有更充足的住房、更好的教育、娱乐、交通设施等等，因而对自然资源的需要有无限扩大的趋势。就个别生产者而言，总希望尽可能多地占有自然资源来弥补其他生产要素（资金、劳动、管理）的不足。因此，自然资源的需求具有无穷大的弹性，即在一定供给价格水平下，总希望自然资源越多越好。

人们对自然资源的需要程度随着社会进步和经济发展而有所不同，决定这种需要程度的大小有下面六个方面的因素：

1. 社会生活水平

人口数量越多，对自然资源的需求越多，人口年龄构成、职业构成和性别构成对消费结构、消费水平和产业结构有一定的影响，从而影响到自然资源的需求。中国实现全面建成小康社会，人们随着社会物质文明进步，对吃、穿、住、行及娱乐文化生活要求越来越高，进而对自然资源的需求越来越大。

2. 经济发展水平

自然资源是国民经济和社会发展的重要物质基础，是实现可持续发展的根本条件。自然资源的生产和消费是国民经济不可分割的部分，因而也就不能不随着经济增长的起伏而波动。当国民经济增长越快，国民生产总值越高，人均资源消费量就越大，直接增加了对资源的需求。随着中国经济的快速发展及经济规模越来越大，可以预见对资源的需求会越来越大。随着经济结构的转变、经济运行质量的提高，低效益、高能耗、高污染的产业会被淘汰，这将减缓对资源需求的压力。

3. 自然资源品质

品质低下或毫无利用价值的自然资源，自然无人需要。自然特性和区位条件越优良的自然资源，利用价值越高，人们对它的需求越大。

4. 科学技术进步

随着科学技术发展，资源开发利用的技术水平也得到不断提升，用于生活资料的最基本的自然资源（如用于食物的动物和植物），其种类并无明显的增加，只是开发利用的广度和深度不断延伸和加深。但是，作为生产资料的自然资源（如原料、燃料、动力等），则随着社会生产力水平的发展和经济水平的提高，其新的领域不断被开拓，新的自然资源不断加入到生产过程中来，从而极大地促进了社会生产的发展和提高。在人类社会发展的不同时期，因为整个人类的发展状况不同，采用的生产技术水平也不同，自然资源开发利用的种类、数量、规模、深度、范围都很不相同。自然资源的开发利用是随着人类社会的发展和科学技术进步而发展的。

5. 产业结构

不同产业对资源的依赖程度不同，第一产业为农业、林业、牧业和渔业，其产品直接取自自然界，主要依赖于土地、淡水资源及阳光空气等。第二产业是指采矿业，制造业，电力、煤气及水的生产和供应业，建筑业，主要依赖于土地资源、矿产资源等。第三产业是指除第一、二产业以外的其他行业，主要为服务业，包括的行业多，涉及范围广，相对来说对资源的消耗就比较少。产业结构的不同直接影响着整个经济发展对自然资源的需求数量和需求结构。

6. 生产要素比价

按照经济学原理，生产者对各要素的有效需求遵循均等边际原则，使支付能力分配在每一种生产要素上所获得的边际报酬大致相等，从而使各生产要素获得的总报酬才能达到最高。这样，若自然资源价格相对于其他生产要素（如资金、劳动、管理）价格越低，对自然资源的有效需求就越多；若这种比价越高，则对自然资源的有效需求就越低。

（二）供给子系统

供给子系统是指能够供给资源的基础和潜力，是资源配置的物质基础和资源保障，是其他系统得以有效运作的根基。地区社会经济的发展，一定程度上只对该地区资源的消耗量大小提出了客观需求，但该地区现实的资源开发量大小更大程度上取决于本地区资源禀赋。首先，现实的开发量取决于区域内资源的储量规模。区域内资源的储量（包括储量、基础储量和资源量）较为丰富，往往可以形成较大的资源开发量。其次，现实的开发量还取决于该地区资源储量增长的发展潜力。区域内成矿特征明显，找矿远景条件好，资源储量补充的潜力较大，可持续性强，往往可以形成较大的开发量。再次，现实的开发量很大程度上还取决于区域内资源的品质及开发利用条件。只有客观上具备满意的资源品位和资源质量，具备良好的加工条件，具备较为优越的工程地质、水文地质条件等，才能形成最终的资源开发量。最后，资源供给还取决于外供资源以及环境承载度，外供资源量和外供风险对地区经济的发展有着很大的制约作用；环境承载度越高，资源供给就越大。

（三）市场子系统

供给怎样才能转化为需求，是通过市场。通过市场交换，资源的价值得以实现，需求得到了满足。市场在资源配置中充当着关键的作用，没有市场，资源配置必然会不公平、不合理，必然会出现资源浪费严重的现象，使得社会难以得到可持续发展，和谐发展更无从谈起。市场主要的特征就是竞争，竞争的大小直接影响了资源配置的优劣。竞争程度越大、越是公平，资源配置就越有效。价格是市场公平程度的又一表现，价格是否真正体现了供求关系，是否真正体现了资源价值，也影响到资源配置的有效与合理。如果是扭曲的价格机制，势必会导致价格不合理，出现配置效率低下的现象。所以，竞争机制和价格机制是市场这个子系统的两大关键因素。只有价格合理与竞争公平，才能实现资源在市场交换过程中的有效配置。

（四）支持子系统

资源的供给不仅取决于它的储量，还取决于它的开发技术和投入资金以及社会配套设施。因此，资源优化配置需要技术和资金等方面的支持，同时由于市场固有的缺陷和不足，还必须有一套管理制度来支持实现资源配置的优化。信息化的发展是经济社会健康发展的有效手段之一，资源管理信息化才能对有限的资源进行优化配置。因此，支持子系统有社会经济支持、制度支持和信息支持等。社会经济支持主要是社会技术、资金以及配套设施等的支持,技术包括生产技术和评价技术两方面,生产技术的现代化和技术进步水平提高,有益于资源优化配置。制度方面主要是产权制度的完善、资源合理利用与有效保护法律法规体系的健全、资源有偿使用制度的健全等。信息支持包括资源供求关系的预警支持和资源管理决策中的可持续发展评价信息。

综上所述,资源配置系统是由需求子系统、供给子系统、市场子系统和支持子系统构成。考虑到中国市场化的不完善与市场本身的缺陷,还需政府的一些其他辅助作用与功能来实现资源优化配置。因此,需要政府宏观决策管理部门加入支持系统来实现资源优化配置。供给系统、需求系统、市场系统和支持系统四个子系统构成了资源优化配置系统,这四个子系统相互联系、相互制约,共同决定了资源的优化配置状态和发展态势。

四、资源优化配置系统方案对策建议

(一)加强资源资产化管理

资源市场化管理的前提是资源资产化管理,资源资产化管理的实现是以资源价值为基础,确认资源市场价格,通过资源市场价格的杠杆作用,建立高效的资源市场运行机制,促进资源优化配置,达到既节约资源又为国家提供资源供应保障的目的。要积极推进资源性产品价格和环保收费改革,逐步使资源性产品价格真正反映资源的稀缺程度,环保收费标准达到能够补偿污染治理成本并使治污者合理盈利的水平,发挥价格杠杆抑制不合理资源消耗和污染排放的作用。通过健全法制,使资源的管理、保护、开发与利用有法可依,有法必依。通过健全法制,明确界定资源产权,理顺产权关系,使资源的经营、使用过程中的权、责、利关系明确。

(二)完善资源市场经济制度

资源市场经济建立在法治经济基础上,各级政府要形成行为规范、运转协调、公正透明、廉洁高效的行政管理体制,履行起经济调节、市场监管、社会管理和公共服务的责任。在发展社会主义市场经济过程中,资源勘查评价与开发利用,资源的市场主体的活动,市场经济秩序的维护,公平竞争的实现,国家对资源市场的宏观调控,都需要法律的规范、引导、制约和保障,保证资源的优化配置。

(三)推动产业结构调整

依据循环经济理论,为了使各种资源在工业产业链中更好地利用,尽量减少浪费,应加大科研投入,加强和拓宽资源的产业链,实现多种经营。广泛应用高新技术和先进适用技术改造提升传统产业,积极采用节能环保新设备、新工艺、新技术,显著降低能源消耗和污染排放量。要控制高耗能、高污染行业过快增长，依法淘汰高耗能、高污染行业的落后生产能力、工艺装置和技术设备，大力促进服务业、高新技术产业发展。

（四）加速信息化建设

从促进生产力要素优化配置、产业结构升级，推动生产关系围绕市场、资本、新技术大幅度调整，以及实现国民经济、社会发展的历史转型等意义上讲，网络信息技术已经开始成为经济发展的新动力。我们应该重点对资源开发、生产安全、合理利用与环境保护、信息化和管理科学等领域的共用技术、关键技术、前沿技术组织科技攻关，培植具有自主知识产权的核心技术产品，促进资源综合开发利用效率。

参考文献

［1］Richard Knight, Sarah Bates. A New Century for Natural Resources Management［C］. Island Press, 1995.

［2］Peter Folliott, Luis Bojorquez. Tapia and Mariano Hernandez Narvaez. Natural Resources Management Practices［M］. Blackwell Publishing, 2001.

［3］Zhong Ziran. Natural Resources Planning, Management, and Sustainable Use in China［C］. Resources Policy, No. 25, 1999.

［4］Barry Pound, Sieglinde Snapp, Cynthia McDougall and Ann Braun. Managing Natural Resources for Sustainable Livelihoods: Uniting Science and Participation［M］. James & James/Earthscan, 2003.

［5］Zhao Guohao. Optimization Model to Sustainable Utilization of Resources［J］. Journal of Systems Science and Systems Engineering, 2002, 11（1）.

［6］Tsujimura Motoh. Optimal Natural Resources Management under Uncertainty with Catastrophic Risk［J］. Energy Economics, 2004.

［7］Suresh Sethi and Gerald Thompson. Optimal Control Theory: Applications to Management Science and Economics［M］. Springer, 2000.

［8］赵国浩. 资源管理系统工程理论与实践［M］. 北京：经济管理出版社，2008.

［9］赵国浩. 基于可持续发展的资源最优配置模型［C］//人类生存、环境与可持续发展［M］. 北京：中国科学技术出版社，1999.

［10］赵国浩. 管理科学理论研究与应用［M］. 北京：中国科学技术出版社，2005.

［11］张丽峰. 中国能源供求预测模型及发展对策研究［D］. 首都经济贸易大学博士论文，2006.

第二节 煤炭资源优化配置方法研究[①]

一、煤炭资源优化配置研究的必要性

中国能源结构的特点是"缺油、少气、富煤",这就决定了煤炭资源是中国的主要能源,而且根据中国的国情,以煤为主的能源结构依然不会发生根本性改变。长期以来,煤炭资源在产权上是国家所有的,在资源配置上一直采取无偿获得、政府计划的方式,导致了煤炭资源的无序、低效开发,影响了煤炭工业乃至国民经济的持续健康发展。其主要影响表现在以下三方面:一是煤矿经营短期意识和粗放经营方式;二是煤炭资源浪费严重;三是重大安全生产事故频发。如何对小煤矿实行有效监管成为煤炭产区政府面临的一道棘手难题。

党中央、国务院非常关注能源问题,明确提出把单位国内生产总值能源消耗降低20%左右作为今后五年经济社会发展的主要目标之一,表明在节约型社会、和谐社会构建的进程中,资源节约已经成为社会经济建设中的一个重要主题。目前中国煤炭生产在需求的拉动下,呈现产量快速增长的态势,同时,已建、在建生产能力已超过"十一五"末的煤炭需求,这与煤炭资源的过度无序配置有着直接的关系,因此,应用管理科学的理论与方法系统研究如何在科学发展观的统领下,科学规划、适度开发、高效利用与合理配置煤炭资源的理论与对策,为构建资源节约型和环境友好型社会提出中国煤炭资源配置的总体方案和煤炭生产的总体布局,促进煤炭工业可持续发展和国民经济的稳定运行,具有迫切的现实意义。

煤炭资源优化配置问题是经济学和管理科学中的一类重要的最优化问题。目前中国煤炭资源实行有偿使用试点过程中,资源的配置方式仍然是以政府为主导的计划经济手段,如何在煤炭资源的配置中发挥更大的市场作用,实现煤炭资源的最优化配置,是值得深入研究和探讨的重大问题;在煤炭资源的配置中,如何解决国有煤炭企业资源有偿获得,是试点中另一个难以解决的问题;同时,在实践中和相关研究中遇到的一个突出问题,就是煤炭资源的价值如何确定,这是一个在理论界和实践过程中仍然没有得到有效解决的难题。这些问题的存在直接导致了资源的低价转让、国家利益的流失和资源的不合理配置。因此,以煤炭资源

[①] 原论文:《煤炭资源优化配置研究方法》,载《2007中国可持续发展论坛暨中国可持续发展学术年会论文集》,黑龙江教育出版社,2007年。

优化配置为研究对象,对煤炭资源优化配置问题进行梳理并做定量分析研究,构建煤炭资源市场价值的机制,并将管理科学和系统科学的理论与方法应用到煤炭资源优化配置实践中,促进制定适合中国特色社会主义市场经济运行的煤炭资源合理开发利用的长效管理机制,为建立资源节约型和环境友好型的和谐社会提供科学决策理论依据,充实和拓展管理科学和系统科学的理论方法与应用范畴,是资源管理研究的突破点与创新点,具有重要的理论与方法创新性和实践价值。

西方发达国家在资源配置上有着较为完整的理论体系与成功的运作方式,其实践经验对于中国煤炭资源配置值得借鉴。结合中国国情,建立煤炭资源优化配置与经济社会全面、协调、可持续发展的评价指标体系和定量分析模型,揭示煤炭资源配置的市场价值机制和经济运行规律,可以使管理者对煤炭资源优化配置管理有系统的认识,掌握和了解煤炭资源优化配置的管理理论与方法,重视煤炭资源优化配置与环境保护工作,提高煤炭循环经济,促进煤炭资源与生态环境、煤炭资源与社会经济、人与自然的和谐发展,为政府管理部门提供煤炭资源优化配置相适应的管理对策建议,增强管理者解决煤炭资源优化配置管理问题的能力。研究成果具有极高的实用价值。

二、煤炭资源优化配置研究综述

从20世纪70年代开始,国内外的学者和有关研究机构,就开始对资源特别是煤炭资源问题进行关注。未来20年,是中国经济社会发展的重要战略机遇期,而资源是制约经济社会发展的重要因素(Zhong Ziran,1999),提倡运用管理科学和系统科学理论与方法在资源管理中的应用,应用系统分析方法来描述和剖析资源管理问题,建立资源可持续发展综合评价指标体系和评价模型,以系统效益最优为目标进行资源最优配置(赵国治,1999、2002),用管理科学方法解决资源管理中的决策问题,达到资源最优开发利用效益(Tsujimura Motoh,2004)。

世界其他主要产煤国家,无论是发达国家还是发展中国家,无论是市场经济国家还是转型国家,都非常重视煤炭资源管理,通过市场化手段达到煤炭资源优化配置的目的。美国、俄罗斯、澳大利亚、印度、南非等国对煤炭资源管理的形式虽然各有不同,但本质上是相同的,那就是实行市场化管理。其中,以美国的煤炭资源市场化管理制度最为成熟,正是由于有一整套严格的煤炭资源市场化管理体系,美国的煤炭资源得到充分开采利用,煤炭资源总回收率高达80%,井工矿平均资源回收率为57%,露天矿高达90%。

就中国煤炭资源优化配置而言,近几年国内学者也从不同的角度和层面对中国煤炭资源的管理理论与对策进行了持续的研究,如从管理信息系统的角度研究煤炭资源的开采和储量管理,从传统的数学模型和多元统计分析的角度研究预测煤炭资源的产量和需求；也有学者在对中国煤炭资源开发利用状况进行分析的基础上提出新的管理思路和发展对策，如中国煤炭资源保障程度与合理开发利用（张世奎，2004），中国煤炭资源开发利用对策研究（陈武等，2003）；从管理科学和系统科学的角度研究煤炭资源优化配置理论和应用，如中国煤炭工业可持续发展研究（赵国浩，2002），基于可持续发展的资源最优配置模型（赵国浩，1999）。但目前的研究着重理论探讨，定性分析较多，定量分析通常也只是以传统建模技术为基础；从某个侧面进行分析的较多，且多以应用和解决当前实际问题的某一方面研究为主。运用定量分析方法对煤炭资源优化配置与对策进行科学的、系统的且具有普遍性的研究还处于零散的状态，对煤炭资源优化配置理论与对策的共性问题所进行的系统深入的基础性研究还很缺乏。

三、煤炭资源优化配置研究方法

煤炭资源优化配置研究方法主要集中在两个方面：一是煤炭资源优化配置模型的建立。运用系统评价模型和最优化数学模型等，构建煤炭资源供需平衡预测模型、煤炭资源优化配置评价指标体系和评价方法以及煤炭资源最优开发规模、最佳开发时机模型和煤炭资源社会经济效益最大化配置模型。二是煤炭资源优化配置实证研究。运用煤炭资源优化配置模型和系统仿真的方法，对煤炭资源丰富省区的煤炭资源优化配置方案进行系统分析和政策试验分析，提出煤炭资源优化配置理论和有效实现途径的对策建议。

具体研究方法包括以下六个方面：

（一）煤炭资源配置的影响因素分析

1. 影响煤炭资源配置的因素甄别

影响因素主要集中在资源产权、市场配置机制、经济增长方式、资源价值定价机制等方面，应该积极探索推进煤炭资源产权改革，明晰产权关系，促进采矿权改革、经营权和所有权合一，建立安全生产、资源节约和持续发展的长效机制。

2. 分析影响因素对煤炭资源配置的作用机理，建立相应的经济解释结构模型

煤炭资源有偿使用改革涉及煤矿产权归属，将会直接影响煤炭资源保值增值。推行煤炭资源有偿使用，可激励煤矿企业改革采煤方法的积极性；增强煤矿企业竞争力和经济效益；促进煤炭资源有效配置。

3. 推行煤炭资源循环经济和生态经济

按照循环经济学理论和生态学原理、市场经济理论和系统工程方法，运用现代科学技术，形成生态上和经济上的两个良性循环，实现经济、社会、资源与环境相协调发展的现代社会经济可持续发展体系，其本质就是要把社会经济的发展

建立在生态环境可承受的基础上,要保证自然再生产的前提下扩大经济的再生产,形成产业结构优化,经济布局合理,资源更新和环境承载能力不断提高,经济实力不断增强,集约、高效、持续、健康的社会经济自然生态和经济并重、双赢的经济发展形式。

(二)煤炭资源供需预测分析

1. 运用数量统计方法建立煤炭资源供需预测模型,分析煤炭资源供需走势

进入21世纪,中国工业化和城镇化进程加快,国民经济快速增长,煤炭供应全面紧张,煤炭价格也快速增长,已经成为国民经济发展的瓶颈之一。受需求和追求效益最大化的双重驱使,不少地方的煤矿以超能力生产、超强度开采的方式提高产量,增加效益。

2. 运用环境资源承载力理论和模型,构建煤炭资源承载力容量模型,预测煤炭资源对社会经济的承载容量

超能力和超强度开采,降低了矿井服务年限,导致矿区维持正常生产能力的服务年限也随之缩短,加快了矿井衰老报废速度,打乱了矿井正常接续部署。更为严重的是采空区沉降、塌陷面积迅速增加;地面设施毁坏严重;农田破坏,耕地逐年减少,人地矛盾加剧。

3. 运用Spreadsheet模型对煤炭资源供需关系、承载力容量和安全保障可靠性进行系统分析和政策模拟

按照循环利用,可持续发展的要求,努力延伸产业链条,优化产业结构,促进产业升级,增强经济竞争力,推动经济社会和谐、可持续发展,建立、健全与国际接轨的煤炭资源评价和管理体系,不断提高资源的保护和合理利用水平。

(三)煤炭资源优化配置评价体系与评价方法

建立煤炭资源优化配置评价指标体系。基于可持续发展理论,确定煤炭资源优化配置系统评价因素和指标体系。运用模糊数学理论的模糊综合评价方法在国内外都取得了一定的经验可供借鉴,也可以运用灰色系统分析方法建立煤炭资源配置系统分析模型。

(四)煤炭资源市场价格确定方法

1. 基于宏观环境经济核算理论构建煤炭资源估价理论和方法

在市场经济条件下,煤炭资源具有价值,是由煤炭资源的有用性、稀缺性和所有权三个条件决定的。

2. 运用外部不经济理论和方法建立煤炭资源开采外部成本核算模型并确定其内部化的途径

通过政策调整促使煤矿企业和煤矿主对环境保护的外部效益内部化,需要做好四个方面的工作:一是引入市场机制,用好价格杠杆;二是提高排污处罚标

准，促使企业在高昂的污染代价和清洁生产、循环再生利用增值之间做出选择；三是调整财政支出结构，深化税费体制改革，逐步形成有利于循环经济和生态经济发展的财税体制；四是改革统计评价体系和制度，把煤炭资源消耗和环境影响作为评价各级政府政绩的重要指标。

（五）煤炭资源优化配置构模与优化

1. 基于资源经济学理论构建煤炭资源最优开发规模和最佳开采时机模型以及煤炭资源经济评价模型

经济发展及科技进步可以通过增加煤炭资源勘探和保护投资、提高煤炭资源利用效率、发现替代资源、进口国外资源等方法直接或间接地扩大资源可利用量，加强经济发展的资源基础。

2. 基于可持续发展理论建立煤炭资源社会经济效益最大化配置模型

资源的可持续利用的目标是资源的有效利用。在不同时期配置利用煤炭资源时，要做到煤炭资源利用净效益的现值最大化，这是实现高效率煤炭资源配置的核心。

在一定时间 T 内，使带有贴现的资源利用净效益最大化，并满足可持续性的约束，即这一期末，使生产的可能性集合包括起初的所有生产性集合。煤炭资源属不可再生资源，考虑不可再生资源代际均衡利用，不可再生资源的开采速率不应大于其可开发储量的增长速率，或不超过寻求替代品的可再生资源的替代速率。不可再生资源第 t 年开采的净效益为：

$$E_t = P_t Y_t - c_t(Y_t, X_t) - W_t Y_t$$

式中：E_t 为净效益值；P_t 为资源单位价格；Y_t 为资源开采量；X_t 为 t 时资源可开采量（存量）；$c_t(Y_t, X_t)$ 为 t 时资源可开采成本；W_t 为资源可开采量的变化单位的租金和使用费。

不可再生资源的最优开采系统模型为：

$$\max E = \int_0^T E_t e^{-\rho t} dt$$

S. t. $set\ Z_0(K_0, L_0, X_0) \subset set Z_t(K_t, L_t, X_t)$

$Y'_t \leq X'_t \leq Q'_t$

式中：ρ 为贴现率；$Z_0(K_0, L_0, X_0)$ 为期初生产可能性集合；$Z_T(K_T, L_T, X_T)$ 为期末生产可能性集合；L 为劳动资本；K 为物质资本；Q_t 为不可再生资源替代品可用量。

3. 构建煤炭资源优化配置管理模式，为资源管理者提供有效的煤炭资源配置方法和途径

通过优化煤炭资源开发规模和最佳开采时机模型的建立，来描述煤炭资源可持续利用的一般性质，追求煤炭资源的合理利用，使煤炭资源的净效益最大化，

第一章 煤炭资源优化配置理论与实践

模型用有限时间段而不是在无限时间上的最大化，可以用旋进原则滚动推进或动态方法来实现煤炭资源的可持续利用的目的。

（六）煤炭资源优化配置的实证研究

1. 建立模型合理预测

结合煤炭资源优化配置模型研究，提出煤炭价格政策、煤炭资源合理开发利用和煤炭资源有效配置的管理机制以及政策建议。依法科学合理划定矿区开采范围，严格按国家规划有序开发。综合运用煤炭发展规划、产业政策、法律法规等手段，加强对煤矿开发建设和煤炭生产的监督管理。修订煤炭产业政策，健全和完善管理制度，强化煤炭资源和生产开发管理。

2. 合理有序开发煤炭资源

进一步完善矿业权有偿取得制度，规范煤炭矿业权价款评估办法，逐步形成矿业权价款市场发现机制，实现矿业权资产化管理煤炭矿业权。

3. 加强煤炭资源管理

国家对煤炭资源实行战略资源管理，实行保护性开发。依法维护煤炭资源使用者的合法权益。

参考文献

［1］Richard Knight, Sarah Bates. A New Century for Natural Resources Management［C］. Island Press, 1995.

［2］Peter Ffolliott, Luis Bojorquez. Tapia and Mariano Hernandez Narvaez, Natural Resources Management Practices［M］. Blackwell Publishing, 2001.

［3］Zhong Ziran. Natural Resources Planning, Management, and Sustainable Use in China Resources Policy［C］, No. 25, 1999.

［4］Barry Pound, Sieglinde Snapp, Cynthia McDougall and Ann Braun. Managing Natural Resourcesfor Sustainable Livelihoods: Uniting Science and Participation［M］. James & James/Earthscan, 2003.

［5］Zhao Guohao. Optimization Model to Sustainable Utilization of Resources, Journal of Systems Science and Systems Engineering［J］. 2002, 11（1）.

［6］Tsujimura Motoh. Optimal Natural Resources Management Under Uncertainty with Catastrophic Risk［J］. Energy Economics, 2004（26）.

［7］Suresh Sethi and Gerald Thompson. Optimal Control Theory: Applications to Management Science and Economics［M］. Springer, 2000.

［8］赵国浩，王烷尘. 煤炭工业可持续发展系统评价［J］. 数量经济技术与经济研究，2000（4）.

[9] 赵国浩. 基于可持续发展的资源最优配置模型[C]//人类生存、环境与可持续发展[M]. 北京：中国科学技术出版社，1999.

[10] 赵国浩. 管理科学理论研究与应用[M]. 北京：中国科学技术出版社，2005.

[11] 张世奎. 中国煤炭资源保障程度与合理开发利用[J]. 中国煤田地质，2004（1）.

[12] 陈武等. 中国煤炭资源及其开发利用研究[J]. 煤炭经济研究，2003（7）.

第三节 煤炭资源优化配置机制研究[①]

一、中国煤炭资源配置现状

从经济学角度讲，任何资源总是稀缺的。如何高效地配置资源，实现资源结构的合理化，使其得到最有效的使用，获得最大的社会效益和经济效益，这始终是经济学的核心问题。在市场经济条件下，要想使有限的资源在全社会范围内优化配置，则需要市场机制与计划手段相结合。

在中国，煤炭资源配置的政府色彩依然很浓，市场机制的作用十分有限。而市场经济体制，作为人们所期望的目标体制，是一个有利于资源合理配置的新体制。从资源配置的过程与效果来看，在市场经济条件下煤炭资源优化配置必须重视市场机制的基础性作用。但不可否认，市场机制本身也存在某些缺陷。煤炭供需各方虽可获得大的市场收益，但效率实现的固有机制不利于煤炭资源的保护、生态环境的保护和社会、经济、能源的可持续发展。美国学者克鲁蒂拉、佩奇分别于20世纪60年代和70年代，从分析技术进步的非对称性含义入手，揭示了市场机理本身的局限性。有鉴于此，中国建立市场经济体制，从资源配置的角度，必须重视研究适合国情的煤炭资源配置机制，更有必要探索符合中国国情的资源配置理论、方法政策体系。就中国经济的非均衡状态而言，与国外有关资源配置的种种观点有较大的距离，市场机制不能视为煤炭资源配置的唯一有效机制，而应当是政府宏观调控与市场微观调节的高度协调。就煤炭资源配置而言，应该建立以市场机制为主、政府宏观调控为辅两者相结合的煤炭资源优化配置综

---

① 原论文：《煤炭资源优化配置机制研究》，《能源技术与管理》2011年第2期。

合调控机制。这与目前"双轨制"模式下的计划与市场的"平列型"是有显著区别的。

二、煤炭资源配置影响因素分析

煤炭资源配置影响因素主要集中在资源产权、经济增长方式、资源价值定价机制、资源配置方式等方面。

(一)煤炭资源配置影响因素

1. 资源产权

产权的功能之一就是配置功能。产权的配置功能是指产权安排或产权结构驱动资源配置状态的形成、变化,是影响资源配置的重要的调节机制。市场机制的作用发挥伴随着产权流转。如果资源的产权主体明确,允许产权转让,并且相应的收益得到有效的保护,那么产权主体才有可能最大限度地在产权约束的范围内配置资源以获取最大收益。对转让权的不当限制,会导致三种后果:一是资源不可能流向对其评价最高的地方,资源配置效率由此受到损害;二是必然导致缺乏有效的竞争,会陷入无休止的"内耗"或者低效率的资源利用;三是导致行为主体的收益权受限制与侵蚀。

产权制度是决定资源配置的基本制度。在任何一个社会中,资源相对于人类的需求而言总是有限的或稀缺的,正因为资源的有限性与人类需求的无限性,决定着资源生产、使用和交易关系的产权制度就成了资源配置机制和效率的基本问题和必要条件。由此可见,产权制度对一个经济社会的资源配置有着决定性作用。

为了使稀缺资源得到高效率的运用,必须借助产权。资源如何配置的实质是产权如何界定以及如何交易的问题。资源高效配置的过程实际上是产权不断交换和重新配置的过程。明晰产权是商品交换的前提条件,是整个经济活动和经济运行的根本基础。产权不明时为争夺资源和分享现有资源收益所发生的激烈冲突,必然导致经济活动的无序和混乱以及资源浪费。唯有明确界定产权,界定资源的所有权归属和资源使用中受损的界定及补偿原则,并且通过产权交换规则来规范人们在经济活动中为争夺稀缺资源的竞争,才能最有效地利用稀缺资源实现经济的增长。

2. 经济增长方式

经济增长方式,一般指经济增长过程中的生产要素的分配和使用方式。资源配置,通常指在资源数量一定的情况下,如何将有限的人力、物力、财力以及科学技术、信息等资源投向不同的地区、部门以及企业,以期获得最大的产出,求得经济持续、快速、健康地发展。人们之所以研究社会不同时期最优的经济增长方式，是因为各个时期社会可供分配和使用的生产要素的有限性；人们之所以探索和寻求资源的合理配置，也仍然是因为社会资源的有限性。可见，经济增长方式的转变与资源的有效配置有着紧密的关系。

经济增长方式主要是从生产要素的配量比例及各种要素发挥作用方式的角度划分的。当前，人们一般将增长方式划分为粗放型和集约型两种方式。粗放型经济增长方式主要是依靠人力、物力、财力等资源并通过大量增加这些资源量的简单扩张来推动某一时期经济的高速度增长，因而也称数量扩张型经济增长。集约型经济增长方式主要是依靠科学技术的进步，通过提高人力资源质量、合理分配生产要素、最优配置和使用资源等措施，以资源的内涵增加来实现持续、快速、健康的经济增长，因而也称质量效益型经济增长。二者相比，前者靠资源的"数量投入"实现经济的简单扩张，后者靠资源的"质量效益"实现经济的内涵增长。这种"量"与"质"、"简单扩张"与"内涵增长"的衡量标准，成为区分"粗放"与"集约"两种经济增长方式的重要依据，同时也成为不同经济增长方式下的资源配置标准。

在中国经济增长方式由"粗放型"向"集约型"转变中，各种具有资源配置特性的经济、社会主体之间，必然会发生两种截然不同的横向的市场交换关系和纵向的政府计划关系。市场关系是以平等交换和竞争关系为基本行为准则，计划关系则是以共同利益的偏好和协调关系为基本行为准则。计划是政府自觉地对资源配置进行宏观控制的手段，即资源主体有意识地对资源进行配置与调节；市场是自动配置机制对资源配置进行调节的工具，即资源配置机制自发地对资源进行的配置及其调节。

3. 资源价值定价机制

自然资源的定价主体大致可以分为市场和政府两类。以市场为定价主体，是指自然资源的价格由市场供求关系来决定，价格随供求的变化自由浮动；以政府为定价主体，即政府是资源价格的主要操纵者，负责制定各类资源的价格并实施价格监管。

价值是商品价格的基础，价格围绕价值上下波动，从长期看，商品的价格一定是趋向其价值。煤炭资源既然是生产要素，被引入到市场中来，其市场交易价格就应该以其真实价值为基础。只有这样，市场机制对煤炭资源才能实现有效配置，达到环境资源利用的帕累托最优。

以政府为主体的不合理的资源定价方法，难以反映资源稀缺程度和社会对资源的需求状况，导致资源市场价格的严重扭曲，表现为自然资源无价、资源产品低价以及资源需求的过度膨胀。由于市场机制没能在资源定价过程中发挥作用，因而，其在资源配置中的基础性作用也得不到发挥，致使资源价格偏低，缺乏对投资者、经营者和消费者的激励和约束作用。这在一定程度上加剧了资源的过度开发、过度需求和过度浪费。

4. 资源配置方式

资源配置目标必须通过一定的资源配置方式来实现。迄今为止，煤炭资源配置方式基本上有两种：市场配置方式和计划（政府）配置方式。政府和市场机制在资源配置方面都有其各自的优势和弊端。市场机制在微观经济活动方面跟政府干预相比，具有灵活的特点，同时在个体的生产、消费决策方面具有激励优势，能够保证经济的效率。但其固有的自发性、盲目性和滞后性也同时制约了经济效率的发挥，政府干预的计划性和前瞻性应优于市场机制应该表现在经济全局的把握上。但政府在微观方面的直接决策通常很容易导致经济估计的无效率。

政府在配置煤炭资源的过程中，其决策是完全集中的。政府可以通过集中手段直接或者间接地调节煤炭资源配置的格局，有利于集中煤炭资源实现预期目标。但是国家配置煤炭资源会更多地从政治的角度去考虑，政府计划配置煤炭资源由于权力高度集中在政府手上，绝大多数煤炭企业没有摆脱行政机构附属物的地位，并非自主经营、自负盈亏的独立市场主体，自我制约作用就无从发挥，这也使得整个煤炭市场中的资源流向不能按市场调节的方向流动，导致煤炭资源配置效率的低下，而且政府计划配置还会造成煤炭资源条块分割、人才科技流动不合理等问题。

市场在煤炭资源配置时的决策是完全分散的，所有决策都是企业和个人在微观层次上做出的结果，可以使决策结构与信息结构相协调，有利于煤炭资源的配置。市场机制把资源配置到人们最需要满足的方面，能把资源配置到效益好的企业，使资源的使用效率达到最佳，能使资源使用者尽可能地采用先进的生产技术和管理方法最充分地发挥资源的作用。但是市场本身也存在着固有的弱点和缺陷。

市场配置具有一定的盲目性，经济主体不可能掌握社会各个方面的信息，也无法控制经济变化的趋势。市场调节具有自发性，即在价值规律的自发调节下追求自身的利益。市场调节还具有滞后性，是一种事后调节，容易导致经济波动和资源的浪费。

（二）煤炭资源配置影响因素之间的关系

煤炭资源优化配置影响因素之间构成互相影响、密不可分的关系。资源禀赋及其经济增长方式，决定着资源配置方式、资源产权制度、资源定价机制。市场经济体制要求建立相适应的产权制度。市场经济体制主要靠市场机制配置资源，意味着支配资源、决定资源交换的市场主体的产权必须清楚明确，即市场主体必须有资源交易的选择权和决定权，否则就无法担任资源配置的主角。产权制度是经济制度的基础，资源产权制度与资源配置机制密切相关，价格、产权与市场机制三位一体不可分割。

三、煤炭资源优化配置综合调控机制的设立

(一) 煤炭资源配置机制演变

近现代实现资源配置的机制可概括为市场机制和计划（政府）机制两种。回溯历史，在资源配置方式不断变化中，首先是氏族社会的"准政府"配置；货币作为市场媒介物出现后，市场才开始发挥作用，但货币又始终是政府控制的，故在人类发展史的大部分时间里，政府具有权威作用。随着西方市场经济和生产力的迅速发展，经济环境发生了根本性变化，市场逐步变为主要角色，市场这只"看不见的手"支配着社会经济的发展和资源配置，"政府"则称为"守望者"，自由市场理论和政策在西方市场经济发展中起到了很大作用。后由于20世纪二三十年代市场经济的失灵，使得凯恩斯的"政府干预理论"大行其道。多年来，政府和市场在角色的不断转换中引导经济发展。

新中国成立后实行的是计划经济，资源配置（包括煤炭资源配置）在政府计划的严格控制下，虽然存在着计划失灵和低效率问题，但也发挥了一定作用。改革开放后，由计划经济向市场经济转轨，随着市场经济的发展，市场在国家宏观调控下对资源配置起着基础性作用。虽然我们时刻注意宏观调控和市场机制的协调，但在资源配置中仍存在许多问题，资源保护和环境污染方面不断暴露出新的问题，尤其政府还没有完全适应自己的角色和定位。

(二) 综合调控机制设立的必要性

市场失灵是在资源配置中所存在的一个必然现象。有关经济学论著证明了竞争的市场机制所导致的瓦尔拉斯配置是帕累托最优配置。但是，实现帕累托最优配置需要一个前提条件——市场竞争的均衡。然而，有的经济学家对这个前提条件的实现程度提出了疑问。著名经济学家牛津大学教授马特亚·森在他的《帕累托自由的不可能性》论文中最早对帕累托最优概念赖以成立的前提表示怀疑。有关研究报告指出，要满足竞争的所有条件是不可能的，但是可以近似地满足。

尽管市场本身不能有效地配置资源，但是公共部门的干预可以通过有选择性的制度安排来改变市场行为，从而实现资源的有效配置。

合理的政府干预能够显著提高社会效益，但政府干预也不一定就能够实现这一目标。首先，政府干预只能消除一部分市场失灵的原因，而不能全部消除，也就是说只能实现资源配置的次优；其次，政府干预自身也有可能降低经济效率，如不合理的税收和补贴政策可能以意想不到的方式造成扰乱资源的有效配置；最后，为了达到特定目标的经济干预，经常要求制定一系列结构性的组织制度，有

时就会陷入"制度陷阱"。

（三）综合调控机制的设立

从以上分析可知，政府宏观调控手段与市场手段各有优缺点，实现对煤炭资源的优化配置，需要采取以市场机制为主、政府宏观调控为辅两者相结合的综合调控机制的模式。

煤炭资源优化配置的综合调控机制，是指在资源分配及其开发利用中，综合发挥计划手段与市场手段的作用，实现资源经济、合理、有效地开发利用，为社会经济的长期、稳定、协调和高速度、高效益地发展服务综合调控机制。煤炭资源优化配置的综合调控机制应该具有以下基本功能：

1. 协调功能

包括煤炭资源优化配置的决策协调功能、信息协调功能、执行协调功能。

2. 高效功能

资源能够高效配置直接影响到全社会经济的运行能够实现高效率。

3. 自控功能

社会经济情况千变万化、市场竞争瞬息万变，煤炭资源的优化配置需要有高度灵敏的调控机制去指导。

4. 稳定功能

只有整个调控机制具备较高的稳定功能，才能使其协调功能、高效功能和自控功能得以更好地发挥。

再从以上煤炭资源优化配置综合调控机制的基本功能要求上看，计划手段与市场手段比较，计划手段在协调功能和稳定功能上具有较突出的优点，但在微观经济活动中，市场手段在自控功能上则强于计划手段。在高效功能上则又表现出，计划手段在宏观调控上占有明显优点，但在微观调控上则又大大不如市场手段灵活和迅速。

综合以上分析，本节提出如下以市场机制为主、政府宏观调控为辅两者相结合的煤炭资源优化配置综合调控机制（见图1-2）。

四、结论

世界其他主要产煤国家，无论是发达国家还是发展中国家，无论是市场经济国家还是转型国家，都非常重视煤炭资源配置，都是通过市场化手段达到煤炭资源优化配置的目的，即必须发挥市场机制在煤炭资源优化配置的基础性作用。考虑到中国市场化的不完善和市场本身的缺陷，首先必须要发挥市场机制在煤炭资源优化配置的基础性作用（上文从竞争机制和价格机制两方面建立了市场机制体系），还需要政府的一些其他辅助作用与功能来实现煤炭资源的优化配置（上文

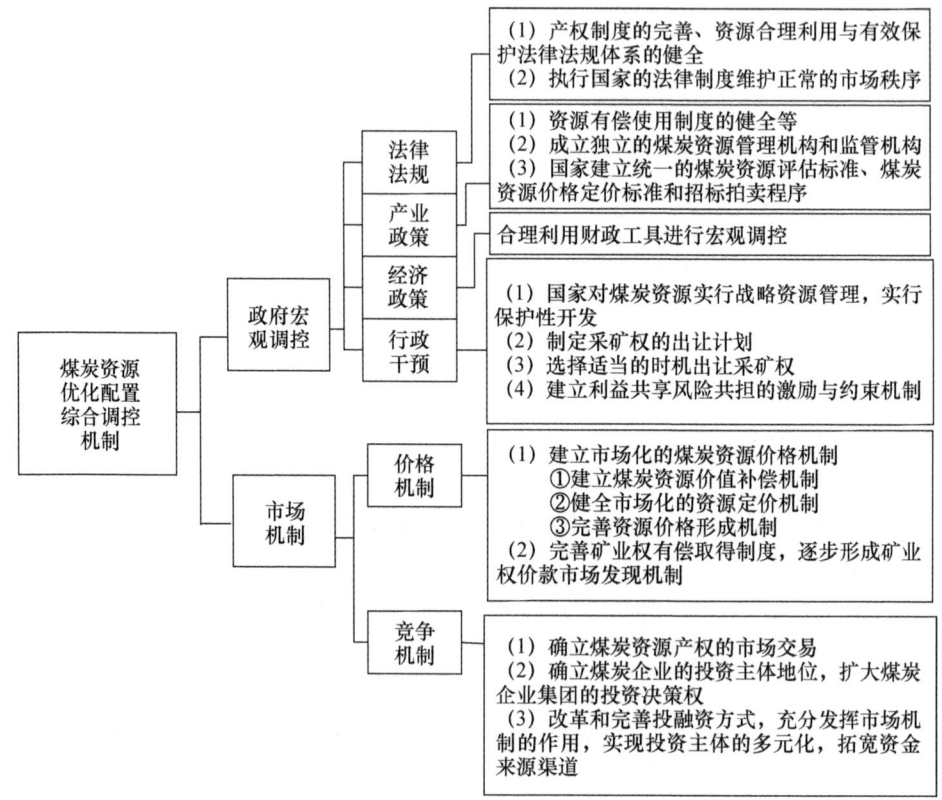

图 1-2 煤炭资源优化配置综合调控机制

从法律法规、产业政策、经济政策、行政干预四个方面建立了政府宏观调控体系），即实行以市场机制为主，政府宏观调控为辅两者相结合的煤炭资源优化配置综合调控机制。

参考文献

［1］Krutilla. Conservation Reconsidered［J］. American Economic Review，1968 (57) .

［2］Page. Conservation and Economic Efficiency［M］. Baltimore & London：The John Hopkins University Press，1977.

［3］Tom Tietenberg. Environmental and Natural Resource Economics［M］. 5th ed. Addison Wesley，Longman，Inc.，2000.

［4］厉以宁. 非均衡的中国经济［M］.北京：经济日报出版社，1993.

［5］赵国浩. 煤炭资源优化配置研究方法探讨［C］//2007 中国可持续发展

论坛暨中国可持续发展学术年会论文集．哈尔滨：黑龙江教育出版社，2007．

[6] 周成彦．产权制度对资源配置效率的影响[J]．上海商业，2005（1）．

[7] 陈小洪．必须建立与社会主义市场经济体制相适应的产权制度[J]．国有资产管理，2004（5）．

[8] 陈汉平．稀缺性、产权与国家的作用[J]．科技进步与对策，2003，20（6）．

[9] 夏兴园，万东铖．经济增长方式的转换与社会资源的ⅠⅡ次配置[J]．中南财经大学学报，1997（1）．

[10] 赵国浩．资源管理系统工程理论与实践[M]．北京：经济管理出版社，2008．

[11] 袁文平，李义平．价格、产权与市场机制[J]．财经科学，1994（2）．

[12] 关涛．中国土地资源配置与可持续发展研究[D]．东北农业大学博士论文，2002．

第四节 煤炭资源优化配置评价研究①

一、指标体系

煤炭工业健康发展事关国民经济和能源安全大局，党中央、国务院对此高度重视、寄予厚望。在《中国国民经济和社会发展第十一个五年规划纲要》中，明确要求"十一五"时期单位 GDP 能源消耗降低 20% 左右，表明在建设节约型社会、和谐社会进程中，资源的合理开发、节约利用、优化配置已经成为一个社会共同关注的问题。中国作为一个煤炭资源丰富的国家，煤炭资源配置地位的重要性是显而易见的，因此，对煤炭资源的最优配置研究就显得尤为紧迫，如何对煤炭资源优化配置进行评价，建立优化配置评价体系，是资源合理配置急需解决的问题。

二、煤炭资源优化配置评价系统要素分析

优化配置是个复杂的过程，受许多因素影响。既要考虑可持续发展，也要考虑市场运行的情况。强调经济、社会的发展必须同资源的开发利用和环境保护相

---

① 原论文：《煤炭资源优化配置评价指标体系研究》，载《2007 中国可持续发展论坛暨中国可持续发展学术年会论文集》，黑龙江教育出版社，2007 年。

协调，强调供给、需求与市场的协调。同以往那种只强调经济发展和需求供给的传统战略，忽视经济、社会、资源与环境相协调、供给与需求相协调的做法形成了鲜明的对比，它更符合系统工程的思想原则，是一种系统思想。

（一）需求子系统

需求子系统主要是指社会经济可持续发展的需求，可持续发展是一个多层次、多要素的体系。遵循经济、社会、资源与环境之间客观存在的内在联系，可持续发展的内涵既包括经济发展，也包括社会发展和保持、建设良好的生态环境。可持续发展必须以提高与之相适应的综合经济效益为前提。可持续发展的综合经济效益也是一个多层次、多要素的体系。从层次上说，它由社会（宏观）经济效益、部门（行业、中观）经济效益和企业（微观）经济效益有机地组合成一个整体，不同层次之间存在着内在联系。从要素上说，它包括生态（环境、资源）效益、社会效益与经济效益等。可持续发展的综合经济效益的各层次各要素之间有机结合、不可分割、相互制约、互为因果。它也是宏观与微观效益的统一、内在与外部效益的统一、长远与当前效益的统一、全局和局部效益的统一。我们的需求目标就是要追求这种可持续发展的综合经济效益。

（二）供给子系统

供给子系统是指能够供给资源的基础和潜力，是资源配置的物质基础和资源保障，是其他系统得以有效运作的根基。地区社会经济的发展，一定程度上只对该地区资源的消耗量大小提出了客观需求，但该地区现实的煤炭资源供给量的大小不仅取决于本地区资源的储量规模（包括储量、基础储量和资源量）、资源储量增长的发展潜力、区域内资源的品质及开发利用条件，而且还取决于外供资源量的大小和能力，与环境承载度有很大的关系。

（三）市场子系统

供给怎样才能转化为需求，要通过市场。通过市场交换，资源的价值得以实现，需求得到了满足。市场在资源配置中充当着关键的作用，没有市场，资源配置必然会不公平、不合理，必然会出现资源浪费严重的现象，使得社会难以得到可持续发展，和谐发展更无从谈起。市场主要的特征就是竞争，竞争的大小直接影响了资源配置的优劣。竞争程度越大、越是公平，资源配置就越有效。价格是市场公平程度的又一表现，价格是否真正体现了供求关系，是否真正体现了价值，也影响资源配置的合理与有效。如果是扭曲的价格机制，势必导致价格不合理，出现配置效率低下的现象。所以，竞争机制和价格机制是市场这个子系统的两大关键因素。只有竞争公平、价格合理，才能实现市场资源的有效配置。

（四）支持子系统

由于资源的供给不仅取决于储量，还取决于它的开发技术和投入资金以及社会配套设施，因此，需要技术和资金等方面的支持，再加上市场固有的缺陷和不足，必须靠政策制度及资产化管理来实现优化配置。信息业的发展是保证人类能否生存下去的必备手段，只有信息功能的充分发挥，才能对有限的资源进行优化配置。因此，支持子系统包括资产化管理、社会经济支持、制度支持和信息支持。社会经济支持主要是社会技术、资金以及配套设施等的支持，技术包括生产技术和评价技术两方面，生产技术的现代化和技术进步水平的提高，都有益于资源优化配置。制度方面主要是产权制度的完善、资源合理利用与有效保护法律法规体系的健全、资源有偿使用制度的健全等。信息支持包括资源供求关系的预普支持和资源管理决策中的可持续发展评价制度。

供给系统是资源优化配置的物质基础与资源保证，是优化配置的源泉。它制约着社会经济可持续发展这个需求系统，同时，它又是市场系统和支持系统的基础。需求系统是社会可持续发展需求，它是优化配置的动力，其他三个系统都是为之存在和服务的。市场系统是供给满足需求得以实现的关键环节。没有市场，需求得不到公平合理的满足；没有市场，资源得不到有效利用；没有市场，优化配置也就无从谈起。支持系统是优化配置得以顺利进行的保障，从供给到市场再到需求，支持系统一直在保驾护航。离开了它，优化配置不会顺利进行，势必出现不合理、不公平以及盲目的现象。因此，需求系统、供给系统、市场系统和支持系统相互影响、相互制约，共同成为优化配置四大子系统，共同决定了资源的配置状况。

三、煤炭资源优化配置评价指标体系构建

根据对煤炭优化配置要素的分析、已有成果的借鉴及煤炭资源具体情况的研究，构建出煤炭优化配置评价指标体系（见图 1-3）。对指标体系的各项指标描述如下：

（一）目标层

目标层包括总目标层 D 及亚目标 D_1、D_2、D_3 和 D_4。D 是根据亚目标及准则层各项指标经过处理后得出的定量指标，用以反映煤炭资源优化配置程度。D_1、D_2、D_3 和 D_4 是根据准则层的各项指标经过处理后得出的定量指标，用以分别表达可持续发展水平、资源供给水平、市场化水平及支持程度水平。1 表示水平是理想的；0 表示水平是最差的。

（二）准则层

准则层包括经济发展、社会发展、环境保护、资源增效、资源储量、外供资源量、供给能力、环境承载度、竞争程度、价格水平、资产化管理、社会经济支持、信息支持、制度支持，分别以 B_i（$i=1,2,\cdots,14$）来表示。当运用该值

计算煤炭资源优化配置水平 D 时，还要经过权重处理。

（三）指标层

指标层包括如图 1-3 所示的 41 项指标，分别用以表达经济发展、社会发展、环境保护、资源增效、资源储量、外供资源量、供给能力、环境承载度、竞争程度、价格水平、资产化管理、社会经济支持、信息支持、制度支持。

可持续发展是资源配置的需求，可持续发展由经济发展、社会发展、环境保护、资源增效四个水平表示。标志煤炭经济发展水平的重要指标是煤炭企业资金利税率 u_1 及职工人均收入 u_2。考虑到煤炭经济发展的关键是调整产业、产品结构，增加产品的附加值以及为分流人员开辟新就业渠道，因此将煤下游产品产值比重 u_3 列入指标体系。考虑到由于生产条件的恶劣（特别是事故）在经济上的直接损失可以在煤炭经济发展水平中得以反映，这里只选择由于生产条件的恶劣对人的健康和生活产生影响的有关指标。为了研究问题的方便，间接地选定煤炭百万吨死亡率 u_4 列入指标体系。社会发展以煤炭经济发展为基础，又能促进煤炭经济发展，二者相互制约又相辅相成。社会包括众多内容，选择具有概括性、代表性，而又较易定量的职工平均受教育程度 u_5、科技人员比例 u_6、职工人均住宅面积 u_7 三项指标列入指标体系。环境保护水平是煤炭工业能否实现可持续发展的关键。煤炭经济发展与环境保护是相互依存、互为条件的。环境保护应以不损害煤炭工业发展的功能、不危害人体健康和生态为目标。根据煤炭工业的特点将塌陷土地复垦率 u_8、排放 SO_2 及烟尘达标率 u_9、排放废水达标率 u_{10} 列入指标体系。为调控煤炭资源的耗竭率及合理利用资源，将煤炭回采率 u_{11}、煤炭储采比 u_{12} 列入指标体系。

资源供给水平由资源储量、外供资源量、供给能力和环境承载度表示。选取储量的指标有可开发储量 u_{13}，新增资源可开发储量 u_{14} 及人均资源占有量 u_{15}。当今社会全球一体化已成为不可阻挡的趋势，所以外供资源量也是资源供给量的重要标志，外供资源量由指标外供资源量 u_{16} 和外供风险 u_{17} 来衡量。考虑到实际供给水平不仅取决于资源储量，还取决于开发能力和生产能力，所以，选取开发能力 u_{18}、生产能力 u_{19} 列入供给水平。资源供给还与环境承载度有关，环境承载度越高，实际供给量就越大，选取环境污染承载度 u_{20} 和环保投资/GNP u_{21} 为典型指标。

竞争水平是市场竞争程度的体现，参与竞争企业百分率 u_{22} 与公开招标、拍卖率 u_{23} 最能体现竞争的程度，考虑到暗箱操作等现象，所以，决策透明度 u_{24} 与信息披露度 u_{25} 也被列入竞争程度的指标。价格水平反映市场化主要体现在价格放开度（行政不干预度），有市场决定程度和能否真正反映价值的程度，所以，选取价格放开度 u_{26}、由供求决定度 u_{27} 和由价值决定度 u_{28} 三个指标作为

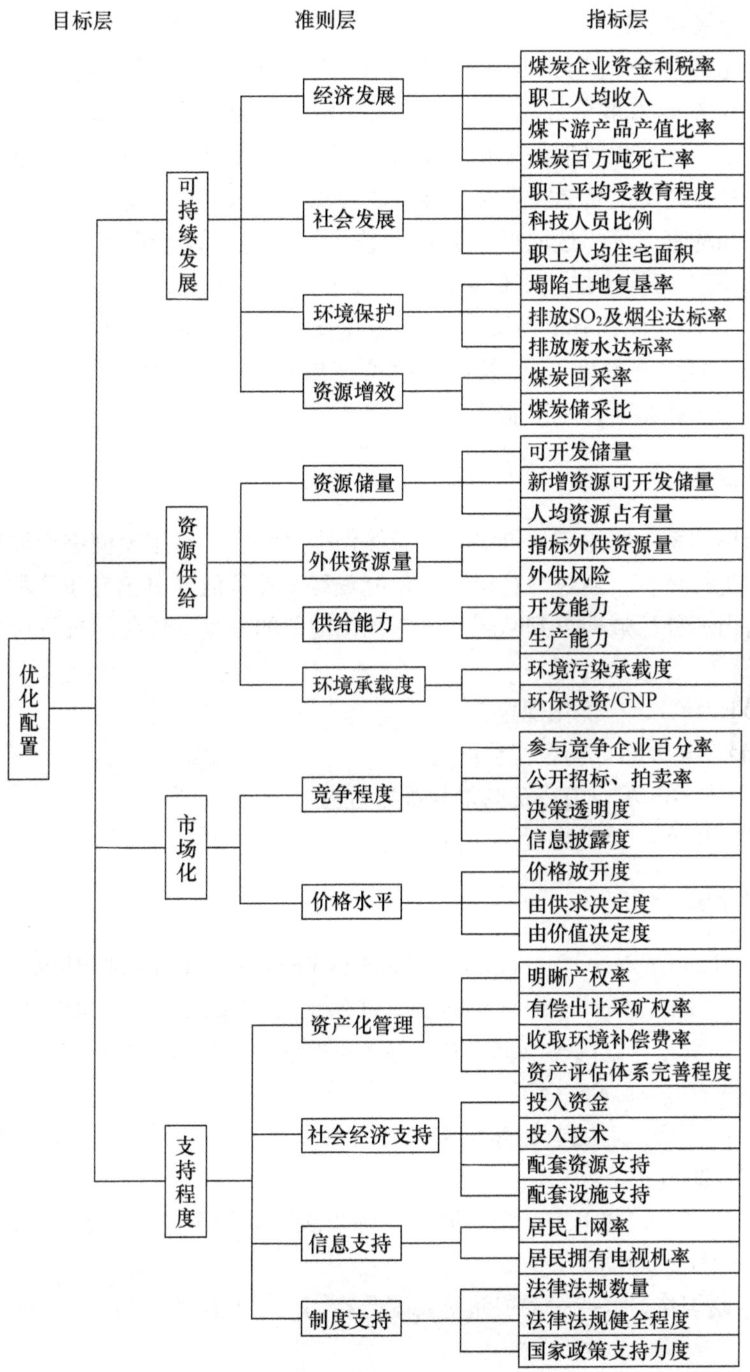

图 1-3 优化配置评价指标体系

价格水平市场化的标志。

资产化管理首先要明晰产权，所以选取明晰产权率 u_{29} 列入指标体系，有偿出让采矿权率 u_{30} 和收取环境补偿费率 u_{31} 是资产化管理的具体体现，资产评估体系完善程度是资产化管理的支撑，所以，资产评估体系完善程度 u_{32} 也列入了指标体系。社会经济支持是指资金、技术、劳动力、水资源、电力、交通运输等方面的投入和配置力度。选取投入资金 u_{33} 投入技术 u_{34}，配套资源支持 u_{35} 和基础设施支持 u_{36} 四个指标来描述。信息的充分发挥才能使资源得到优化配置，选取居民上网率 u_{37} 和居民拥有电视机率 u_{38} 为描述指标。制度支持主要是法律法规数量 u_{39} 和法律法规健全程度 u_{40} 以及国家政策支持力度 u_{41}。市场经济首先是法制经济，依法治国就是要健全法制。

四、结论

该指标体系主要用于评价煤炭资源优化配置程度，运用模糊综合评价法和层次分析法进行评价，通过计算得出优化配置程度评价值（其值介于 0 和 1 之间），根据评价值所处区域即可判断煤炭资源优化配置的程度。优化配置评价值区域划分如下：

$0.85 < D \leq 1$　　优化配置

$0.70 < D \leq 0.85$　　初级优化配置

$0.50 < D \leq 0.70$　　由传统向优化配置过渡

$0 < D \leq 0.50$　　传统配置

参考文献

［1］Zhao Guohao. Optimization Model to Enhance Sustainable Utilization of Resources［J］. Journal of Systems Science and Systems Engineering, 2002, 11（1）．

［2］闫军印，赵国杰，孙卫东．基于可持续发展的区域矿产资源配置问题研究［J］．生态经济，2006（5）．

［3］赵国浩，王烷尘．煤炭工业可持续发展系统评价［J］．数量经济与技术经济研究，2000（4）．

［4］赵国浩，裴卫东，张冬明．中国煤炭工业与可持续发展［M］．北京：中国物价出版社，2000．

［5］赵国浩．可持续发展系统要素分析［J］．数量经济与技术经济研究，1998（2）．

［6］苏红．市场经济与资源优化配置［J］．山西统计，2003（12）．

［7］刘顺国，周孝华，杨秀苔．煤炭资源市场化研究［J］．经济问题．2006（9）．

[8] 付永水,余运生. 加大产权制度改革优化资源配置[J]. 煤炭企业管理,2005 (12).

第五节 煤炭资源配置需求预测研究[①]

一、煤炭需求预测

国内众多专家和研究单位曾采用不同的方法对中国煤炭需求进行过预测,但由于所采用的方法和所取的基础数据不同,预测结果差异较大,预测精确度都较低。

本文在分析和借鉴以往预测方法和结果的基础上,对中国煤炭市场的需求进行了深入研究,系统分析了影响煤炭市场需求的相关因素,运用多元回归模型和灰色模型对煤炭需求进行单项预测基础上,再利用变权组合预测模型进行了组合预测。

自从 Bates 和 Granger 在 20 世纪 60 年代首次提出组合预测理论以来,组合预测方法的研究和应用发展很快。组合预测将不同的预测方法以某种方式进行适当的组合,综合利用各种预测方法所提供的信息,组合模型可以克服单一模型的局限性,有效地集结更多的有用信息,减少预测的随机性,提高预测精度。因而,组合预测方法尤其适用于信息不完备的复杂经济系统。

从目前国内外研究成果看,组合权重一般有两大类,定常权重和时变权重。定常权重研究较早,确定方法较成熟,但由此构成的组合预测方法的预测精度较差;时变权重的研究起步较晚,确定方法仍处于探讨阶段,但变权组合预测方法的预测精度明显高于定常权重组合预测方法,故引起了预测界的广泛兴趣。由于变权函数是时间的函数,它的确定比较困难。本节采用线性规划法来确定组合预测的变权系数,从对历史的模拟值来看,变权组合预测的精确度较高,可以认为预测结果的可信度也较高。

二、中国煤炭需求的单项模型预测

(一) 多元线性回归模型预测

1. 多元线性回归模型的建立

通过对影响中国煤炭消费相关因素的分析,认为煤炭需求的解释变量应该反

---

① 原论文:《变权组合预测模型在中国煤炭需求预测中的应用》,载《2007 中国可持续发展论坛暨中国可持续发展学术年会论文集》,黑龙江教育出版社,2007 年。

映经济发展对煤炭的需求和主要耗能行业对煤炭的需求。因此，本节以煤炭需求指数（Coal）为被解释变量，选择工业 GDP 指数、煤炭价格指数（Pcoal）、石油价格指数（Poil）、火力发电量指数（Elec.）、生铁产量指数（Iron）、粗钢产量指数（Crude-steel）、钢材产量指数（Steel）、建材产量指数（Mate.）8 个因素作为解释变量。以相关因素的指数（以 1978 年为 100）作为解释变量和被解释变量，可以避免数据在数量级上的较大差异，同时指数能很好地反映增长趋势，满足需求预测的需要。

假设煤炭需求指数与各解释变量之间呈线性关系，建立模型如下：

$$Coal_t = \beta_0 + \beta_1 \times GDP_{Indus_t} + \beta_2 \times P_{Coal_t} + \beta_3 \times P_{Oil_t} + \beta_4 \times Elec_t + \beta_5 \times Iron_t + \beta_6 \times Crude\_steel_t + \beta_7 \times Steel_t + \beta_8 \times Mate_t + u_t \quad (1-1)$$

式中：β_0 为常变量；β_1，β_2，…，β_8 为系数，代表各解释变量对被解释变量的影响；u_t 为随机误差项。

选取 1978~2005 年的各变量数据作为样本观察值，利用《中经网产业数据库》中的相关数据计算得到各变量的观察值。将得到的 28 组样本观测值输入 SPSS 统计软件进行线性回归分析，得到相应的统计结果。可知生铁产量指数、石油价格指数、煤炭价格指数、粗钢产量指数的 t 检验值都小于临界值，不能通过 t 检验，说明这些自变量对因变量无显著影响。

逐步舍去 t 检验值较小的生铁产量指数、石油价格指数、煤炭价格指数三个变量后，粗钢产量指数的 t 检验值显著提高，能通过 t 检验，得到仅有 5 个解释变量的新的回归方程统计结果。

计算得到多元回归预测模型如下：

$$Coal_t = 44.749 - 0.314 \times GDP_{Indus_t} + 0.448 \times Elec_t + 0.432 \times Crude\_steel_t - 0.297 \times Steel_t + 0.321 \times Mate_t \quad (1-2)$$

由统计结果可知，判定系数 R^2 和调整的判定系数 $\overline{R}^2$ 接近 1，说明方程整体的拟合性较好；复相关系数 $R = 0.993$，说明自变量和因变量之间相关性较好。

$F = 307.838 > F_{0.05}(5, 22) = 2.661$，说明回归方程总体显著，整体回归效果很好。模型中剩余的 5 个自变量的 t 检验值绝对值都有 $|t| > t_{0.025}(22) = 2.074$，能通过 t 检验，说明这些自变量对因变量有显著影响。$1.03 = d_l < DW = 1.147 < d_u = 1.85$，模型无法判断是否存在自相关；两次模拟的拟合程度都较高，因此不再需要改变模型中解释变量的性质或数量。

2. 自变量预测

本节假设：以 2006 年为基数，各自变量指数的预计增长速度如表 1-1 所示。

表 1-1　2007~2020 年各指数预计增长速度

指数 时间	工业 GDP 指数	火电产量指数	粗钢产量指数	钢材产量指数	建材产量指数	备注
2006	2109.5	1111.93	1330.23	2144.30	1893.01	基数
2007~2010	7.50%	6.50%	7.00%	7.50%	6.50%	
2011~2015	7.00%	6.00%	6.50%	7.00%	6.00%	
2016~2020	6.50%	5.50%	6.00%	6.50%	5.50%	

根据预测的增长速度，可计算出各自变量指数的预测值。

3. 煤炭需求量预测

将自变量的历史数据代入已得到的回归方程，即可得到煤炭需求指数的拟合值，通过拟合值与实际值之间的误差来检验模型的拟合精度。煤炭需求指数的实际值与拟合值之间相对误差的平均值为 3.46%，误差平方和为 1948.9，预测精度 = 1 - 3.46% = 96.54%；由此可见，模型具有比较高的拟合精度，可以用来预测未来的需求。将自变量未来的预测数据代入已得到的回归方程，即可得到煤炭需求指数的预测值。

（二）灰色系统预测模型

1. 煤炭需求 GM（1，1）模型的建立

将 1978~2005 年的煤炭需求指数作为原始数据序列，即

$$X^{(0)} = (x^{(0)}(1), x^{(0)}(2), \cdots, x^{(0)}(28))$$

作一次累加生成 $X^{(1)}$ 序列，即

$$X^{(1)} = (x^{(1)}(1), x^{(1)}(2), \cdots, x^{(1)}(28))$$

其中，$x^{(1)}(k) = \sum_{i=1}^{k} x^{(0)}(i), k = 1,2,\cdots,28$。

本节采用 DPS 数据处理系统软件来进行灰色模型 GM（1，1）的计算，以减少人工计算的工作量，提高运算效率。将煤炭需求指数的原始数据序列输入 DPS 数据处理系统，通过软件分析计算，即可得到相应的参数、拟合值及预测值。

软件运算所得模型参数：

$a = -0.041310, b = 105.787249$。其中 $-a < 0.3$，GM（1，1）模型可用于中长期预测。

确定模型为：

$$\frac{dx^{(1)}}{dt} - 0.04131 x^{(1)} = 105.787249 \qquad (1-3)$$

时间响应序列为：

$$\hat{x}^{(1)}(t+1) = \left[x^{(0)}(1) - \frac{b}{a}\right]e^{-at} + \frac{b}{a} = 2660.808559e^{0.041310t} - 2560.808559$$

(1-4)

2. 模型的检验

(1) 残差检验。模型模拟值的相对误差平均值 $\overline{\Delta} = \frac{1}{n}\sum_{k=1}^{n}\Delta_k = 8.512\% < 10\%$，则平均相对精度 $1 - \overline{\Delta} = 91.49\%$。误差平方和为 15231.7。

(2) 关联度检验。根据计算出的残差序列 $\varepsilon^{(0)}$，关联度系数：

$$\eta(k) = \frac{\min(|\varepsilon^{(0)}(k)|) + \rho \cdot \max(|\varepsilon^{(0)}(k)|)}{\varepsilon^{(0)}(k) + \rho \cdot \max(|\varepsilon^{(0)}(k)|)}, k = 1, 2, \cdots, n, 取 \rho = 0.5。$$

则计算所得关联度为 $\gamma = \frac{1}{n}\sum_{k=1}^{n}\eta(k) = 0.6602 > 0.6$，故模型为关联度合格模型。

(3) 均方差比值检验与小概率误差检验。均方差比值 $C = \frac{S_2}{S_1} = 0.3379 < 0.35$，为一级精度，模型为均方差比合格模型。

小误差概率 $p = (|\varepsilon(k) - \overline{\varepsilon}| < 0.6745S_1) = 0.8889 > 0.80$，为二级精度，模型为小误差概率合格模型。

通过以上三个检验，说明 GM (1, 1) 模型对煤炭需求指数的拟合效果较好，能用来预测未来煤炭需求指数。

3. 煤炭需求的预测

将时间 t 代入式 (1-4) 中，即可求出 $X^{(1)}$ 序列的模拟值及预测值 $\hat{X}^{(1)}$，还原后即可得到 $\hat{X}^{(0)}$ 的模拟值及相应的预测值。

三、中国煤炭需求的变权组合预测

(一) 模型的建立及求解

设对某一预测问题，有 n 种预测方法（或预测模型），并假设：

Y_t——第 t 期的实际观测值，$t = 1, 2, \cdots, M$；

f_{it}——第 i 种方法在 t 期的预测值，$i = 1, 2, \cdots, n$；

k_{it}——第 i 种预测方法在第 t 期的加权系数，且满足 $\sum_{i=1}^{n}k_{it} = 1, k_{it} \geq 0 (i = 1, 2, \cdots, n)$；

$e_{it} = Y_t - f_{it}$——第 i 种预测方法在第 t 期的预测误差；

$f_t = \sum_{i=1}^{n}k_{it} \cdot f_{it}$ 为变权组合预测在第 t 期的预测值；

$e_t = Y_t - f_t$——变权组合预测方法在第 t 期的预测误差；则有：$e_t = Y_t - f_t = \sum_{i=1}^{n} k_{it} e_{it}$

求组合预测权重系数的基本原则是使样本点处组合预测误差最小。在此采用组合预测误差绝对值最小的方法。在考虑权重系数自身的要求，有如下的组合预测优化模型：

$$\begin{cases} \min \quad J_t = |e_t| = \left| \sum_{t=1}^{n} k_{it} e_{it} \right| \\ s.t. \quad \sum_{i=1}^{n} k_{it} = 1, k_{it} \geq 0 (t = 1, 2, \cdots, M) \end{cases} \quad (1-5)$$

对于上述模型的求解，可分为两种情况：

（1）在样本点 t 处，对所有的 i，均有 $e_{it} \geq 0$（或 $e_{it} \leq 0$），即在某一样本点处，所有预测模型的预测误差均是同方向的，则模型可化为：

$$\begin{cases} \min \quad J_t = \left| \sum_{t=1}^{n} k_{it} e_{it} \right| = \sum_{t=1}^{n} k_{it} \cdot |e_{it}| \\ s.t. \quad \sum_{i=1}^{n} k_{it} = 1, k_{it} \geq 0 (t = 1, 2, \cdots, M) \end{cases} \quad (1-6)$$

此时，模型是只有一个线性约束的线性规划问题，假设 $e_{pt} = \min \{e_{it}\}$，则模型的解一定为：

$$\begin{cases} k_{it} = 1 (i = 1, 2, \cdots, n, i = p) \\ k_{it} = 0 (i = 1, 2, \cdots, n, i \neq p) \end{cases} \quad (1-7)$$

（2）在样本点 t 处，对部分 i 有 $e_{it} > 0$；对另外一部分 i，则存在 $e_{it} < 0$ 的情况。

记 $I_1 = \{I e_{it} > 0\}$，$I_2 = \{I e_{it} < 0\}$，且 $I = I_1 + I_2$。也即，在某一样本点处，有部分预测方法的预测误差为正，部分预测方法的预测误差为负，这时模型(1-5)可化为：

$$\begin{cases} \min \quad J_t = |e_t| = \left| \sum_{i=1}^{n} k_{it} \cdot e_{it} \right| = \left| \sum_{i \in I_1} k_{it} \cdot e_{it} + \sum_{i \in I_2} k_{it} \cdot e_{it} \right| \\ s.t. \quad \sum_{i \in I_1} k_{it} + \sum_{i \in I_2} k_{it} = 1, k_{it} \geq 0 (i = 1, 2, \cdots, n) \end{cases} \quad (1-8)$$

此模型具有多重最优解。

若令 $U_t = |e_t| + e_t$，$V_t = |e_t| - e_t$，则 $|e_t| = (U_t + V_t)/2$，$e_t = (U_t - V_t)/2$，这样模型变为：

$$\begin{cases} \min\ J_t = \left| \sum_{i \in I_1} k_{it} \cdot e_{it} + \sum_{i \in I_2} k_{it} \cdot e_{it} \right| = \dfrac{(U_t + V_t)}{2} \\ s.t.\ \sum_{i \in I_1} k_{it} \cdot e_{it} + \sum_{i \in I_2} k_{it} \cdot e_{it} - \dfrac{(U_t - V_t)}{2} = 0 \\ \sum_{i \in I_1} k_{it} + \sum_{i \in I_2} k_{it} = 1, k_{it} \geq 0, U_t \geq 0, V_t \geq 0 (i = 1,2,\cdots,n; t = 1,2,\cdots,M) \end{cases}$$

(1-9)

式(1-9)显然有无穷多组解。设在前 I_1 个模型中,若存在 $p_1 \in I_1$,使得 $e_{p_1 t} \leq e_{p_2 t}(i \in I_1$ 且 $i \neq p_1)$,则 $f_{p_1 t}$ 为样本点 t 处前 I_1 个预测方法中的最优点预测方法;同样,对后 $n - I_1$ 个预测方法,必存在一个 $p_2 \in I_2$,使得 $|e_{p_2 t}| \leq |e_{p_1 t}|(i \in I_2$ 且 $i \neq p_2)$,$f_{p_2 t}$ 则为样本点 t 处,后 $n - I_1$ 个预测方法中的最优点预测方法。这时可令 $k_{it} = 0 (i \in I$ 且 $i \neq p_1, i \neq p_2)$,则式(1-9)可转化为:

$$\begin{cases} k_{p_1 t} e_{p_1 t} - k_{p_2 t} |e_{p_2 t}| = 0 \\ k_{p_1 t} + k_{p_2 t} = 1 \end{cases}$$

(1-10)

解之得:

$$\begin{cases} k_{p_1 t} = \dfrac{|e_{p_2 t}|}{|e_{p_1 t}| + |e_{p_2 t}|} \\ k_{p_2 t} = \dfrac{|e_{p_1 t}|}{|e_{p_1 t}| + |e_{p_2 t}|} \end{cases}$$

(1-11)

按照上述两种情况,根据式(1-6)和式(1-11)可求得各种预测方法在各样本点的最优组合权系数 k_{it}。

构建组合预测模型的目的是为了预测,需要确定预测时点的组合权系数,即

$k_{i,M+j}(i=1,2,\cdots,n; j=1,2,\cdots)$。有一种方法可确定 $k_{i,M+j}$:

$$k_{i,M+1} = \frac{1}{M}\sum_{t=1}^{M} k_{it}, k_{i,M+2} = \frac{1}{M}\sum_{t=2}^{M+1} k_{it}, \cdots, k_{i,M+j} = \frac{1}{M}\sum_{t=j}^{M+j-1} k_{it} \quad (1-12)$$

容易证明,这样确定的 $k_{i,M+j}$ 满足 $\sum_{i=1}^{n} k_{i,M+j} = 1$ 且 $k_{i,M+j} \geq 0$。

(二)煤炭需求的变权组合预测

设多元线性回归模型为 f_1,灰色模型为 f_2。

前面已经计算出多元线性回归和灰色模型单项预测在各时点的误差,依此可建立线性规划模型,根据式(1-6)和式(1-11)可求出线性规划的解,也即两种预测方法在各样本点的最优组合权系数 k_{it}。通过式(1-12),即可确定未来预测

时点的组合权系数 $k_{i,M+j}(i=1,2,\cdots,n;j=1,2,\cdots)$。变权组合预测在第 t 期的预测值为 $f_t = \sum_{i=1}^{n} k_{it} \cdot f_{it} = k_{1t} \cdot f_{1t} + k_{2t} \cdot f_{2t}$，可计算出拟合值的误差和相对误差，拟合值的平均相对误差 $\overline{\Delta} = \frac{1}{n}\sum_{k=1}^{n}\Delta_k = 2.04\% < 3.46\% < 8.512\%$，平均相对精度 $1 - \overline{\Delta} = 97.96\%$。组合预测的预测误差平方和 $\sum_{t=1}^{M}(e_t^2) = 1088.5 < 1948.9 < 15233.1$。说明组合预测的拟合效果好于多元线性回归和灰色模型的单项预测，预测精度也比任一单项预测要高。煤炭需求的多元线性回归、灰色模型和组合模型预测值如表 1-2 所示。

表 1-2 煤炭需求各模型预测值

年份 项目	2006	2007	2008	2009	2010	2011	2012	2013
多元线性回归模型预测值	241560	249885	258313	266818	275369	282679	289879	296923
灰色模型预测值	193897	202074	210597	219479	228735	238382	248436	258914
变权组合预测值	230615	240222	248325	256555	264897	272377	279897	288013
年份 项目	2014	2015	2016	2017	2018	2019	2020	
多元线性回归模型预测值	303759	310331	315149	319511	323345	326572	329103	
灰色模型预测值	269833	281214	293074	305434	318316	331741	345732	
变权组合预测值	296734	304086	310245	316273	322147	327848	333254	

由计算结果可以看出，2006 年组合预测的煤炭需求量为 23.06 亿吨，比实际煤炭需求量 23.7 亿吨少 2.69%，到 2020 年组合预测的煤炭需求量为 33.3 亿吨，2007~2020 年，预测煤炭需求不断增长，但增长速度呈逐年减少的趋势，平均增速为 2.92%。

四、结论

预测结果表明，随着中国经济的增长，对煤炭的需求也将不断增长，到 2020 年煤炭需求量预测值将达到 33.3 亿吨。预测的需求量是指按照目前经济的发展速度和发展方式所需的需求量。考虑到产业结构的调整，高耗能产业比重降低；科技进步、生产技术水平的提升，循环经济的大力发展和节约型社会的建设，单位 GDP 能耗将会降低；还有替代能源的使用，能源结构调整；相应的都会减少对煤炭资源的需求。因此，未来煤炭需求量应该是小于预测的需求量。

变权组合预测能充分利用多个单项预测模型的有用的信息资源，能改善拟合效果，可显著地提高预测的精度，能消除一些随机因素的影响，提高预测的稳定性，比较合理地描述系统的客观现实。结果表明，该模型可以作为中国未来煤炭需求预测的有效工具。但时变的权数计算相对复杂，采用不同的优化模型会有不同的结果。这种预测方法还有待进一步地研究改进，笔者希望本文能起到抛砖引玉的作用。

参考文献

[1] 王景，刘良栋，王作义. 组合预测方法的现状和发展[J]. 预测，1997（6）.

[2] 赵国浩. 中国煤炭工业与可持续发展[M]. 北京：中国物价出版社，2000.

[3] 卢二坡. 中国能源需求预测模型研究[J]. 统计与决策，2005（10）.

[4] 邢全忠，张健. GM（1，1）模型在煤炭需求预测中的应用[J]. 中国煤炭，2004（1）.

[5] 卢奇，顾培亮等. 组合预测模型在中国能源消费系统中的构建及应用[J]. 系统工程理论与实践，2003（3）.

[6] 杨月，沈进. 多元线性回归分析在人才需求预测中的应用[J]. 商场现代化，2006（11）.

[7] 谢开贵，周家启. 变权组合预测模型研究[J]. 系统工程理论与实践，2000（7）.

[8] 唐小我，曾勇，曹长修. 变权组合预测模型研究[J]. 预测，1993（3）.

[9] 赵黎明，钱伟荣等. 住宅需求的组合预测[J]. 系统工程学报，2001（6）.

[10] 刘思峰，党耀国. 预测方法与技术[M]. 北京：高等教育出版社，2005.

第二章 煤炭资源系统分析理论与实践

第一节 自然资源管理理论研究方法[①]

一、自然资源管理现状

自然资源作为人类社会生存和发展的基础保障，它的高效开发和利用对一个国家乃至整个世界的经济社会发展有着十分重要的作用。在中国，随着国民经济的持续快速增长，对自然资源的需求数量日益增加，需求品位日益提高，但传统的高度开采和低效利用开发模式造成了严重的自然资源浪费和生态环境破坏，仅照此模式将难以满足经济社会持续发展的需求。2006年3月5日，国务院总理温家宝在政府工作报告中提出，单位GDP能耗今年要降低4%左右。这是中国首次将能耗指标列入国家发展目标，能源消耗和减排成政府职责考核硬指标。中国在城镇化、工业化仍然在高速发展阶段时，又要走资源、能源节约的道路，是中国亟待破解的一个难题。因此如何在科学发展观的统领下，合理开发、利用与配置自然资源，把好管理与决策关有着非常重要的现实意义。

通过定量分析方法实践自然资源有效开发与利用和可持续发展的战略目标，为自然资源的开发和利用进行科学规划、最优设计和优化策划提供决策辅助工具，为各级管理部门对自然资源有效管理建立可借鉴的理论依据和决策手段，促使自然资源开发利用和经济社会发展之间实现全面、协调和可持续发展。

目前运用管理科学理论与方法研究自然资源管理问题还处在一个初始阶段，尚未有系统的理论研究成果，因此构建一套完善地解决自然资源管理问题的基本

---

① 原论文：《自然资源管理理论的研究方法》，《经济系统分析：理论与应用》2006年第8期。

理论和定量分析方法是至关重要的，而且也是管理科学界需要进行研究的当务之急。运用管理科学和管理系统工程的理论与方法，以自然资源管理为研究对象，对自然资源管理问题进行定量分析研究，提出具有共性的理论框架和评价指标体系，创建适合中国经济社会发展的自然资源管理理论与定量分析方法，构建一套基于可持续发展的自然资源开发与利用的有效管理的定量分析模型，并将管理科学与管理系统工程的理论与方法应用到自然资源管理实践中，制定适合中国特色社会主义市场经济运行的自然资源有效开发利用的长效管理机制，为建立资源节约型和环境友好型社会提供科学决策理论依据，同时也为管理科学和管理系统工程充实理论方法与拓展应用范畴，其研究成果具有重要理论创新性和理论价值。

二、自然资源管理理论发展

从 20 世纪 70 年代开始，国内外的学者和有关研究机构，就开始对未来全球人口、自然资源和生态环境可能发生的变化进行了系统的研究，对影响世界经济发展的人口、粮食、能源、非燃料矿物、森林、水等进行了全面的分析和预测，自然资源能否有效地开发与利用将直接影响到人类社会生存安全和可持续发展（Varis & Kuikka, 1999），专家学者对此指出了可能出现的各种严重问题以及解决这些问题的途径和方法（Knight & Bates, 1995; Ffolliott, Bojorquez Tapia & Narvaez, 2001）。中国对自然资源问题也非常的关注，在 2005 年 4 月济南召开的"资源科学前沿问题座谈会"上，着重强调了研究资源科学的前沿问题，强调必须关注自然资源管理的问题。中国自然资源学会 2005 年学术年会的主题是"发展资源科技，建设节约型社会"，与会专家学者也从不同学科角度提出了应加强对自然资源管理的理论和政策研究。未来 20 年，是中国经济社会发展的战略机遇期，而自然资源是制约经济社会发展的重要因素（Ziran, 1999），提倡用管理系统工程理论与方法在自然资源管理中的应用（Bolland, Drew & Vergara - Tenorio, 2006），应用系统分析方法来描述和剖析自然资源管理问题（赵国浩，2000），建立自然资源可持续发展综合评价指标体系和评价模型（赵国浩，2000），构造自然资源优化发展的技术预测决策模型，以系统效益最优为目标进行自然资源的最优配置（赵国浩，1999），达到自然资源最优开发与利用效率，用科学定量分析方法解决自然资源管理中的决策问题，提出符合经济社会可持续发展的资源管理方法，实现自然资源有效开发利用与经济社会可持续发展相协调的发展战略目标，已成为国内外专家学者和政府官员当前研究的热点问题。但目前的研究着重于理论探讨，定性分析较多，定量分析通常也只是以传统建模技术为基础；从各自的专业角度分析较多，且主要以应用和解决当前实际问题的研究为主；对自然资源管理与决策进行科学的、系统的且具有普遍性的用定量分析方法进行决策研究还处于零散的散兵游勇状态，需要进一步深入地对自然资源管理理论与方法共性问题进行系统的基础性研究。

社会发展对自然资源需求的增加和自然资源有限的矛盾越来越突出，各级政府也把自然资源的合理开发与利用作为经济社会发展的一个核心部分来考虑，对自然资源管理提出具有普遍性的管理理论和建立自然资源与经济社会发展全面、协调、可持续发展的评价指标体系，通过自然资源管理定量分析模型可以使管理者对自然资源开发与利用的管理有系统的认识，了解如何解决自然资源合理开发与利用，以确保经济社会的可持续发展；同时利用自然资源管理定量分析模型可以揭示出自然资源开发与利用的经济运行规律，进而可以为政府管理部门提供自然资源管理和可持续发展战略以及相应的政策建议，为管理者进行自然资源管理科学决策提供管理理论依据和管理实践指导，增强解决自然资源开发与利用管理问题的能力。

三、自然资源管理理论应用

自然资源管理理论与方法研究，就是要运用管理科学和管理系统工程的理论与方法，以及经济理论、可持续发展理论和循环经济理论，采用计算机技术方法，围绕自然资源管理进行系统分析，剖析自然资源管理系统构成要素和系统要素之间的相互关系，在基于自然资源可持续发展的系统观下，对自然资源的合理开发与利用进行科学定量分析研究，给出自然资源的合理开发与利用的评价指标体系，构建自然资源合理开发与利用定量分析模型，主要构建自然资源开发与利用预测模型、自然资源开发与利用规划模型、自然资源开发与利用层次分析模型、自然资源开发与利用决策分析模型、自然资源开发与利用优化控制模型和自然资源开发与利用模拟模型等，探索自然资源管理的发展战略和决策方案，为实现适应经济社会发展、资源节约型和环境友好型的自然资源可持续发展战略目标提供理论指导与方法论指引。

在基于可持续发展的系统观下，对自然资源管理进行理论与方法的探讨，构建自然资源有效开发与利用定量分析模型，分别在自然资源开发与利用预测、自然资源开发与利用发展规划、自然资源优先开发与利用政策制定、自然资源勘探决策、自然资源管理经济控制模式和自然资源优化方案系统仿真等方面，构建适应社会经济发展、资源节约型和环境友好型的自然资源可持续发展的定量分析模型，在探索自然资源管理理论与方法中提炼自然资源开发与利用定量分析方法，这是管理科学理论与方法的创新。

自然资源管理理论与方法研究中拟解决的关键问题：一是要将自然资源开发与利用的管理作为一个系统对象来研究，关键点在于梳理自然资源管理中各系统要素的关系，构建自然资源有效开发与利用评价指标体系和系统评价模型；二是运用管理科学和管理系统工程的理论与方法，定性分析和定量分析相结合，将自然资源开发与利用的管理问题进行科学研究，构建一套基于可持续发展的自然资源管理的优化模型；三是运用计算机技术方法，理论分析与实证分析相结合，对自然资源管理的优化模型进行电子表格模型化，寻求最优决策方案；四是探讨实施自然资源管理最优决策方案相配套政策和运行机制。

借助管理科学和管理系统工程的理论与方法，以中国自然资源开发与利用现状为研究切入点，把自然资源管理作为一个系统，紧扣系统具备的整体性、相关性、目的性和环境适应性四个特征：①搜集整理中国自然资源现状和结构，整理分析中国自然资源消耗和需求状况，预测自然资源需求趋势。②分析社会、经济、资源、环境之间的相互关系，找出自然资源在经济社会可持续发展中的地位和作用，提出自然资源管理理论与内涵。③运用预测分析模型、规划模型、优化控制模型以及模拟模型，定性分析与定量分析相结合，理论分析与实证分析相结合，基于可持续发展理论，对自然资源开发与利用的管理问题，运用模型与模拟理论和方法，构建一组自然资源管理的定量分析模型，创建自然资源管理定量分析理论与方法；运用优化理论和计算机方法，对自然资源管理的优化模型进行电子表格模型化。④结合模型运行的系统优化方案，对自然资源进行优化方案选择，提炼基于可持续发展的自然资源开发与利用的管理理念，提出自然资源管理系统运行方案、运行机理和政策建议。

参考文献

[1] Olli Varis and Sakari Kuikka. Learning Bayesian Decision Analysis by Doing: Lessons From Environmental and Natural Resources Management [J]. Ecological Modelling, 1999.

[2] Richard Knight, Sarah Bates. A New Century for Natural Resources Management [M]. Island Press, 1995.

[3] Peter Ffolliott, Luis Bojorquez. Tapia and Mariano Hernandez Narvaez, Natural Resources Management Practices [M]. Blackwell Publishing, 2001.

[4] Zhong Ziran. Natural Resources Planning, Management, and Sustainable Use in China [J]. Resources Policy, No. 25, 1999.

[5] Luciana Porter Bolland, Allan. Drew and Carmen Vergara – Tenorio. Analysis of a Natural Resources Management System in the Calakmul Biosphere Reserve [J]. Landscape and Urban Planning, 2006 (74).

[6] Zhao Guohao. Optimization Model to Sustainable Utilization of Resources

[J]. Journal of Systems Science and Systems Engineering, 2002, 11 (1).

［7］赵国浩. 煤炭工业可持续发展系统评价[J]. 数量经济与技术经济研究, 2000 (77-79).

［8］赵国浩. 基于可持续发展的资源最优配置模型［C］//人类生存、环境与可持续发展[M]. 北京：中国科学技术出版社, 1999.

［9］赵国浩. 管理科学理论研究与应用[M]. 北京：中国科学技术出版社, 2005.

第二节 煤炭价格传导机制实证分析[①]

一、理论研究

煤炭工业是中国重要的基础能源工业之一，煤炭价格的波动对国民经济的整体物价水平产生了重要影响。国民经济各部门组成一个有机整体，煤炭价格波动的传导通过各部门之间的相互作用而进行。由于煤炭价格传导机制的复杂性，本文按国家统计局公布的国民经济行业分类标准，从第一产业、第二产业、第三产业的角度对煤炭价格传导机制进行分类研究，并应用投入产出模型就其影响程度做定量分析。国外直接研究煤炭价格传导机制的文献并不多。国内关于煤炭价格传导机制的研究，采用的方法主要是投入产出分析和VAR模型，测算煤炭价格变动对相关产业的影响。段治平等（2010）分析了中国煤炭价格传导机制以及传导路径，并利用投入产出分析模型测算了煤价波动的影响；姜智敏（2009）提出了建立煤炭价格形成机制的基本思路并对构建煤炭价格体系提出政策建议；戴平生（2004）认为煤炭价格波动对电价将产生直接和间接影响；林永生（2008）对能源价格上涨在企业和政府中产生的影响及其传导机制进行了研究；林伯强（2008、2009）等运用CGE方法研究了石油及煤炭价格上涨对中国经济和产业结构产生的影响，分析能源价格对宏观经济的影响，指出能源价格上涨对中国经济具有紧缩作用；并应用递归的SVAR模型研究了能源价格对宏观物价水平的滞后影响；杨彤（2009）提出煤电价格制定必须兼顾下游产业的利益，并运用复杂网络研究方法得出电力产业价格传导强度大于煤炭产业价格传导强度的结论；李薇（2008）从现代经济理论角度全面剖析了国际石油价格影响中国宏观经济运行的

---

① 原论文：《煤炭价格传导机制实证分析》，国家自然科学基金项目《煤炭资源价格形成机制的政策体系研究》（70941022）部分结题成果，2010年。

传导机制,对目前逐渐获得能源经济学界认同的实际余额效应、供给冲击效应、收入转移效应、通货膨胀效应、油价预期不确定性效应、产业结构效应六大传导渠道进行分析;张华明等(2010)分析了中国煤炭价格形成机制存在的问题及其原因,认为合理的煤炭价格传导机制有利于煤炭资源的有效利用;赵国浩等(2011)在煤炭价格传导机制的分析基础上,认为煤炭价格上涨不利于整体经济的发展,并构建了煤炭价格预警指标体系。

本文将从产业分类的角度对煤炭价格波动的传导机制进行深入分析,应用投入产出价格模型测算煤炭价格波动给三个产业物价水平产生的影响。

二、煤炭价格波动的传导路径分析

(一)煤炭价格波动在第一产业中的传导路径

根据国家统计局公布的国民经济行业分类标准,第一产业包括农、林、牧、渔业(不含农、林、牧、渔服务业)。第一产业是国民经济健康发展的基础,随着中国经济结构的调整,第一产业就业人数比例呈下降趋势,但2011年之前,第一产业就业人数的比例均高于36.7%,在三个产业中,就业人数位于首位。2011年该比例为34.8%,就业人数首次降到三个产业的第二位。第一产业发展的稳定性,对国民经济的稳定发展具有重要意义,因此准确判断煤炭价格波动对第一产业的影响有利于国民经济的稳定发展。

煤炭工业对第一产业的影响大致从三条路径进行。路径一:煤炭价格上涨→交通运输业成本上升→农产品销售成本上升→农产品销售价格上涨;路径二:煤炭价格上涨→化学工业生产成本上升→农业化肥生产行业生产成本上升→种植业和林业生产成本上升→农产品销售价格上涨;路径三:煤炭价格上涨→机械制造业生产成本上升→农机产品价格上涨→种植业和林业的生产成本上升→农产品销售价格上涨。具体路径如图2-1所示。

煤炭价格上涨并未对第一产业的产品价格产生直接影响,而是通过化学工业、机械制造业以及交通运输业的成本上升间接作用于第一产业,导致第一产业农产品价格的上涨。

(二)煤炭价格波动在第二产业中的传导路径

根据国家统计局2013年公布的国民经济行业分类标准,第二产业包括采矿业、制造业、建筑业及电力、热力、燃气及水的生产和供应业。煤炭价格波动产生的影响大部分是通过第二产业来传导,第二产业包含45个行业,本文在路径分析时选取了具有代表性的行业进行简化分析。传导路径如图2-2所示。

煤炭价格的波动大致从四个角度来考虑。路径一:煤炭价格上涨→采矿业相关产品的价格均会上扬,如黑色金属和有色金属开采成本就会上升,天然气和石

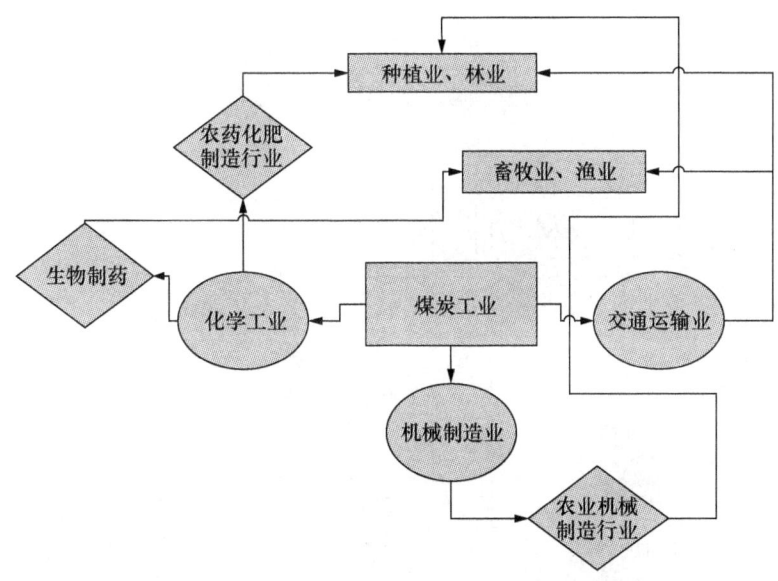

图 2-1 第一产业煤炭价格传导路径

油的替代性消费会增加,从而引起石油和天然气价格的上涨。路径二:从煤炭工业和制造业的关系进行分析。煤炭价格上涨→设备制造业、食品制造业、纺织业、金属制品业、化学制品业、金属冶炼和压延加工业等制造业的生产成本和运输成本会增加,其产品的销售价格会上涨。另外,每一个细分的制造业还会进一步对相关的细分行业产生影响,如专用设备制造业产品价格上涨会导致建筑业专用机械的使用成本上升,从而给房屋建筑、土木工程以及建筑安装业均带来成本上升的影响,而这些行业成本的上升会增加整个建筑行业的成本,进一步增加了第三产业中房地产业的成本;煤炭价格上涨导致黑色金属冶炼和压延加工业的生产成本显著上升,而黑色金属作为钢材工业、建材产品、汽车制造、专用设备制造等行业的主要原材料,因此相关行业的终端产品价格会随之上涨。路径三:煤炭价格上涨→电力生产成本上升,供热、燃气以及水的供应成本均会上升;煤炭价格上涨→专用生产设备价格上涨→供热、燃气、水的生产等直接成本也会随之上升。但是由于电力、供热、燃气以及水的生产是政府定价的方式,市场化程度并未体现,因此本文的实证分析部分未对此路径进行分析。路径四:煤炭价格上涨→建筑业整体直接成本和间接成本均增加→建筑业相关产品价格上涨。煤炭价格上涨引起建材产品的价格上涨,作为建筑业的主要原材料,建材产品价格上涨会引起整个建筑行业的价格的水平上升;另外,煤炭价格上升会导致运输成本的上升,而运输成本对建筑业的影响较大,因此建筑业的价格水平也会随着上升。

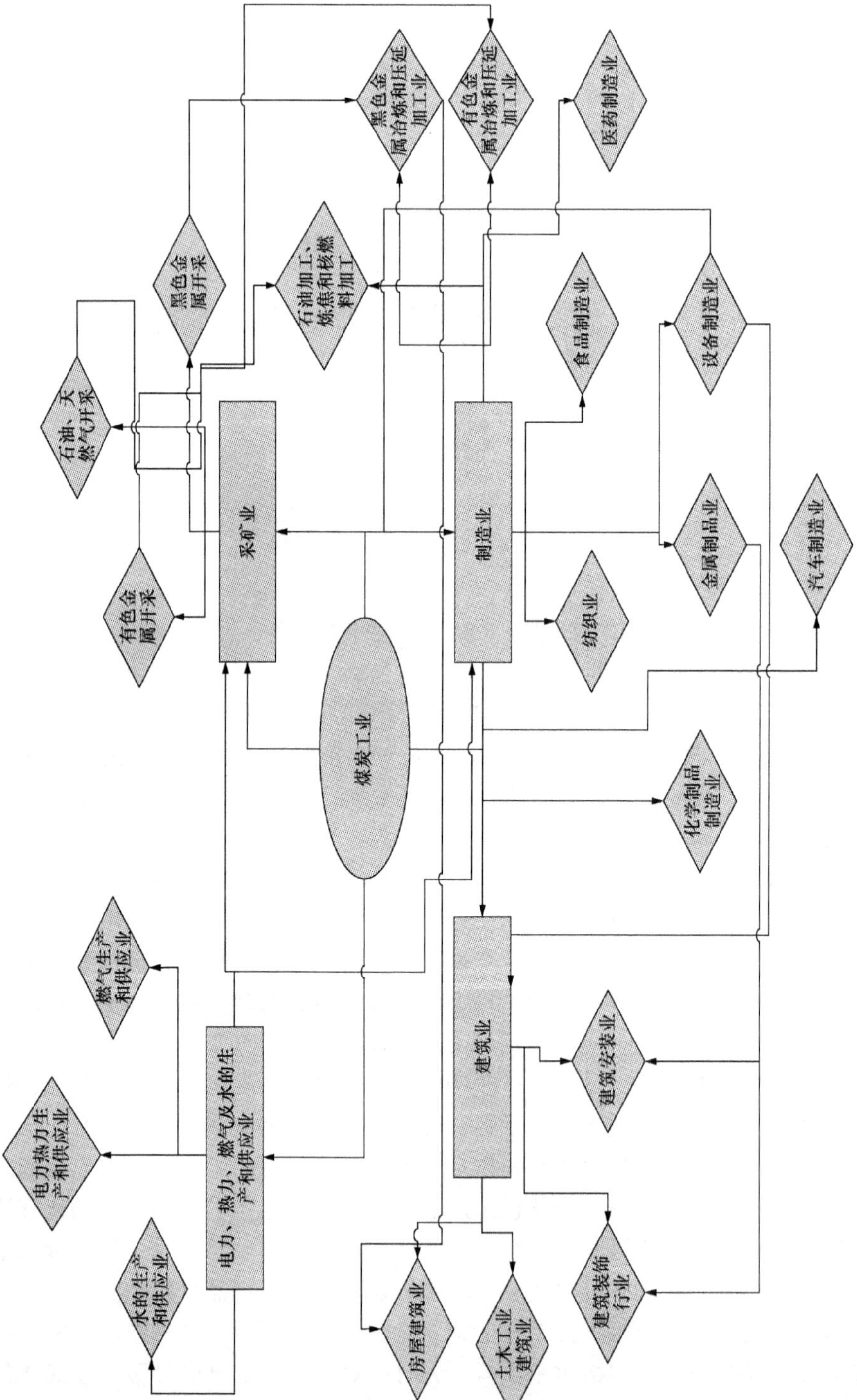

图 2-2 第二产业煤炭价格传导路径

煤炭价格对第二产业的影响表现为直接影响和间接影响的共同作用。经济体系是一个复杂的体系，彼此之间相互影响、相互制约，而第二产业涵盖的经济领域范围较广，因此煤炭价格传导路径较为复杂。煤炭价格波动会对第二产业产生明显的直接影响，同时，这种与直接影响相关的产业会产生一种价格的回馈影响，进一步对煤炭价格的传导产生影响，即间接影响同时作用于煤炭价格的传导过程。

（三）煤炭价格波动在第三产业中的传导路径

根据国家统计局公布的国民经济行业分类标准，第三产业包括农、林、牧、渔、服务业、开采辅助活动、金属制品及机械和设备修理业、批发零售业、交通运输及仓储和邮政业、住宿和餐饮业、信息传输及软件和信息技术服务业、金融业、房地产业、租赁和商业服务业、科学研究和技术服务业等服务性行业，即第一产业和第二产业之外的所有行业均属于第三产业。

随着中国经济结构的调整，第三产业在国民经济中的比重一直呈现上升趋势，2011年占GDP总量的43.4%。第三产业的价格波动传导路径如图2-3所示。

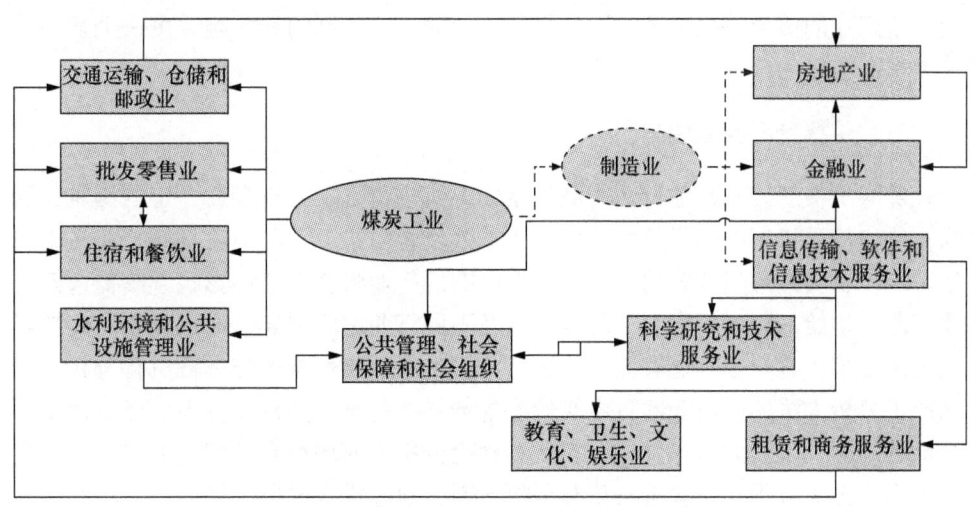

图2-3　第三产业煤炭价格传导路径

煤炭价格在第三产业中的传导路径大致从两个角度考虑。路径一：煤炭价格上涨→运输成本显著上升→交通运输业、仓储以及邮政业的运营成本会随之上升，同时与交通运输相关性较高的行业，如批发零售业、住宿和餐饮业以及公共设施行业均会受到运营成本上升的压力而出现价格水平的上涨。路径二：煤炭价格上涨通过制造业的中间传导机制对房地产业、金融业以及软件信息服务业产生较大影响。煤炭价格上涨导致建材等价格上涨，从而一定程度影响房地产行业的价格水平；考虑到中国国情，房地产行业的发展与金融行业息息相关，房地产行业的资金需求量较大，需要有效的金融平台完成大额的资金流通，因此，金融业务的需求高涨会带来金融产品价格水平的提升；而金融行业整体的价格水平又会对房地产业带来进一步影响。煤炭价格上涨会导致软件制造业生产成本的上升，直接促使软件服务行业的运营成本上升，从而导致价格水平的上升。现代社会的信息化程度越来越高，软件业和信息技术服务业几乎覆盖所有的行业，特别是对信息技术依赖性较高的公共管理以及商业服务业带来的影响更大。商业服务业的价格水平提升，会导致交通运输业、批发零售、住宿餐饮等行业的成本增加。而交通运输业成本增加会进一步影响房地产业的运营成本，从而进一步开启了一个新的循环。第三产业容纳的就业人数位于三个产业的首位，煤炭价格的波动导致第三产业价格水平的上升，同时会带来全社会人力成本的提升，进一步推动了各产业价格水平的上涨。

由上述分析可知，煤炭价格的波动在三个产业中均存在其一定的传导路径，但三个产业的传导路径之间并不是平行的，而是互相制约和影响，由一个复杂的传导机制控制的统一整体。

三、价格传导实证模型

煤炭价格变动对其他行业产品价格的影响进行直接分析存在一定的困难，因为在价格传导机制中煤炭价格产生的影响遍及各个行业，既会给某些行业带来直接影响，也会带来间接影响。受到直接影响的行业将会把这种影响继续传递到其他行业，初始的影响通过上下游行业以及不同行业之间传导，形成复杂的间接影响。一般地，直接影响能够捕获并进行分析，但间接影响很难进行量化分析。投入产出分析方法的选用能够对煤炭价格的传导进行全面分析。投入产出表由于其简洁的结构，巨大的信息量，在实践和理论分析方面均得到了广泛的应用。本文将投入产出表应用在煤炭价格传导分析方面，通过投入产出价格分析方法进一步分析煤炭价格的传导。

固定资产折旧系数、劳动者报酬系数、生产数净额系数和营业盈余系数组成的增加值系数是构成产品价格的重要成分。随着经济的发展，生产技术不断进步，全社会劳动生产率会提高，相应的劳动者报酬也会提高，固定资产折旧的加快，会导致利润以及税收等发生变化，上述因素的一个或者若干个发生变化均会给产品的价格带来影响。同时，任何一种产品的价格均是其他各部门产品价格的函数，只要价格机制中的某一种产品价格发生变化，整个机制内的产品价格都会发生改变。

假定第 n 部门的产品价格发生变动，由 P_n 变为 $P_n + \Delta P_n$，则其他 $n-1$ 各部门产品的价格也会随之发生变化。即第 n 部门产品价格可以认为是外生变量，不会受到其他部门产品价格的影响，在此基础上，考虑其他 $n-1$ 部门产品价格的变化，写成矩阵形式为：

$$P_{n-1} = A_{n-1} P_{n-1} + R P_n + N_{n-1} \tag{2-1}$$

其中，$A'_{n-1} = \begin{pmatrix} a_{11} & a_{21} & \cdots & a_{n1} \\ a_{12} & a_{22} & \cdots & a_{n2} \\ \vdots & \vdots & & \vdots \\ a_{1,n-1} & a_{2,n-1} & \cdots & a_{n,n-1} \end{pmatrix}$ 为直接消耗系数矩阵。

$$P_{n-1} = \begin{pmatrix} P_1 \\ P_2 \\ \vdots \\ P_{n-1} \end{pmatrix}, \quad R = \begin{pmatrix} a_{n1} \\ a_{n2} \\ \vdots \\ a_{n,n-1} \end{pmatrix}, \quad N_{(n-1)} = \begin{pmatrix} a_{v1} \\ a_{v2} \\ \vdots \\ a_{v,n-1} \end{pmatrix}$$

对式（2-1）进行数学变换得到：

$$P_{n-1} = (I - A'_{n-1})^{-1} [R P_n + N_{n-1}] \tag{2-2}$$

当 P_n 变为 $P_n + \Delta P_n$ 时，式（2-2）变为：

$$P_{n+1} + \Delta P_{n-1} = (I - A_{n-1})^{-1} (R(P_n + \Delta P_n) + N_{n-1}) \tag{2-3}$$

数学变换得到：

$$\Delta P_{n-1} = (I - A_{n-1})^{-1} \begin{pmatrix} a_{n1} \\ a_{n2} \\ \vdots \\ a_{n,n-1} \end{pmatrix} \Delta P_n \tag{2-4}$$

这就是初始的投入产出价格变动模型。经数学变换、矩阵转置后得到：

$$\begin{pmatrix} \bar{b}_{n1} \\ \bar{b}_{n2} \\ \vdots \\ \bar{b}_{n,n-1} \end{pmatrix} = (I - A_{n-1})^{-1} \bar{b}_{nn} \begin{pmatrix} a_{n1} \\ a_{n2} \\ \vdots \\ a_{n,n-1} \end{pmatrix}, \quad b_{ij} \text{ 为完全消耗系数。}$$

等式两边同除以 $\bar{b}_{nn}$，得到：

$$\begin{pmatrix} \overline{b}_{n1}/\overline{b}_{nn} \\ \overline{b}_{n2}/\overline{b}_{nn} \\ \vdots \\ \overline{b}_{n,n-1}/\overline{b}_{nn} \end{pmatrix} = (I - A_{n-1})^{-1} \begin{pmatrix} a_{n1} \\ a_{n2} \\ \vdots \\ a_{n,n-1} \end{pmatrix} \quad (2-5)$$

从而得到最终的投入产出价格变动模型：

$$\Delta P_{(n-1)} = \begin{pmatrix} \overline{b}_{n1}/\overline{b}_{nn} \\ \overline{b}_{n2}/\overline{b}_{nn} \\ \vdots \\ \overline{b}_{n,n-1}/\overline{b}_{nn} \end{pmatrix} \Delta P_n \quad (2-6)$$

四、实证结果分析

（一）煤炭价格波动对第一产业物价水平的影响

根据2013年国家统计局公布的三次产业划分标准以及2009年国家统计局公布的2007年度中国135部门投入产出表中第一产业的直接消耗系数（见表2-1）测算出相应的列昂惕夫逆矩阵。为了研究方便，这里将农、林、牧、渔服务业置于第一产业中进行分析。行和列分别加入煤炭开采和洗选业，得到直接消耗系数矩阵A。

表2-1 第一产业直接消耗系数表

	农业	林业	畜牧业	渔业	农、林、牧、渔服务业
农业	0.085512	0.013185	0.122618	0.030852	0.079119
林业	0.000307	0.064929	0.000269	0.001565	0.003697
畜牧业	0.001621	0.001061	0.082057	0.000990	0.030182
渔业	0.000001	0.000005	0.000056	0.035833	0.003337
农、林、牧、渔服务业	0.016771	0.030712	0.007001	0.021027	0.041200

$$A = \begin{pmatrix} 0.085512 & 0.013185 & 0.122618 & 0.030852 & 0.079119 & 0.000020 \\ 0.000307 & 0.064929 & 0.000269 & 0.001565 & 0.003697 & 0.007248 \\ 0.001621 & 0.001061 & 0.082057 & 0.000990 & 0.030182 & 0.000000 \\ 0.000001 & 0.000005 & 0.000056 & 0.035833 & 0.003337 & 0.000000 \\ 0.016771 & 0.030712 & 0.007001 & 0.021027 & 0.041200 & 0.000000 \\ 0.000584 & 0.000635 & 0.000582 & 0.000295 & 0.000302 & 0.100557 \end{pmatrix}$$

由此测算出列昂惕夫逆矩阵：

$$(I-A)^{-1} = \begin{pmatrix} 1.095522 & 0.018742383 & 0.147073384 & 0.037313539 & 0.095233363 & 0.000175251 \\ 0.000441563 & 1.069586985 & 0.000410445 & 0.001844265 & 0.004182866 & 0.008618682 \\ 0.002565888 & 0.002407379 & 1.089999358 & 0.001958932 & 0.034540112 & 1.94553E-05 \\ 6.77137E-05 & 0.000125855 & 9.97811E-05 & 1.03724593 & 0.003619065 & 1.01563E-06 \\ 0.019197438 & 0.034608951 & 0.010547502 & 0.023472925 & 1.045101988 & 0.000279302 \\ 0.000720056 & 0.000780536 & 0.000804181 & 0.000374518 & 0.000439195 & 1.111805328 \end{pmatrix}$$

据投入产出价格变动模型可以测算出，煤炭行业价格变动100%，第一产业行业的价格水平变动情况如表2-2所示。

表2-2　煤炭价格变动对第一产业价格水平的影响　　　　　单位:%

行业	农业	林业	畜牧业	渔业	农、林、牧、渔服务业
价格变动率	0.064765	0.070204	0.072331	0.033686	0.039503

从表2-2可知，煤炭价格上涨对第一产业的影响较小。假设煤炭价格上涨100%，畜牧业价格水平上涨0.072331%，为第一产业中价格水平受影响最大的行业，其次是林业，价格水平上涨0.070204%，接下来是农业和渔业。农、林、牧、渔服务业属于第三产业，由于与第一产业相关性较高，将其与第一产业一起进行分析。平均来看，煤炭价格上涨100%，第一产业产品价格会相应上涨0.056%左右。

（二）煤炭价格波动对第二产业物价水平的影响

按2013年国家统计局公布的分类标准，此处第二产业包括90个行业。以2009年国家统计局公布的2007年度中国135部门投入产出表的直接消耗系数表为数据基础，对煤炭价格波动与第二产业物价水平的关系进行分析。据第二产业直接消耗系数表，可以得到90×90的直接消耗系数矩阵A以及90×90的列昂惕夫逆矩阵。据投入产出价格变动模型对煤炭价格波动对第二产业产品价格水平的影响进行测算。假设煤炭价格上涨100%，第一产业行业的价格水平变动情况如表2-3所示（受篇幅限制仅列示前50位）。

通过表2-3可知，第二产业中炼焦业价格水平对煤炭价格波动的敏感程度最大，煤炭价格上涨100%，炼焦业物价水平上涨36.557303%，炼焦行业是煤炭行业的直接下游行业，煤炭价格直接关系到炼焦业的生产成本，因此煤炭价格上涨对炼焦行业的物价水平影响较大；电力、热力的生产和供应业对煤炭价格波动的影响排在第二位，当煤炭价格上涨100%，其价格水平相应上涨17.310400%，煤炭是电力、热力行业的主要原材料，煤炭价格上涨对电力、热力供应行业形成直接的成本压力；其次是炼铁业，煤炭价格上涨100%，会导致炼铁行业物价水平上涨13.609875%，煤炭是炼铁业主要的动力来源，也是重要的辅料，煤炭价格的上涨同样也增加了炼铁业的生产成本。

表2-3 煤炭价格变动（上涨100%）对第二产业价格水平的影响　　单位:%

行业	次序	变动率	行业	次序	变动率
煤炭开采和洗选业	1	100	泵、阀门、压缩机及类似机械的制造业	26	4.831398
炼焦业	2	36.557303	其他通用设备制造业	27	4.802576
电力、热力的生产和供应业	3	17.310400	化学纤维制造业	28	4.745061
炼铁业	4	13.609875	建筑业	29	4.741865
肥料制造业	5	11.708017	非金属加工专用设备制造业	30	4.622014
水泥、石灰和石膏制造业	6	11.099263	矿山、冶金、建筑专用设备制造业	31	4.595367
砖瓦、石材及其他建筑材料制造业	7	10.869659	起重运输设备制造业	32	4.434942
炼钢业	8	10.113000	水的生产和供应业	33	4.400142
基础化学原料制造业	9	9.439525	电线、电缆、光缆及电工器材制造业	34	4.392350
燃气的生产和供应业	10	9.097511	铁路运输设备制造业	35	4.336617
玻璃及玻璃制品制造业	11	8.789791	塑料制品业	36	4.307895
钢压延加工业	12	8.586695	金属加工机械制造业	37	4.298256
水泥及石膏制品制造业	13	8.138443	橡胶制品业	38	4.232164
石墨及其他非金属矿物制品制造业	14	8.100910	其他专用设备制造业	39	4.228998
耐火材料制品制造业	15	7.470569	锅炉及原动机制造业	40	4.075117
专用化学产品制造业	16	7.357073	其他电气机械及器材制造业	41	4.066641
铁合金冶炼业	17	7.085728	有色金属矿采选业	42	4.022713
陶瓷制品制造业	18	6.464023	农林牧渔专用机械制造业	43	3.978959
有色金属冶炼及合金制造业	19	5.901787	电机制造业	44	3.925947
金属制品业	20	5.732457	输配电及控制设备制造业	45	3.862331
涂料、油墨、颜料及类似产品制造业	21	5.407854	造纸及纸制品业	46	3.757596
有色金属压延加工业	22	5.374291	电子元器件制造业	47	3.681224
黑色金属矿采选业	23	5.215289	文化、办公用机械制造业	48	3.570560
农药制造业	24	5.205606	船舶及浮动装置制造业	49	3.472490
合成材料制造业	25	5.037587	其他交通运输设备制造业	50	3.466903

通过上述分析，煤炭价格波动对第二产业各行业的影响均处于较高水平，煤炭价格上涨100%，第二产业物价水平平均上涨4.715231%，具体有28各行业的物价上涨水平高于第二产业的平均水平，占第二产业的31.46%。第二产业中，对煤炭价格波动敏感程度超过平均水平的行业，大部分均是以煤炭为主要的生产原料或动力原料，如炼焦、电力、热力、炼钢、建筑材料以及化学药品制造行业等。如上所述，第二产业包括采矿业、制造业、建筑业及电力、热力、燃气及水生产和供应业等。目前看来，中国投资导向性的经济发展模式没有发生根本性的改变，第二产业的发展对中国经济发展依然具有至关重要的作用，煤炭价格的影

响除了可以直接影响第二产业的相关行业,而且能够在第二产业各部门中通过相互作用而进一步传导,因此,从平均的观点来看,煤炭价格波动在第二产业中的影响程度要显著高于第一产业和第三产业。

(三) 煤炭价格波动对第三产业物价水平的影响

据国家统计局的分类标准,本文研究的第三产业包含 40 个行业(去除了农、林、牧、渔服务业)。以 2009 年国家统计局公布的 2007 年度中国 135 部门投入产出表中第三产业的直接消耗系数表为基础,对煤炭价格波动对第三产业产品价格水平的影响进行分析。

在直接消耗系数表的行和列分别加入煤炭开采和洗选业,可以得到 41×41 的直接消耗系数矩阵 A 以及 41×41 的列昂惕夫逆矩阵。据投入产出价格变动模型对煤炭价格波动对第三产业价格水平的影响进行测算。假设煤炭价格上涨 100%,第三产业价格水平变动情况如表 2-4 所示。

表 2-4　煤炭价格变动(上涨 100%)对第三产业价格水平的影响　　单位:%

行业	次序	变动率	行业	次序	变动率
铁路运输业	1	0.718527	广播、电视、电影和音像业	21	0.124533
环境管理业	2	0.684663	文化艺术业	22	0.123849
卫生	3	0.461648	租赁业	23	0.123777
其他服务业	4	0.428331	体育	24	0.114265
居民服务业	5	0.300145	专业技术服务业	25	0.113352
道路运输业	6	0.284435	新闻出版业	26	0.109848
教育	7	0.281568	社会保障业	27	0.109352
公共管理和社会组织	8	0.269463	航空运输业	28	0.080788
公共设施管理业	9	0.214532	娱乐业	29	0.074027
管道运输业	10	0.174158	批发零售业	30	0.073383
仓储业	11	0.170897	社会福利业	31	0.069273
装卸搬运和其他运输服务业	12	0.168097	餐饮业	32	0.066803
邮政业	13	0.167943	保险业	33	0.063442
地质勘查业	14	0.163912	水上运输业	34	0.045178
城市公共交通业	15	0.153198	软件业	35	0.041368
研究与试验发展业	16	0.145267	旅游业	36	0.040016
水利管理业	17	0.144611	计算机服务业	37	0.027182
商务服务业	18	0.139241	房地产业	38	0.020251
科技交流和推广服务业	19	0.134469	银行业、证券业和其他金融活动	39	0.013557
住宿业	20	0.131933	电信和其他信息传输服务业	40	0.013152

不同行业物价水平对煤炭价格波动的反应程度不同，表2-4按降序排列各行业的价格波动情况。由表2-4可知，在第三产业中，铁路运输业的物价水平对煤炭价格波动最为敏感，煤炭价格上涨100%，铁路运输业物价水平上涨0.718527%，主要是由于煤炭作为主要的动力燃料，其价格的上涨必然会提升铁路运输业的运营成本，从而引起其物价的上涨；其次是环境管理业，煤炭价格上涨100%，其物价水平相应上涨0.684663%，中国煤炭消费占一次能源消费的70%以上，煤炭消耗是引起环境污染的重要原因，但由于煤炭为主的消费格局短期内不会改变，煤炭价格的提高并不会造成煤炭消费的显著下降，因此环境管理业反而会由于运营成本的上涨而出现物价水平的上升；卫生业的物价水平上涨幅度在第三产业中居第三位，煤炭价格上涨100%，卫生业物价水平上涨0.461648%，医疗器械的生产依赖于制造业，而煤炭是制造业的重要原料和燃料；化学药品很大比例从煤炭中提取，因此煤炭价格上涨能够对卫生业产生直接和间接的影响，导致其物价水平的上涨。

煤炭价格波动在第三产业各行业中均会产生影响，影响程度的大小主要与该产业与煤炭行业的相关程度有关，如以煤炭为直接运营成本的铁路运输业、道路运输业等运输行业；受中国煤炭消费结构影响的环境管理等公共管理业，受煤炭价格波动的影响均较大。平均来看，煤炭价格上涨100%，第三产业物价水平上涨0.169611%，即第三产业中27.5%的行业物价上涨水平超过了平均水平。

五、研究结论及政策意义

本节分析了煤炭价格在三个产业中的传导路径，并通过投入产出价格模型测算了煤炭价格上涨100%对第一产业、第二产业以及第三产业价格水平的影响。结果显示，第二产业价格水平平均会上涨4.715%，显著高于第一产业的0.056%和第三产业的0.170%。煤炭行业与第二产业相关性较高，故第二产业物价水平受煤炭价格变动的影响程度显著高于其他两个产业，且第二产业中以煤炭为主要生产原料的行业受到煤价波动影响的程度要远远高于整个产业的平均水平。

能源行业对国民经济的发展至关重要，能源价格体系的建立能够在一定程度上保障能源行业发展的安全性和稳定性，从而保障国民经济的稳定发展。短期内，中国以煤为主的能源消费格局不会改变，因此厘清煤炭价格波动传导机制是能源价格体系建设的重要组成部分。厘清煤炭价格的传导机制并精确测量其影响程度不仅能够对企业经营提供一定的决策依据，同时也为国家宏观调控部门制定经济发展政策提供了理论支持。

参考文献

[1] 段治平,郭志琼.煤炭价格传导机制分析[J].价格月刊,2010(2).

[2] 姜智敏.建立中国煤炭价格形成机制的基本思路[J].中国煤炭,2009(10).

[3] 戴平生.我国电力市场价格形成机制研究[D].厦门大学硕士论文,2004.

[4] 林永生.能源价格对经济主体的影响及其传导机制——理论和中国的经验[J].北京师范大学学报(社会科学版),2008(1).

[5] 林伯强,牟敦国.能源价格对宏观经济的影响[J].经济研究,2008(11).

[6] 林伯强,王锋.能源价格上涨对中国一般价格水平的影响[J].经济研究,2009(12).

[7] 杨彤.我国煤炭价格的纵向与横向比较分析[J].煤炭经济研究,2009(1).

[8] 李薇.石油价格波动影响宏观经济运行的传导机制研究[J].世界经济情况,2008(2).

[9] 张华明,赵国浩.煤炭价格形成机制存在的问题及对策分析[J].资源科学,2010(11).

[10] 赵国浩,车康模.中国煤炭价格监测预警研究[J].现代工业经济和信息化,2011(8).

[11] 向蓉美.投入产出法[M].成都:西南财经大学出版社,2007.

第三节 中国煤炭价格监测预警研究

一、煤炭价格监测预警内容和方式

进入21世纪后,由于多方面的综合因素影响,煤炭价格经常发生异常波动,主要在于中国目前缺乏对煤炭行业市场价格的监测,而实现煤炭市场价格监测和预警的前提是需要我们构建科学合理的监测预警指标体系。因此,研究建立煤炭

---

① 原论文:《中国煤炭价格监测预警研究》,《现代工业经济和信息化》2011年第7期。

煤炭资源管理理论与实践

市场价格监测预警指标体系,能评价当前煤炭市场价格的状态,并能及早发现煤炭价格市场异动方向和异动原因,预测异动幅度,以便及时向管理决策部门报告,为煤炭价格的宏观调控提供理论支撑和实践指导。

发现警情是煤炭市场价格监测预警的条件,其主要功能在于明确监测预警的内容和方式。煤炭价格监测预警包括市场价格监测、价格分析预测、价格信息发布三个基本方式(见表2-5)。其中市场价格监测包括常规监测、应急监测、预警监测和市场调查等监测类别,价格分析预测包括价格动态分析、价格专题分析、价格形势分析、价格预测分析和价格预警分析等监测类别;价格信息发布包括价格监测信息和价格预测信息等监测类别。

表2-5 煤炭价格监测基本方式

基本方式	监测类别	适用条件
市场价格监测	常规监测	常规价格监测报告制度要求
	应急监测	价格明显波动,临时性监测
	预警监测	国内外发生重大事件、价格异常
	市场调查	重大经济问题和价格热点问题
价格分析预测	价格动态分析	反映煤炭市场价格基本情况
	价格专题分析	重大、特殊事件
	价格形势分析	整体价格情况
	价格预测分析	价格趋势判断
	价格预警分析	价格异常波动
价格信息发布	价格监测信息	价格现状
	价格预测信息	价格趋势

二、煤炭价格预警指标体系

煤炭市场价格监测预警是指对煤炭资源市场价格进行监测、分析、评价、预测,根据涨幅程度事先发出预警信息,提示煤炭经营决策者警惕市场风险,从而为中国煤炭市场的正常运行提供正确指导。现在国际上用于预警研究的方法主要有三种:预测调查方法、模型方法和指标方法,其中指标方法是前两种方法的基础。根据中国的实际情况,本文采用具有实用快速特点的指标方法对煤炭价格监测预警进行研究,为中国煤炭价格预警指标体系的研究提供参考。一般来说,煤炭价格预警指标有三种：警兆指标、警情指标、警源指标。

（一）警兆指标的选择

煤炭价格与全面成本、供给、需求、突发因素、国际市场价格以及中央政府的政策导向等有着密切的联系。

1. 成本警兆

成本变动是影响煤炭价格波动的基础因素。这里的成本包括全面成本和运输成本。

全面成本包括直接生产成本、煤炭使用者成本、安全成本、环境成本。而随着煤炭需求的逐步恢复，需要更多的陕西、内蒙古甚至宁夏煤炭来满足沿海地区需求，铁路运输瓶颈的再次暴露导致运输成本上涨。

2. 供给警兆

由于2008年第四季度起国际煤炭市场力量的参与，国内煤炭的生产开采量和国外煤炭进口数量决定了国内煤炭的供给，而从长远来看，影响煤炭供给的因素包括煤炭的潜在储量和实际可开采量。

消费者主要根据煤炭价格变动趋势的预测和自身的库存能力来调整其库存，而库存的调整将通过影响供求关系最终影响煤炭价格。

3. 需求警兆

国民经济的增长速度和煤炭消费最集中的四个行业（电力、建材、冶金和化工）对煤炭消费需求变化以及季节性的煤炭需求变化等都会影响煤价。

4. 政策警兆

中央政府的政策取向，包括政策性成本、节能政策导向、电价管制、资源整合等政策。

5. 国际市场价格警兆

包括国际煤炭市场价格和国际石油市场价格。

6. 其他警兆

煤炭价格在不同程度上受天气灾害等突发因素的影响，也受国内外经济发展状况和经济结构、宏观经济情况、消费企业的结构、数量和地区分布等因素影响。

（二）警情指标的选择

由于中国煤炭价格最近几年都是呈波动上涨趋势，所以本文一级指标只研究"价格上涨幅度"，而不考虑价格下降的情况。本节确定煤炭价格监测预警警情指标一级指标为三个，分别是价格上涨幅度、价格波动范围以及价格波动时间。同时分别设定子指标和进行指标说明（见表2-6）。

表 2-6 煤炭价格监测预警警情指标

一级指标	子指标	指标说明
价格上涨幅度	绿灯区、黄灯区、单红灯区和双红灯区	价格上涨幅度1%~4%为绿灯区；5%~9%为黄灯区；10%~19%为单红灯区；大于20%为双红灯区
价格波动范围	全国个别省区、产区或销区、个别市、县、产区或销区	产区或销区是指煤炭主要生产区或销售区
价格波动时间	短期、近期、中期和长期	短期指1个月以内，近期指1个季度以内，中期指1年以内；长期指1年以上

（三）警源指标的选择

警源是产生警情的根源，煤炭价格的警源就是决定煤炭价格水平和影响煤炭价格波动的那些因素。

煤炭价格的波动受多方面多种因素共同作用的结果，首先从供需两方面分析：在供给方面，煤炭是一次性能源，具有不可再生性，这就决定了其供给总量是固定的；在需求方面，针对中国富煤、贫油、少气的资源禀赋和经济高速发展的国情，在很长的一段时间内，煤炭在能源生产和消费的主体地位不可改变。一方面是煤炭总的可供给量或储存量是一定数量的；另一方面是工业和经济的高速发展决定了中国庞大的源源不断的煤炭需求，而正是这种需求和供给的反差形成了煤价上升的最根本原因。所以最根本的影响因素是煤炭价值和供求关系，其他方面都是通过影响价值及供求关系来作用于价格变化的。就中国的煤炭价格来说，影响因素虽然很多，但归纳起来主要有以下几个方面：生产成本、煤炭供给、煤炭需求、国家政策、国际因素以及其他因素。

（四）煤炭价格监测预警指标体系的构建

煤炭价格预警是宏观经济预警的一部分，从逻辑上讲应该包括这样几个阶段：明确警情—寻找警源—分析警兆—预报警度。这里明确警情是大前提，是监测预警研究的基础，而寻找警源、分析警兆属于对警情的因素分析及定量分析，预报警度是预警目标所在。根据上述分析，建立煤炭价格监测预警指标体系（见表2-7）。

三、预警识别及调控机制

煤炭价格在最近几年都是呈波动上升趋势，因此本文选择煤炭市场价格上升

表2-7 煤炭价格监测预警指标体系

警情	警兆	警源
煤炭市场价格波动情况	全面成本	成本
	运输成本	
	政策性成本	
	国内煤炭的生产开采量	供给
	国外煤炭的进口数量	
	煤炭的潜在储量	
	实际可开采量	
	年生产量、年进口量	
	库存总量、库存产品分类、库存地区分类	
	国民经济的增长速度	需求
	工业用煤炭消费	
	居民消费用量	
	出口煤炭消费	
	季节性的需求变化	
	节能政策导向	政策
	电价管制	
	资源整合	
	国际煤炭市场价格	国际市场价格
	国际石油市场价格	
	天气灾害等突发因素	其他
	国内外经济发展状况	
	消费企业的结构、数量和地区分布	

方向作为煤炭价格预警对象。根据表2-6，将预警周期设定为短期（1个月以内）（价格波动时间选择短期），根据煤炭价格上涨幅度情况将预警状态识别设置为一级双红灯区、二级单红灯区、三级黄灯区和四级绿灯区情四级。具体分级设置如表2-8所示。

由于本文采用的是指标预警法，因此需要注意预警指标偶然性问题，即有时一次性的波动也会导致警报发生，可能产生"虚警"。当煤炭价格波动涨幅进入绿灯区时认为非预警状态，不需要进行调控。当煤炭价格波动涨幅进入黄灯区、单红灯区、双红灯区时，认为系统预警，需要进行调控。若进入双红灯区预警，应先持续观察一段时间，若某一时刻进入双红灯区，又很快恢复正常，且在

表2-8 预警识别

状态识别	判定标准	风险范围	现象
一级双红灯区	全国范围或部分省价格剧烈波动,价格涨幅超过20%,严重影响GDP和CPI,国务院、省分别实行价格紧急措施、价格干预措施	高度风险范围	出现流言传播、市场价格混乱、难以购买;多数热电厂停止供气、供暖,部分电厂停机
二级单红灯区	全国、全省、全市范围或部分地区价格明显波动,价格涨幅10%~19%,明显影响GDP和CPI,国务院、省、自治区、直辖市实行限价措施	进入风险范围	出现煤荒、电荒、油荒、拉闸限电、争购、抢购;少数热电厂停止供气、供暖
三级黄灯区	全国、全省、全市范围或部分地区价格明显波动,价格涨幅5%~9%,可能影响GDP和CPI	风险关注范围	对社会生产生活有轻微影响
四级绿灯区	全国、全省、全市范围没有出现价格明显波动状况,纵向对比,价格涨幅1%~4%	价格正常范围	对社会生产生活没有影响

正常范围持续稳定一定时间,则断定有偶然因素发生,此时不予考虑预警;若进入双红灯区维持一段时间,则借助宏观调控使得煤炭价格波动涨幅相对减弱,之后可能会进入单红灯区和黄灯区,此时再次系统预警,再次进行调控,多次循环,进入绿灯区非预警状态,调控结束。该预警调控方法不是一次性完成的,而是多次缓步进行。我们应该及时准确把握煤炭的供给、需求、库存、运输、突发因素、可替代品比价等信息,以便及早准确判断发现煤炭市场价格出现的异常波动并进行调控。对煤炭市场价格进行监测预警并不是简单的监测与猜测,而应该对煤炭行业市场状况进行分析和评价,以此为煤炭行业管理部门提供决策依据。

参考文献

[1] 张化中.价格监测及预测预警[M].北京:中国市场出版社,2006.

[2] 贺刚.中国能源价格波动监测预警机制研究[J].中国物价,2009(6).

[3] 赵惟,范海兰.石油价格波动规律及其预警识别体系研究[J].中国工业经济,2008(10).

[4] 艾德春.我国煤炭供需平衡的预测预警研究[D].中国矿业大学博士论文,2008(4).

[5] 董真,梁启建等. 煤炭价格监测预警定量指标研究初探[J]. 能源技术与管理, 2010 (1).

[6] 张同功,雷仲敏. 煤炭价格波动的影响因素分析[J]. 中国能源, 2005 (12).

[7] 谢守祥,谭清华等. 影响煤炭价格因素的相关性分析与检验[J]. 统计与决策, 2006 (11).

[8] 袁桂秋,张玲丹. 我国煤炭价格的影响因素分析[J]. 价格月刊, 2009 (2).

第四节 煤炭资源资产化的管理研究[①]

一、煤炭资源价值理论

在传统的经济价值观中,一般认为没有劳动参加的东西没有价值,或者认为不能交易的东西没有价值,因此都认为天然的煤炭资源没有价值。煤炭资源无价值论的产生,既有思想观念、经济体制和历史传统的因素,也与煤炭资源本身的性质有关。首先,劳动价值论的绝对化。根据马克思的劳动价值论,价值取决于物品中所凝结的社会必要劳动,把这一理论加以极端化,就认为不含劳动的煤炭资源就没有价值,导致我们从理论到实践都忽视煤炭资源的价值价格问题。其次,确定价格的市场机制不合理。煤炭资源产品的价格,只包含了开发资源的成本和利润等项内容,没有包含煤炭资源本身的价值。如煤炭的价格长期以来只计算开采和运输成本,未计算生态环境成本,同时土地长期无偿使用等;近年来意识到这个问题,开始征收土地使用费和使用税、矿产资源补偿费、煤炭资源税等,但仍未从根本上解决这个问题。再次,就是历史传统的影响。在经济社会发展水平和人民生活水平比较低的情况下,对煤炭资源的开发利用程度也比较低,煤炭资源相对丰富。在这种情况下,人们没有意识到煤炭资源和生态环境的价值是很自然的。最后,"公共财产"存在。诸如大气、江河湖海、荒野等煤炭资源往往是公共财产,很难计算价格,难以收取费用。

---

① 原论文:《煤炭资源资产化管理研究》,《煤炭新产业与资本化高峰论坛论文集》,2008 年。

(一) 矿产资源价值论

关于矿产资源是否具有价值，经过长期的讨论，目前已基本达成共识，即矿产资源具有价值。论证矿产资源具有价值，提出矿产资源的价值构成及其评估，国内有许多学者做过这一研究，如韩劲等的《矿产资源价值的构成及其实现》；王四光等的《矿产资源资产的价值及其评估》；还有刘金平的《矿产资源价值理论及其模型》；王立杰的《矿产资源计价理论与方法研究》等都阐述了矿产资源具有价值的理论。其论述大都认为因为矿产勘查的劳动对象——矿产资源是国家所有的一种资产，既然是资产，当然具有价值。但目前主要的争议在于：一种观点认为未被发现、勘查的资源只是大自然的产物，本身没有价值，只有那些经过勘查的矿产资源因凝结了勘查劳动才具有价值，并认为，因为矿产勘探投入来自国家，这是矿产资源属国家所有和必须实行有偿开采的主要依据。

(二) 煤炭资源无价值论的危害

煤炭资源无价值的观念及其理论上、政策上的表现，导致了煤炭资源的无偿占有、掠夺性开发和浪费，以致造成煤炭资源损毁、生态破坏和环境恶化，成为经济社会发展的制约因素。具体来说有如下危害：

1. 导致煤炭资源的破坏和浪费

由于煤炭资源可以不计价值、价格，可以无偿或低价使用，在利益的驱动下，使用者就会多占多用，随意浪费，煤炭资源利用上"采富弃贫、采厚弃薄、采主弃副、采易弃难"等现象比比皆是。占有煤炭资源的单位和个人无视煤炭资源利用的效益，没有节约资源、提高资源利用效率的主动性、积极性和约束机制，因而造成煤炭资源恶性破坏和浪费。

2. 导致财富分配不公和竞争不平等

既然煤炭资源无价值和无价格，其所有权和使用权就不能通过市场竞争获得，而是通过权力、关系和偶然因素得到。这样，获得煤炭资源的单位和个人比未获得的单位和个人处于有利地位，获得丰饶性好的煤炭资源的单位和个人必然会比获得丰饶性差的单位和个人处于有利地位。这种情况下，丰饶的煤炭资源往往掩盖了低劣的管理。

3. 一项重要的国家收入得不到落实

煤炭资源属于公共所有，其产生的价值本来可以作为一项重要的财政收入，由于煤炭资源无价，导致所有权未能在经济上实现。

4. 煤炭资源的物质补偿和价值补偿不足，导致煤炭资源财富枯竭

煤炭资源在被开发利用的同时，其煤炭资源的环境应当得到不断保护、补偿和整治。如果在理论上认为煤炭资源没有价值，实践上煤炭资源就会无偿使用，其保护和补偿措施就得不到应有的重视，会被视为额外负担。

5. 国民财富核算的失真

煤炭资源是国民财富的重要组成部分,煤炭资源没有价值和价格,使整个国民财富的核算不能反映国家实力和经济水平。

(三) 煤炭资源价格不合理

煤炭价格构成长期以来还不是很合理。首先,煤炭成本和价格不反映煤炭资源成本,计划经济时期国家包揽了煤炭所有的地质勘查工作,煤矿只需在指定的地点建井生产。进入市场经济以后,企业新建矿井不仅需要出资取得探矿权、购买采矿权,并且还需要自己投资对煤炭资源进行进一步精查,才能进行矿井设计和施工,而这些目前在煤炭价格核算中都未涉及。

其次,承担的社会责任不平等。煤炭行业和其他行业相比,由于就业门槛比较低,承担了大量低素质劳动者的就业安置任务,在稳定社会、发展经济、提高就业水平、解决弱势群体的后顾之忧方面,承担了巨大的经济和政治责任。同时,煤炭成本和价格中不反映煤矿退出成本和费用。煤炭是不可再生的资源,所有的煤矿都会因资源枯竭而关闭退出。煤矿关闭前,企业需要大量资金用于转产和人员安置,而这些费用目前企业不能预先提取计入成本,所需资金没有来源。国家曾不得不动用大量财力对资源枯竭和扭亏无望的原国有重点煤矿进行政策性破产。今后随着市场经济体制的不断完善,这项政策将逐步淡出,煤炭企业必须积累这部分退出转产资金。同时煤炭企业要继续生存,必须建设新的矿井,开发新的接续资源,需要大量投入,同样这些费用必须在成本中得到补偿,包含在煤炭价格中。而在现行核算框架下,这些费用不能预提,不能计入成本项目,所需资金没有来源。

最后,煤炭成本核算项目系数规定得过死。煤矿固定资产折旧、维简费和沉陷治理费用提取标准是国家统一规定的。尽管在规定中也考虑到了不同矿井开采条件的差异性,但与实际需要相比仍有较大差距。如现行煤矿采煤沉陷资金提取标准过低根本满足不了需要,欠账越积越多,沉陷区房屋建筑搬迁问题越来越多,引发了一些严重的社会问题,国家不得不拿出大量资金补还欠账。

此外,煤炭销售中间环节较多。目前销售中间环节费用上涨幅度大,煤矿实际获得的价格上涨收益很少。在煤炭涨价的同时,煤炭生产成本大幅度提高,由于生产资料价格大幅增长,煤价上涨的收益大部分被抵消。

二、现行煤炭资源管理体制存在弊端

(一) 煤炭资源产权不明确

鉴于煤炭资源本身的特点,所有权管理在煤炭资源开发利用管理的制度安排方面具有举足轻重的地位。然而,在所有权管理方面,原有的制度安排却存在着明显不足。

1. 重视产权的垄断性而忽视产权的流动性

这种状况不仅极大地妨碍了对煤炭资源的合理开发利用，而且也不利于实现煤炭资源的最优配置。

2. 煤炭资源的所有权、行政权和经营权三权混淆

以行政权、经营权管理代替所有权管理，国家所有权受到条块的多元分割，国家作为国有资产所有权代表的地位模糊，各种产权关系缺乏明确的界定，各个经济利益主体之间的经济关系缺乏协调。煤炭资源产权关系不明确，各职能部门、综合部门管理职能交叉，政出多门，造成煤炭资源利用中出现抢掠资源和掠夺性开采；消耗过度，浪费严重，回收率低；煤炭资源的权属纠纷增加；对生态环境的破坏程度加剧，生态环境污染不断增加等问题。

3. 煤炭资源的所有权在经济上得不到充分的体现

造成煤炭资源资产的大量流失，影响了国家防止和减少自然灾害能力的提高。煤炭资源所有权在经济上没有得到充分的体现，其收益由多种途径和渠道转化为一些部门、地方、企业甚至个人的利益，造成煤炭资源资产的大量流失。由于国家对煤炭资源的所有权在经济上得不到充分的实现，使得国家因资金严重不足而对煤炭资源工程的建设和维护难以有效地进行，造成了每年发生不同范围、不同程度的自然灾害。

4. 煤炭资源使用权受到的约束较少

对煤炭资源无偿开采和利用，导致煤炭资源的重采重用而轻保护、轻管理，并使煤炭资源的综合利用效果差，煤炭资源产业不能形成一个独立的且良性循环发展的产业。在现行的煤炭资源开发管理制度安排下，煤炭资源所在地的资源优势不能通过煤炭资源的优化配置转化为产业优势和经济优势，其原因就在于煤炭资源使用权得不到应有的有效约束，使用权被滥用和乱用甚至错用，且使煤炭资源的综合利用效益难以实现持续提高，煤炭资源开采企业经济效益不断下降。同时，国家每年对煤炭资源产业的投入不断增大，但是这些持续不断的巨大投入并没有完全转变为国有资产，其原因就在于失效的约束机制使煤炭资源产业不能维持自身的再生产。可见，在煤炭资源使用权缺乏有效约束的条件下，会出现煤炭资源使用权（开采权）界定不清、地方和中央开采权划分不适当、滥用管理权或管理失控、争夺使用权的"乱抢现象"，纵容对煤炭资源的破坏性开采，会出现掠夺替代真正竞争的局面，会使保护和综合利用煤炭资源的工作难以实现，使煤炭资源产业难以获得良性循环的发展。

（二）现行煤炭资源管理体制的缺陷

现行的煤炭资源管理体制是以传统的经济体制和运行机制为基础、以资源的

非资产化管理为特点建立起来的。经济快速发展增大了对煤炭资源的需求，而煤炭资源高消耗又加速了煤炭资源和生态环境恶化趋势，使煤炭资源产业发展面临着困境和危机，进一步影响着可持续发展，这一"老大难"问题源于体制，即现行的煤炭资源管理体制与社会主义市场经济发展不相适应。

经过近60年的体制变迁和职能分解，所形成的中国煤炭管理体制基本情况如下：

（1）国务院能源领导小组为煤炭产业管理的最高权力机构，由一位总理和两位副总理任正、副组长。设在国家发改委，并由国家发改委主任兼任国务院能源领导小组办公室主任，是煤炭产业管理的办事机构。

（2）国家发改委能源局内设的煤炭管理处是煤炭行业管理的行政机构。煤炭生产项目立项、煤炭经济运行、煤炭价格等管理职能，由国家发改委规划司、经济运行局和价格管理司行使。

（3）按现行的部门分工，煤炭资源的管理、安全生产管理、国有资产管理、煤炭运销管理、收入分配管理、社会保障管理，以及行业中介性服务职能，分别由国土资源部、国家安全生产监察总局和煤矿安全生产监察局、国务院国资委、国家环保总局、商务部、铁道部和交通部、财政部、社会保障部，以及中国煤炭工业协会行使。

（4）地方政府煤炭管理体制，除少数省（如山西省）外，大多数随中央政府的体制变化而变化，少有个性化特征。改革开放以来，中国的煤炭工业取得了长足的发展，煤炭产量持续增长，生产技术水平逐步提高，煤矿安全生产条件有所改善，对国民经济和社会发展起了重要的作用。但煤炭工业发展过程中还存在结构不合理、增长方式粗放、科技水平低、安全事故多发、资源浪费严重、环境治理滞后、历史遗留问题较多等突出问题。这些问题的集中产生和长久不能解决，无不与不适应煤炭产业健康发展要求的现行煤炭管理体制有直接关系。理论分析与实践证明，现行的煤炭管理体制根本无法满足煤炭产业运行系统性的要求，无法保障政府政策的顺利实施和信息的及时传递与反馈，无法建立起科学的行业评价指标体系，无法通过政府的规制作用解决煤炭市场失灵问题，无法保障煤炭工业的健康发展以确保新时期战略目标的实现。必须加大改革力度，大胆进行体制创新，尽快解决现行煤炭管理体制不适应煤炭产业健康发展要求问题。

（5）多头管理，权责不匹配。对煤矿企业进行行政管理的部门众多，主要有国家安全生产监督管理总局、煤矿安全生产监察局、国资委、国土资源局、煤炭管理局等，这种复杂的多部门管理体制时常出现"政出多门、相互冲突"的现象，企业无所适从，应付性增强，不能从资源利用和行业发展的长远角度去宏观规划和制订发展战略。煤炭行业多头管理的另一个直接后果是各政府行政管理部门的权责不统一和不匹配，特别在缺乏协调合作的情况下，使各部门执行管理职能难度加大，甚至使有些职能难以执行。由于各部门职能划分含糊，有的部门甚至自己给自己执法。

三、建立以市场调节为基础的政府宏观调控的煤炭资源管理体系

（一）构建完善的煤炭资源管理法律体系

制定和完善煤炭资源开发利用和保护的法律、法规，健全法律监督体制，把对煤炭资源的保护和可持续利用，纳入法制的轨道。通过法制手段，加强对煤炭资源的保护和管理，是建立健全煤炭资源管理体系的根本保障。

（二）建立科学合理的管理体制和运行机制

建立科学合理的管理体制和运行机制，是煤炭资源管理体系建立的重要基础。在体制上，要搞好煤炭资源产权制度的改革，明确政府所应行使的煤炭资源开发利用、保护的职能，协调各部门之间的关系。在煤炭资源管理组织上，建立协调一致的管理机构和机制。在煤炭资源开发过程中，要统筹规划，各地区、部门要协调一致。在煤炭资源使用过程中，明确合理的政策导向。尤其是要建立煤炭资源合理定价的价格政策，消除不合理的比价关系。要建立和完善煤炭资源有偿使用制度和价格体系，建立煤炭资源开发利用过程中的经济补偿使用制度。要使煤炭资源的价格充分体现煤炭资源的补偿租金和经济租金，体现煤炭资源的稀缺状况和稀缺趋势。设置煤炭资源的实物账户和价值量账户，建立煤炭资源环境核算体系，并将煤炭资源与环境核算体系纳入国民经济核算体系。全面地评价煤炭资源的存量、流量和补充量，计算煤炭资源的消耗速率、储量变化和价值量变化，核算煤炭资源的增减和人类福利水平的函数关系等，准确地反映发展中的煤炭资源代价。

（三）发挥市场作用

改变传统的以计划方式对煤炭资源进行配置的做法，坚持宏观调控必须遵循经济规律，发挥市场机制在保护、开发与利用煤炭资源过程中的基础性作用。通过市场机制，建立利益共享、风险同担的激励与约束机制，实现利益分配的公平。建立持续和有效地利用煤炭资源的新市场，在多种经济形式之间，营造平等的竞争环境。要按照现代市场经济的自主性、平等性、规范性、竞争性和开放性等要求，建立煤炭资源开发利用、保护的社会主义市场经济体制。

（四）创新煤炭管理体制

本着有利于先进生产力的发展、有利于市场经济体制进一步完善、有利于促进煤炭工业健康发展、有利于企业自主发展、有利于构建和谐社会的原则，应该尽快建立一个"集中统一、专业权威、手段先进、保障有力"的新型煤炭管理

体制。

集中统一，是指按煤炭产业系统性的要求，把煤炭行业管理的职能集中到一个主管部门，改变目前的格局，解决政出多门、管理混乱问题。

专业权威，是指按煤炭产业科学发展的要求，建立一支专业水平高，懂行业发展规律、爱岗敬业、会管理的煤炭行业管理队伍，使新的煤炭管理部门具有客观的权威性，解决目前因管理力量薄弱、缺少权威性，对一些违背科学发展规律的现象屡治不绝、久禁不止问题。

手段先进，是指按现代管理要求，在充分发挥主观能动作用基础上，采用电子技术与网络技术，综合利用现代管理方法，通过建立科学的行业评价体系等措施，规范煤炭行业行为主体，确保政府政策的顺利实施和信息的及时传递与反馈的管理手段系统。

保障有力，是指按加强煤炭管理的宗旨目标要求，通过建立行业法律法规，充分发挥政府规制作用，有效解决市场失灵问题，保障煤炭产业的健康发展，以确保中国新时期战略目标的实现。

（五）明晰产权，优化煤炭资源产权市场

在煤炭资源利用的制度环境中，产权制度是最基本的制度安排，是煤炭资源持续、有效利用的必要条件。关系模糊会使所有者虚拟，使用者行为没有合理约束，无人负责，不但不珍惜宝贵的煤炭资源，更把煤炭资源作为获取短期高收益的牺牲品。产权的清晰界定能实现资源配置与利用的优化。从而不仅解决外部性问题，而且可以解决责任问题，并有利于经济主体激励机制与约束机制的建立。

四、煤炭资源资产化管理建议

（一）基于社会主义市场经济进行煤炭资源资产化管理

社会经济的发展，要求各产业之间相配套、相协调地发展。煤炭行业作为基础能源产业，也必须符合社会经济发展的要求。煤炭资源的资产化管理体制，将煤炭资源品位、储藏特征等自然属性同经济属性相结合起来，为煤炭资源确定出合理的价格。煤炭企业就能真正按资产的属性去经营煤炭资源，最重要的是煤炭资源作为重要的生产要素在市场机制作用下合理流动，实现煤炭资源的优化配置。煤炭资源的资产化管理，建立了煤炭资源同市场经济的接口，将煤炭资源同市场经济联系起来，采用符合市场经济规则的经济手段，形成强有力的约束机制和激励机制，提高煤炭资源的利用效率和配置效率，是与中国市场经济相适应的，也是建设市场经济的必然要求。

（二）基于科学发展观实施煤炭资源资产化管理

经济社会全面、协调、可持续发展，这是科学发展观的实质。煤炭资源资化管理，明确了煤炭资源的产权关系，建立与其他资产类似的产权管理制度，彻底改变了煤炭资源资产无偿占有和无偿使用制度，将"谁开发、谁保护"，"谁破坏、谁养护"等制度落到实处，这就从根本上保证煤炭资源的持续利用和有效增值，抑制煤炭资源掠夺式开发、肆意浪费和人为破坏。煤炭资源的资产化管理，为煤炭行业的可持续发展奠定了制度基础，是落实科学发展观的客观要求。

（三）防止煤炭资源资产流失需要煤炭资源资产化管理

根据中国《宪法》第九条、第十条以及《矿产资源法》的规定，煤炭资源资产的产权属于国家所有，属于国有资源资产，所以煤炭行业也存在着国有资源资产流失问题。在中国的经济管理体制中，谁代表国家统一行使煤炭资源资产所有者职权没有进一步明确，致使所有者的权、利无人监督落实，资源资产所有者的权益被开发利用者侵吞，所有权管理事实上被淡化了。煤炭资源资产的流失主要表现在以下三个方面：煤炭资源被无价或低价使用，煤炭资源所有者没有因资产的付出获得足够的收益；生产的外部不经济性使资产在数量上或在质量上的下降；煤炭资源资产恢复，没有"折旧"。煤炭资源资产的流失，最终导致煤炭资源所有者所有权损害和煤炭资源资产低效利用。

煤炭资源的资产化管理，明确资产产权的所有者、经营者和管理者，使得资产价值运动的每一环节都有承担者和责任者。这样就对资产价值运动过程中的违法行为有了法律监督、约束和进行制裁的依据，是防止煤炭资源资产流失的有效途径。

我们需要建立和完善以市场调节为基础的政府宏观调控的煤炭资源管理体系，逐渐形成煤炭资源开发与环境保护之间的良性的动态平衡关系，走上煤炭资源合理开发、高效利用、生态平衡、人与自然关系相协调的持续发展道路。

参考文献

［1］Zhao Guohao. Study on Natural Resources Management for Sustainable Development in China ［C］. Proceedings of the International Conference on Management of Technology, 2006.

［2］Zhao Guohao. Optimization Model to Enhance Sustainable Utilization of Resources ［J］. Journal of Systems Science and Systems Engineering, 2002, 11（1）.

［3］赵国浩. 中国煤炭工业与可持续发展［M］. 北京：中国物价出版社, 2000.

［4］赵国浩. 管理科学理论研究与应用［M］. 北京：中国科学技术出版社, 2005.

［5］赵国浩. 刍议煤炭资源管理理论的研究方法, 经济系统分析：理论与应

用[M]. 北京：社会科学文献出版社，2006.

[6] 赵国浩. 基于可持续发展的资源最优配置模型，人类生存、环境与可持续发展[M]. 北京：中国科学技术出版社，1999.

[7] 赵国浩. 基于最优利用模型能源安全战略研究[J]. 中国管理科学，2005（1）.

[8] 赵国浩. 煤炭工业可持续发展系统评价[J]. 数量经济与技术经济研究，2000（4）.

[9] 朱连奇，赵秉栋. 煤炭资源开发利用的理论与实践[M]. 北京：科学出版社，2004.

[10] 刘成武，黄利民. 资源科学概论[M]. 北京：科学出版社，2004.

[11] 封志明. 资源科学导论[M]. 北京：科学出版社，2004.

[12] 蔡运龙. 煤炭资源学原理[M]. 北京：科学出版社，2000.

[13] 魏晓平. 可持续发展战略中矿产资源最适耗竭理论研究[M]. 北京：中国矿业大学出版社，1999.

[14] 钱阔，陈绍志. 煤炭资源资产化管理[M]. 北京：经济管理出版社，1996.

[15] 梁勇等. 中国资源管理模式的发展历程与改革思路[J]. 资源开发与市场，2003（6）.

[16] 孙亦军. 建立国有煤炭资源性资产管理体制的思考[J]. 中央财经大学学报，2004（5）.

[17] 陈子雄. 城市土地资源配置效率的经济学分析[J]. 市场经济，2004（3）.

[18] 付兴芳，魏晓平. 论煤炭资源的价值及其计量[J]. 地质技术经济管理，1998（6）.

[19] 刘天惠. 运用经济手段创造煤炭企业平等竞争条件的建议[J]. 煤炭经济研究，2000（6）.

[20] 陶树人. 关于煤炭资源资产化管理的几个问题[J]. 煤炭经济研究，1997（1）.

[21] 汪云甲. 关于煤炭资源开发管理中几个问题的研究[J]. 煤炭资源学报，1998（2）.

[22] 郭哲. 中国煤炭业之怪现状[J]. 新财经，2005（10）.

[23] 姜文来等. 资源资产论[M]. 北京：科学出版社，2003.

第五节 能源投融资耦合协调机制研究[①]

一、研究文献评述

IPCC（2007）发布的《气候变化2007综合报告》指出，"大部分已观测到的全球平均温度的升高很可能是由于观测到的人为温室气体浓度增加所导致"。近年来，受资源禀赋约束和经济增长拉动的共同影响，中国能源生产和能源消费以煤为主，温室气体排放增长极快，已经成为全球二氧化碳和二氧化硫的第一排放国。IEA 2009年的数据显示，中国化石燃料燃烧排放的二氧化碳超过60亿吨，是1994年的2.15倍，其中83%来自煤炭消费部门，50%来自电力部门。一个新的情况是，最近几年中国大气污染物排放负荷持续加大，复合性大气污染日益突出，二氧化硫、氮氧化物与挥发性有机物导致细颗粒物、臭氧、酸雨等二次污染呈加剧态势。大气污染成因复杂，其中一个重要来源是能源生产和加工转换领域。因此能源工业实现节能减排、低碳化发展势在必行。能源投融资是调控能源工业提高其清洁生产程度的"总阀门"，两者的耦合协调发展将有助于加快现有技术设备的升级改造和清洁化生产项目与技术的投产运行，进而从根本上有效降低能源消耗、减少各类工业废气的排放，达到促进能源、经济、环境、气候协调发展的目的。能源投资与能源融资的互动耦合关系表现如下：能源投资通过生产投资和污染源治理投资两个方面拉动融资发展，能源融资通过对上述两个方面的支持来推动投资扩张。当能源投资扩张过快，超出了气候与环境可承载的限度时，政府部门基于气候与环境恶化的现实，将大幅增强应对气候变化和实施环境保护的政策约束。能源融资在产业政策、信贷政策和气候与环境保护政策的综合调控下，将持续收缩并对能源投资产生约束性影响。相反，符合国家产业政策、气候与环境保护政策的可再生能源生产项目和能源生产的污染源治理项目将获得融资倾斜，从而拉动相关领域能源投资的发展。但是，当能源生产的污染源治理投资过快增长时，其与资金利用最优的经济原则不相吻合，能源投资的发展会由于缺乏资金而受阻，气候与环境保护也由此失去了建设的依托。随着经济的快速增长，日趋强化的气候与环境约束已经成为能源经济发展的重要"瓶颈"。本文基于应对气候变化和实施环境保护的宏观政策背景，借鉴协同学理论

---

① 原论文：《能源投融资耦合协调机制研究》，《资源科学》2014年第6期。

和耦合协调评价方法,将能源投资与能源融资各自看成两个子系统,在分析两者耦合协调关系的基础上,建立能源投融资耦合协调模型及序参量评价指标体系,通过揭示两者之间的发展规律与演变趋势,为有效处理经济增长、能源供给与气候环境恶化的突出矛盾,积极促进能源投融资耦合协调发展,提供新的研究思路和分析方法。

(一) 协同学理论研究

该理论最早由德国物理学家赫尔曼·哈肯(Haken)于1976年提出,认为协同系统是由许多子系统组成的且能以自组织方式形成宏观的空间、时间或功能有序结构的开放系统,这一系统在宏观序参量的驱动和子系统相互作用的情况下,形成空间、时间或功能有序结构的条件、特点及演化规律。哈肯认为只要找到关键的序参量,就可以解释整个复杂系统的运行特征。W. B. Zhang 基于哈肯的协同学理论,将非线性和不稳定性作为动态经济系统变化性和复杂性的根源,分析和解释了动态经济系统非线性、不稳定和无序性的特点,最早形成了系统的协同经济学理论。国内协同理论研究最早见于吴大进等(1990)出版的著作《协同学原理和应用》。邱建华等(2010)运用协同学的理论,分析铝工业企业技术创新过程中技术创新系统机制的协同状况,建立子系统有序度模型和全面协同度模型,对具体铝工业企业的技术创新协同度进行测度。吴玉鸣等(2011)基于协同学理论,对1985~2007年广西城市化与环境系统的耦合度和协调度进行测度和分析,发现广西城市化与环境系统的耦合协调程度较低,城市化进程给环境带来的压力越来越大,需要尽快采取措施促使广西城市化与环境系统向耦合协调方向发展。范斐等(2013)以协同学理论和加速遗传算法为基础,构建社会、经济与资源环境三系统的有序度模型和协同进化模型,使用大连市统计数据,开展社会、经济与资源环境复合系统协同进化的实证研究。

(二) 系统学理论研究

奥地利生物学家 Bevtalanffy(1968)系统性提出一般系统理论,认为自然界和社会中的各种系统是相互作用的诸元素的综合体,都具有整体性、层次性、结构性、功能性、变异性和相对稳定性的共同特征。英国经济学家 Boulding (1996)将系统方法应用于经济与环境相关性的分析,倡导建立储备型、休养生息型和福利型经济发展模式,建议用既不会导致资源枯竭,又不会造成生态环境破坏的"循环式"经济系统来代替"单程式"经济系统。Chang 等(2008)将海洋生态系统分为生态、环境、经济社会和管理四个子系统,在对子系统内部进行协调性分析的基础上,建立海岸带综合管理决策系统动力模型,对海洋生态经济系统的可持续发展进行综合评价。国内学者钱学森(1982)最早把系统理论用于研究复杂问题,认为系统是相互作用、相互依赖的若干部分组成的,具有特定结构和功能的有机整体，各系统本身又是它所从属的一个更大系统的组成部分。国内使用系统理论研究经济问题的文献较多，在能源—经济—环境系统研究方面，魏一鸣等（2005）从复杂系统分析与建模的角度出发，论述了目前国际上具有代表性的且应用比较广泛的能源—经济—环境模型。崔和瑞等（2010）根据中国 1995~2006 年能源消费总量、GDP 和二氧化硫排放量的时间序列数据，建立能源—经济—环境的"3E" VAR 模型，分析中国能源—经济—环境之间的交互响应情况和响应路径。

（三）耦合协调理论研究

耦合协调理论主要运用于经济管理中的技术创新与技术管理、产业集群与产业链以及生态环境与区域经济等问题的研究。美国学者 Weick（1976）最早使用耦合理论研究经济社会问题，其通过松散耦合理论解释学校组织成员之间相互联系却又彼此保持独立的关系。Coulson 等（1999）使用耦合理论分析金融业对环境保护的承诺以及在信贷决策影响下企业的环境保护能力，认为环境保护因素将影响金融业对经济发展和环境保护的融资支持。Doree 等（2004）运用耦合理论探讨了建筑业创新与发展的可行性。Guneralp 等（2008）构建重要基础设施与国家安全、生态环境、经济发展之间的耦合效应模型等。Norgaad（1990）提出协调发展理论，认为通过反馈循环，可以在社会系统与生态系统之间实现协调、共同发展。Robert 等主张经济社会与生态环境协调发展，提出经济增长和技术发展仅能作为社会发展程度的衡量标准，社会应当在生态环境框架内管理资源。国内学者基于耦合协调测度方法，围绕生态环境与经济社会耦合协调发展等问题进行研究。20 世纪 80 年代，Ren 等（1989）在草地农业系统的研究中率先引入系统耦合概念，时正新（1988）率先研究生态农业与生态经济的耦合问题。黄金川等（2003）基于代数学和几何学两种方法对环境库兹涅茨曲线和城市化对数曲线进行逻辑复合，推导出城市化与生态环境交互耦合的数理函数和几何曲线，揭示出区域生态环境随城市化的发展存在先指数衰退、后指数改善的耦合规律。赵旭等（2007）通过耦合度、耦合协调度函数的测算发现，中国城市化与生态环境处于勉强的调和阶段。吴玉鸣等（2008）基于经济子系统和环境子系统，对中国 31 个省级区域经济增长与环境耦合协调发展的时空分布进行检验，发现大部分区域的经济增长与环境发展尚处于低强度、低协调的低水平耦合阶段，且各区域之间存在明显差异。江红莉等（2010）建立区域经济与生态环境系统协调发展的动态耦合模型，通过对江苏省经济与生态环境系统的协调发展进行研究，发现该省经济与生态环境处于协调发展状态，但协调耦合度不平稳。柴莎莎等（2011）对山西省 1996~2007 年经济发展与环境污染的耦合度进行分析，发现山西省近 10 年来环境与经济增长的耦合度均处于较低水平，协调度以中度失调与过度性协调为主,生态环境系统与经济系统之间没有达到良性共振的协调状态。结合能源投融资特点,笔者认为两者可能存在交互耦合、协调运行的机制,上述耦合协调理论与方法应当也适用于能源投融资领域的协调机制研究。在可持续发展平面内,如果能源投资与能源融资的相互作用具有较高的耦合协调程度,将有助于整个复合系统的效率提升,最终实现能源经济低碳化、集约型发展。

二、能源投融资的耦合协调分析

耦合作为物理学概念,指两个(或两个以上的)体系或运动形式通过各种相互作用而彼此影响的程度。如两个单摆之间连一根弹簧,它们的震动就彼此起伏,相互影响,这种相互作用被称为单摆耦合。类似地,可以把能源投资与能源融资两个子系统通过各自的耦合元素产生相互作用、彼此影响的现象定义为能源投资—能源融资耦合,两者构成能源投融资复合系统。能源投资子系统作为能源经济发展的向导与引擎,决定着与之配套的能源融资子系统的质量、规模与效益,而同时又受到能源融资序参量的运动影响。能源投融资的交互耦合状况由投融资缺口决定,这一缺口等于投资减去融资的时间累积。凡是影响投融资缺口的投资因素都将对融资的变化具有贡献。在应对气候变化与实施环境保护的背景下,能源投资除了传统能源工业投资的范畴还应涵盖污染源治理、新开工建设项目的"三同时"项目、可再生能源开发、碳捕捉及封存技术(CCS)以及整体煤气化联合循环技术(IGCC)等新型能源生产项目与加工技术的投资。这些投资形成的能源生产能力有助于大幅减少工业废气,提高区域气候与环境质量。相关的投资信息将不断地反馈到环境部门与交易市场,通过政策干预和价格信号吸引融资支持,实现能源投融资耦合协调发展目标。

(一)胁迫效应与约束效应

能源投融资复合系统对气候环境具有胁迫效应。受经济快速增长拉动影响,能源生产量与能源消费量增加,能源投融资需求扩大,反过来进一步增加了能源生产量与能源消费量,并将持续加大气候环境的承载压力。在这一过程中,不考虑气候与环境保护的能源生产将对大气环境污染起到推波助澜的作用。发展循环经济,提高能源投融资质量与层次,将有助于减少能源消耗,控制大气污染物总量排放,缓解气候环境的空间压力。气候环境对能源投融资复合系统具有约束效应。能源生产领域产生的大气污染物应控制在气候环境可吸纳范围之内,这将对能源投融资项目的节能减排功效提出更高要求。如果气候环境出现持续恶化,政府部门将出台严厉的气候与环境保护政策,要求能源企业加大污染源治理投资。这将分流能源企业的有限资金,降低其投资回报率,迫使其压缩投融资决策。上述两种效应表明,气候与环境保护对能源投融资的耦合协调发展会产生重要影响。

(二) 不考虑气候环境因素的耦合协调性分析

在能源投资子系统内部,能源投资长期实行政府审批、企业出钱、银行贷款的投融资模式,缺乏灵活、有效、清洁的投融资机制。这类投资的行为主体是国有能源企业。国家对这类企业的投资活动缺乏有效的监管方法和风险控制手段,对其投资决策缺乏有效的监督考核机制,对其项目审批缺乏有效的效益与风险评价机制。特别是在油气、电力等行业,很大程度上都存在着行政性干预,政府职能界定不清,宏观调控越位,导致能源企业往往出现盲目投资行为。在能源融资子系统内部,近年来能源融资渠道趋向多元化,但仍以企业内部自筹和银行信贷为主。商业银行在能源企业垄断利润与国家气候与环境保护政策之间艰难抉择,导致融资规模大起大落。如图2-4所示,近年来能源投融资缺口不断加大,由2007年的0.91万亿元,扩大到2011年的1.65万亿元。同时,受能源生产与能源消费的拉动影响,能源投资增速逐年提高,由2007年的1.37万亿元,增加到2011年的2.30万亿元,年均增长14.02%。能源融资在2007年为4564.82亿元,到2009年大幅下降至4164.82亿元,到2011年又迅速增加至6535.01亿元,虽然年均增速达到14.37%,但波动幅度较大。整体而言,两者之间的交互作用逐年减弱,协调发展面临挑战。

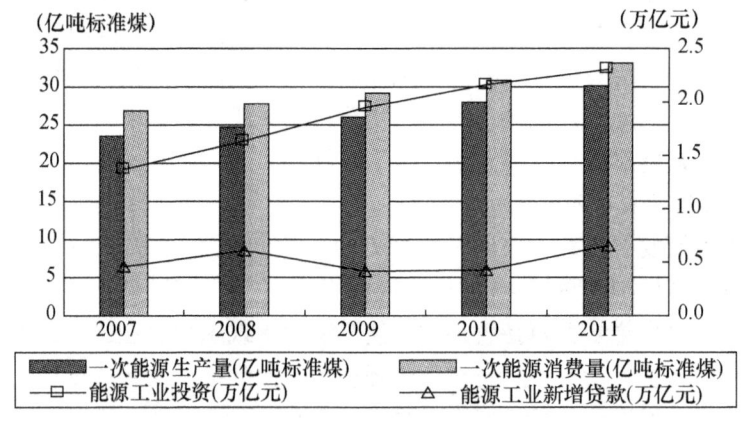

图2-4 能源投融资、能源生产与能源消费的演进

从能源投融资的构成比例来看,两者的耦合性不强。如图2-5所示,2009~2011年煤炭采选业投资在能源投资中的占比逐年上升,但融资占比持续下降,其投资占比由2009年的15.69%增加至2011年的21.29%,融资占比却由2009

年的 36.62% 下降至 2011 年的 24.12%。相反，电力、热力生产和供应业的投资占比逐年下降，融资占比却逐年上升，其投资占比由 2009 年的 57.19% 下降至 2011 年的 50.35%，融资占比由 2009 年的 64.69% 增加至 2011 年的 77.23%。石油和天然气开采业，石油化工、炼焦及核燃料加工业的投资波动较大，融资支持力度不足。总体来看，能源工业内部投融资耦合性不高，这一特征在 2011 年尤为明显。

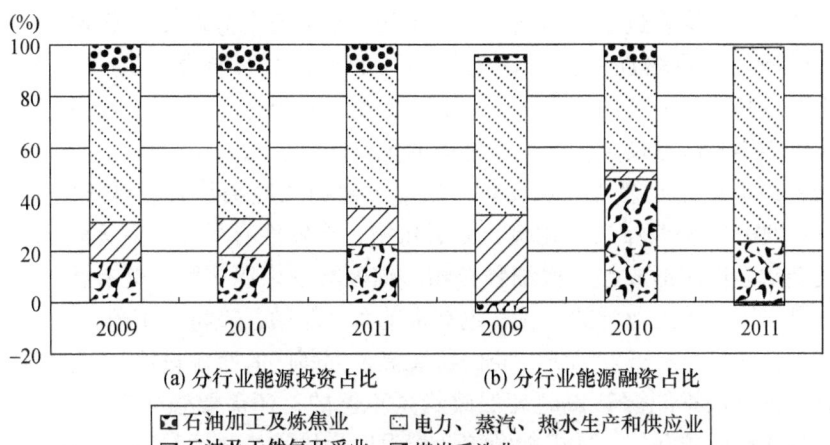

图 2-5　能源投融资构成的演进

（三）考虑气候环境因素的耦合协调性

在考虑气候环境因素的情况下，能源投融资复合系统具有两个特点：一方面，复合系统要求，必须在气候环境可承载范围内协调发展能源投融资，从而实现能源企业利润与气候环境保护的利益最大化；另一方面，气候环境的承载力是动态的，能源投融资所引致的能源生产与能源消费不能超过气候环境的可承载范围。本文借鉴 Cleary（1999）把企业投资支出进行动静态分组的研究方法，将大气污染因素作为分组指标，按区域对能源投融资进行动静态分组统计（见表 2-9）。静态分组的划分依据是按地区将 2007~2011 年的代表性大气污染因素（如能源工业二氧化碳排放量、工业二氧化硫排放量、可吸入颗粒物、能源工业碳强度等）进行平均，将低于均值水平的地区划为低排放地区组，反之则反；动态分组的划分依据是在允许同一地区在不同年度内处于不同分组区间的基础上，按年度计算代表性大气污染因素的 50 百分位点，将低于 50 百分位点的地区划为低排放地区，反之则反。

动静态分组结果表明：①能源工业温室气体排放较高地区的能源投融资耦合

性相对较低,协调性相对较差。静态分组显示,能源工业二氧化碳排放较高地区的能源投资是其能源融资的4.39倍,而较低地区仅为3.40倍,表明能源投融资分布不均衡;从发展情况看,排放较高地区的能源投资是较低地区能源投资的2.01倍,其能源融资仅相当于较低地区能源融资的1.56倍,表明能源投融资发展速度不协调。同时发现,江苏、浙江、广东、河北、山西等工业废气排放高度集中地区(表现为能源工业二氧化碳排放总量较高和工业二氧化碳排放总量较高的地区),其能源投融资相对集中且规模较大,能源生产建设可能是工业废气排放的重要来源,这将进一步固化"经济增长→能源需求量增加→能源投融资规模扩大→能源生产量增加→大气污染加剧"的恶性循环怪圈。②可吸入颗粒物(PM10)较高地区的能源投资水平偏低,但能源融资差异不大,这意味着能源开发建设可能不是区域性复合式大气污染的重要来源。已有研究认为,细颗粒物成因复杂,约50%来自燃煤、机动车、扬尘、生物质燃烧等直接排放的一次细颗粒物;约50%是空气中二氧化硫、氮氧化物、挥发性有机物、氨等气态污染物,经过复杂化学反应形成的二次细颗粒物。细颗粒物来源广泛,既有火电、钢铁、水泥、燃煤锅炉等工业源的排放,也有机动车、船舶、飞机、工程机械、农机等移动源的排放,还有餐饮油烟、装修装潢等量大面广的面源排放。因此调控细粒物污染,仅仅依靠能源领域的环保政策是不够的,还需要强化多污染源综合管理,进行区域联防联控。③以能源工业碳强度为代表的气候与环境保护政策对能源投资的约束性不强,但对能源融资具有重要影响。表2-9显示,两类地区能源投资水平差异不大,但低强度地区受气候与环境保护政策的引导,吸引了相对较多的融资支持。总体而言,在应对气候变化和实施环境保护过程中,地区间能源投融资分布不均衡、发展速度不协调,两者之间缺乏密切的协作配合。

表2-9 基于大气污染物排放量分组的能源投融资耦合协调状况

基于气候影响因素的分组指标	地区能源投资水平				地区能源融资水平			
	均值	标准差	最小值	最大值	均值	标准差	最小值	最大值
按地区能源工业CO_2排放量静态分组								
低排放地区	429.10	258.90	27.00	1315.00	126.30	135.90	-172.30	768.80
高排放地区	863.50	389.70	316.00	2093.00	196.90	143.20	-34.31	671.10
按地区能源工业CO_2排放量动态分组								
低排放地区	436.90	264.30	27.00	1315.00	125.30	137.30	-172.30	768.80
高排放地区	848.70	396.70	316.00	2093.00	197.00	141.40	-34.31	671.10

续表

基于气候影响因素的分组指标	地区能源投资水平				地区能源融资水平			
	均值	标准差	最小值	最大值	均值	标准差	最小值	最大值
按地区工业 SO_2 排放量静态分组								
低排放地区	459.10	274.80	27.00	1233.00	114.60	126.30	-172.30	768.80
高排放地区	831.10	411.40	316.00	2093.00	209.60	145.10	-34.31	671.10
按地区工业 SO_2 排放总量动态分组								
低排放地区	449.90	258.70	27.00	1014.00	113.40	126.10	-172.30	768.80
高排放地区	841.00	413.30	316.00	2093.00	210.90	144.50	-34.31	671.10
按地区可吸入颗粒物（PM10）静态分组								
PM10 较低地区	684.30	446.70	27.00	2093.00	160.60	146.50	-34.31	671.10
PM10 较高地区	588.40	321.60	112.00	1315.00	160.10	141.00	-172.30	768.80
按地区可吸入颗粒物（PM10）动态分组								
PM10 较低地区	668.30	446.70	27.00	2093.00	154.60	144.40	-34.31	671.10
PM10 较高地区	604.60	323.50	112.00	1315.00	166.70	143.00	-172.30	768.80
按地区能源工业碳强度静态分组								
低强度地区	636.80	396.60	27.00	1919.00	188.40	175.40	-172.30	768.80
高强度地区	639.50	392.40	155.00	2093.00	130.90	91.91	-34.31	314.40
按地区能源工业碳强度动态分组								
低强度地区	644.90	419.60	27.00	1919.00	187.30	175.80	-172.30	768.80
高强度地区	630.80	365.40	56.00	2093.00	131.30	89.69	-34.31	308.60

注："工业 SO_2 排放总量"来源于相关年度《中国环境统计年鉴》。"地区可吸入颗粒物 PM10"为各地区省会城市空气质量指标，来源于相关年度《中国统计年鉴》。"地区能源工业 CO_2 排放量"是根据能源行业单位产品能源消耗限额的国家标准，折算综合能耗限额（以标准煤为单位），并按照《IPCC 国家温室气体清单指南（2006）》的方法一，分地区测算能源加工转换过程中产生的 CO_2 排放量（本文采用的标准煤折算二氧化碳排放量的系数为 $2.71 tCO_2/tce$）。由于部分省（市）未公布能源工业增加值（占样本总体的 21.21%），本文采用相关地区已公布的能源工业总产值，按照《2007 年投入产出表》相关地区总投入与增加值的比例进行折算（假定 2007~2011 年比例不变）。代表气候与环境保护政策执行情况的"能源工业碳强度"，为各地区单位能源工业增加值的二氧化碳排放量。

三、基于协同学理论的能源投融资耦合协调模型及指标体系

根据协同学理论,子系统总是存在着自发的无规则的独立运动,同时又受到其他子系统的共同作用,这种子系统之间的关联形成了协同运动。在协同运动中有许多控制参量,分为"快变量"和"慢变量",而"慢变量"即序参量处于主导地位。随着序参量的不断变化,在靠近系统临界点前,子系统之间的关联逐渐增强;当序参量达到"阈值"时,子系统之间的关联起主导作用,系统从无序转向有序,从混沌中产生某种有序结构。可以说,序参量是系统相变前后所发生的质的飞跃的最突出标志,其左右着整个系统相变的特征与规律。找到系统序参量就找到了观察复合系统运动及各子系统相互作用的钥匙。在应对气候变化和实施环境保护的政策背景下,能源投资子系统具有多维含义,主要包括现有生产项目污染源治理投资、新建项目"三同时"投资、资源储量和气候与环境保护政策四个序参量。能源融资子系统则受到货币政策、能源工业融资和能源企业财务状况三个序参量的综合驱动。因此,能源投融资复合系统的耦合关系就表现为上述序参量之间相互作用的各种非线性关系的总和。为消除子系统内部各控制参量之间的相关性,本文在提取控制参量主要信息的基础上,确定序参量,估计权重,测度子系统综合序参量,进而对复合系统的耦合协调程度进行评价。

(一) 能源投融资耦合的理论模型

本部分使用"耦合度"刻画能源投融资子系统之间的交互耦合程度,判别两者耦合作用的协调程度及所处阶段。首先,建立功效函数。X_{ij} 为第 j 个控制参量的第 i 个指标,x_{ij} 为其标准化后的功效函数值。α_{ij}、β_{ij} 是系统稳定临界点序参量的上、下限值。由此,"能源投资—能源融资"耦合系统的有序功效系数 x_{ij} 可以表示为如下形式:

$$x_{ij} = \begin{cases} (X_{ij} - \beta_{ij})/(\alpha_{ij} - \beta_{ij}) & x_{ij} \text{具有正功效} \\ (\alpha_{ij} - X_{ij})/(\alpha_{ij} - \beta_{ij}) & x_{ij} \text{具有负功效} \end{cases} \quad (2-7)$$

式中:x_{ij} 为变量 X_{ij} 对系统的功效贡献值,反映了各控制参量达到目标的满意程度,其取值范围为[0,1],0 为最不满意,1 为最满意。若在某子系统 $U_k(k=1,2)$ 中的 h 个控制参量中提取 $m(j=1,2,\cdots,m)$ 个序参量,则构成一个具有 $n(i=1,2,\cdots,n)$ 个样本,m 项指标的序参量矩阵 $(F_{ij})_{n \times m}$。由于能源投资与能源融资是两个不同而又相互作用的子系统,系统内各个序参量有序程度的"总贡献"可通过集成的方法来实现,其模型为:

$$U_k = \sum_{j=1}^{m} \theta_j \times F_{ij} \quad \sum_{j=1}^{m} \theta_j = 1 \quad (2-8)$$

式中：θ_j 为序参量权重。借鉴物理学的容量耦合概念及系数模型，得到能源投融资耦合度函数为：

$$C = \{(U_1 \times U_2)/[(U_1+U_2)(U_1+U_2)]\}^{1/2} \quad (2-9)$$

式中：C 为系统的交互耦合度，$C \in [0,1]$；U_1、U_2 分别代表能源投资子系统与能源融资子系统对总系统的贡献度，即能源投资综合序参量和能源融资综合序参量。

对于能源投融资复合系统而言，耦合度模型的意义为：定量描述两个子系统的交互耦合形态；反映各子系统序参量在一定时间、区域内互动作用的数量关系及调整过程，为评判复合系统交互耦合演进趋势提供依据。根据系统耦合的演进，将能源投融资复合系统的交互耦合度（C）分为3个区间、6个阶段（见表2-10）。

表2-10　能源投融资耦合协调体系与判别标准

$0 \leq C < 0.5$ 低水平耦合区间 $0 \leq D < 0.5$ 失调衰退区间			$0.5 \leq C < 0.8$ 中度耦合区间 $0.5 \leq D < 0.8$ 过渡调和区间			$0.8 \leq C \leq 1$ 高水平耦合区间 $0.8 \leq D \leq 1$ 协调发展区间	
$0 \leq C < 0.3$		$0.3 \leq C < 0.5$	$0.5 \leq C < 0.6$		$0.6 \leq C < 0.8$	$0.8 \leq C \leq 1$	
低水平耦合阶段		颉颃阶段	初步磨合阶段		深度磨合阶段	良性耦合共振阶段	
$0 \leq D < 0.1$	$0.1 \leq D < 0.3$	$0.3 \leq D < 0.5$	$0.5 \leq D < 0.6$	$0.6 \leq D < 0.7$	$0.7 \leq D < 0.8$	$0.8 \leq D < 0.9$	$0.9 \leq D \leq 1$
极度失调衰退阶段	中度失调衰退阶段	濒临失调衰退阶段	勉强协调阶段	初级协调阶段	中级协调阶段	良好协调阶段	优质协调阶段
$U_1 > U_2$			$U_1 = U_2$			$U_1 < U_2$	
能源投资过度型			投融资均衡发展型			能源融资超前型	

（二）能源投融资协调的理论模型

协调是系统演变过程中各子系统及构成要素各种质的差异部分（序参量），在组成一个统一整体时表现出的相互配合与和谐一致的属性。如果各子系统的序参量运动均达到协调，将可以促进整个复合系统的协调发展。本文将各子系统的差异部分在组成复合系统时所具有的和谐一致属性定义为能源投融资协调度。相对于耦合度模型，协调度模型考虑了各子系统综合序参量发展速度的因素，弥补了耦合度模型只侧重水平耦合，忽视考察发展速度的问题。它能够更为全面、准确地评判区域间能源投融资复合系统的耦合协调程度，其模型为：

$$\begin{cases} D = \sqrt{C \times T} \\ T = \sqrt{\rho_1 U_1 \times \rho_2 U_2} \end{cases} \quad (2-10)$$

式中：D 为协调度，$D \in (0, 1)$；C 为耦合度；T 为能源投融资复合系统的综合协调指数，反映能源投融资的整体协同效应；ρ_1、ρ_2 为待定系数；U_1 与 U_2 分别为能源投资综合序参量和能源融资综合序参量。根据学界关于协调度（D）的区间与阶段的普遍划分标准，将本文的协调度（D）划分为 3 个区间 8 个阶段。通过对投融资子系统综合序参量进行比较，本文将样本大致划分为 3 种类型：能源投资过度型、能源融资超前型和投融资均衡发展型，以下研究将据此进行判别与评价（见表 2-10）。

（三）指标体系与权重估计

本书使用信息论的熵值法测度上述两个子系统序参量的权重。"熵"源于热力学范畴，最先由香农（Shannon）引入信息论，用于测度一个系统的无序程度。若系统处于不同的状态，每种状态出现的概率为 p_i ($i = 1, 2, \cdots, n$)，则信息熵可以定义为 $E = -\sum_{i=1}^{n} p_i \ln p_i$。显然当概率都相等时取得最大熵值，其提供的信息最少。因此，若某个序参量的信息熵越小，则表明其变异程度越大，提供的信息量越大，在综合序参量中的贡献越突出，权重也就越大。反之，若某项序参量的信息熵越大，其权重越小。对于第 i 个样本，根据其序参量的比重与各序参量的权重，使用熵值法可计算得到这个样本的综合序参量，步骤如下：

第一步：计算第 j 个序参量下第 i 个样本的比重：$p_{ij} = F_{ij} / \sum_{i=1}^{n} F_{ij}$ （2-11）

第二步：计算第 j 个序参量的熵值：$e_j = -\frac{1}{\ln n} \sum_{i=1}^{n} p_{ij} \ln p_{ij}$ （2-12）

第三步：计算第 j 个序参量的权重：$a_j = (1 - e_j) / \sum_{j=1}^{m} (1 - e_j)$ （2-13）

第四步：计算第 i 个样本的综合序参量：$Z_i = \sum_{j=1}^{m} a_j p_{ij}$ （2-14）

在第一步中，为防止矩阵中有数据为负，本文将所有数据加上一个最小负数的绝对值，这种平移处理不会改变结果。然后按照平移后的矩阵进行第二步到第四步的计算。

（四）测度指标体系的构建与权重的选择

根据能源投融资复合系统的内涵及特征，按照科学性、整体性、层次性和可操作性等原则，确定综合测度指标体系（见表 2-11）。为体现 2006~2011 年全国 30 个省（市）能源投融资平均发展状况，本文将相关数据进行均值处理，根据熵值法计算综合序参量权重。

表 2-11 能源投融资耦合协调系统指标体系

子系统	控制参量	序参量	权重	综合序参量
能源投资子系统	环境污染治理投资总额（亿元）	现有生产项目污染源治理投资	0.225	投资子系统综合序参量
	实际执行"三同时"项目数（个）			
	实际执行"三同时"项目投资总额（亿元）			
	实际执行"三同时"项目环保投资总额（亿元）			
	能源工业投资（亿元）	新建项目"三同时"投资	0.239	
	工业污染源治理项目本年完成投资（亿元）			
	能源基础储量（亿吨标准煤）	资源储量	0.215	
	能源工业碳强度	气候与环境保护政策的规制	0.321	
能源融资子系统	能源工业投资（亿元）	能源企业财务状况	0.328	融资子系统综合序参量
	能源工业主营业务收入（亿元）			
	能源工业利润总额（亿元）			
	能源工业应交增值税（亿元）			
	人民币贷款余额（亿元）	货币政策	0.321	
	人民币贷款新增（亿元）			
	能源工业贷款余额（亿元）	能源工业融资	0.351	

（五）数据处理

"能源工业投资"、"能源工业主营业务收入"、"能源工业利润总额"、"能源工业应交增值税"等指标均为各地区煤炭开采和洗选业，石油和天然气开采业，石油化工、炼焦及核燃料加工业，电力、热力的生产和供应业等四个行业的汇总数据，数据来源于相关年度各省《统计年鉴》。"工业污染源治理项目本年完成投资"、"环境污染治理投资总额"、"实际执行'三同时'项目数"、"实际执行'三同时'项目投资总额"、"实际执行'三同时'项目环保投资总额"来源于相关年度《中国环境统计年鉴》。"能源工业贷款余额"为中国人民银行统计监测系统上述四个行业各年度贷款余额。"人民币贷款余额"、"人民币贷款新增"来源于相关年度各省《统计年鉴》。"能源基础储量"来源于各年度《中国统计年鉴》的地区煤炭、石油、天然气基础储量，按照《中国能源统计年鉴》相关折算标准，换算成亿吨标准煤。为剔除价格波动因素影响，以 2005 年为基期，使用各地区分年度固定资产投资价格指数对各地区投资类指标进行平减，使用各地区分年度居民消费价格指数对各地区融资类指标进行平减，上述指标按地区进行均值处理。

四、耦合协调的测度与互动分析

根据式（2-9）、式（2-10）计算耦合系统各指标值及耦合度和协调度。如表2-12所示：平均来讲，2006~2011年，各地区能源投融资复合系统发展不均衡、耦合性欠佳、协调性偏弱。

表2-12 区域能源投资与能源融资耦合度与协调度

地区	投资子系统综合序参量 (U_1)	融资子系统综合序参量 (U_2)	复合系统耦合度 (C)	复合系统综合协调指数 (T)	复合系统协调度 (D)	耦合阶段	耦合类型	协调阶段
辽宁	1.627	0.605	0.445	0.496	0.470	颉颃阶段	能源投资过度型	濒临失调衰退阶段
广东	1.213	0.746	0.486	0.476	0.481	颉颃阶段	能源投资过度型	濒临失调衰退阶段
四川	2.064	0.703	0.435	0.602	0.512	颉颃阶段	能源投资过度型	勉强协调阶段
重庆	1.518	0.838	0.479	0.564	0.520	颉颃阶段	能源投资过度型	勉强协调阶段
内蒙古	1.341	1.061	0.497	0.596	0.544	颉颃阶段	能源投资过度型	勉强协调阶段
黑龙江	2.022	0.872	0.459	0.664	0.552	颉颃阶段	能源投资过度型	勉强协调阶段
陕西	1.906	0.935	0.470	0.668	0.560	颉颃阶段	能源投资过度型	勉强协调阶段
天津	1.848	0.986	0.476	0.675	0.567	颉颃阶段	能源投资过度型	勉强协调阶段
浙江	2.098	0.926	0.461	0.697	0.567	颉颃阶段	能源投资过度型	勉强协调阶段
河南	1.714	1.166	0.491	0.707	0.589	颉颃阶段	能源投资过度型	勉强协调阶段
湖北	1.940	1.113	0.481	0.735	0.595	颉颃阶段	能源投资过度型	勉强协调阶段
河北	1.792	1.206	0.490	0.735	0.600	颉颃阶段	能源投资过度型	初级协调阶段
湖南	1.792	1.210	0.491	0.736	0.601	颉颃阶段	能源投资过度型	初级协调阶段
云南	1.688	1.355	0.497	0.756	0.613	颉颃阶段	能源投资过度型	初级协调阶段
贵州	2.331	1.212	0.474	0.840	0.631	颉颃阶段	能源投资过度型	初级协调阶段
吉林	2.115	1.292	0.485	0.827	0.633	颉颃阶段	能源投资过度型	初级协调阶段
山东	2.808	1.165	0.455	0.904	0.642	颉颃阶段	能源投资过度型	初级协调阶段
甘肃	1.743	1.911	0.499	0.913	0.675	颉颃阶段	能源融资超前型	初级协调阶段
青海	1.975	1.801	0.499	0.943	0.686	颉颃阶段	能源投资过度型	初级协调阶段
安徽	2.492	1.549	0.486	0.982	0.691	颉颃阶段	能源投资过度型	初级协调阶段
福建	2.444	1.580	0.488	0.983	0.693	颉颃阶段	能源投资过度型	初级协调阶段
江西	2.589	1.535	0.483	0.997	0.694	颉颃阶段	能源投资过度型	初级协调阶段
广西	2.032	1.969	0.500	1.000	0.707	初步磨合阶段	能源投资过度型	中级协调阶段

续表

地区	投资子系统综合序参量 (U_1)	融资子系统综合序参量 (U_2)	复合系统耦合度 (C)	复合系统综合协调指数 (T)	复合系统协调度 (D)	耦合阶段	耦合类型	协调阶段
上海	2.584	1.678	0.489	1.041	0.713	颉颃阶段	能源投资过度型	中级协调阶段
新疆	2.874	1.621	0.480	1.079	0.720	颉颃阶段	能源投资过度型	中级协调阶段
山西	2.944	1.650	0.480	1.102	0.727	颉颃阶段	能源投资过度型	中级协调阶段
海南	2.555	2.225	0.499	1.192	0.771	颉颃阶段	能源投资过度型	中级协调阶段
宁夏	2.272	2.541	0.499	1.201	0.774	颉颃阶段	能源融资超前型	中级协调阶段
江苏	3.140	2.606	0.498	1.430	0.844	颉颃阶段	能源投资过度型	良好协调阶段
北京	3.040	2.843	0.500	1.470	0.857	初步磨合阶段	能源投资过度型	良好协调阶段

（1）地区间能源投融资发展不均衡，能源融资的不均衡程度大于能源投资。如图2-6所示，能源投资子系统综合序参量最低的是广东省，为1.213；最高的是江苏省，为3.140，是广东省的2.58倍；能源融资子系统综合序参量最低的是辽宁省，为0.605；最高的是北京市，为2.843，是辽宁省的4.70倍，系统内不均衡程度突出。能源投资综合序参量排名居前的五个省份分别是江苏、北京、山

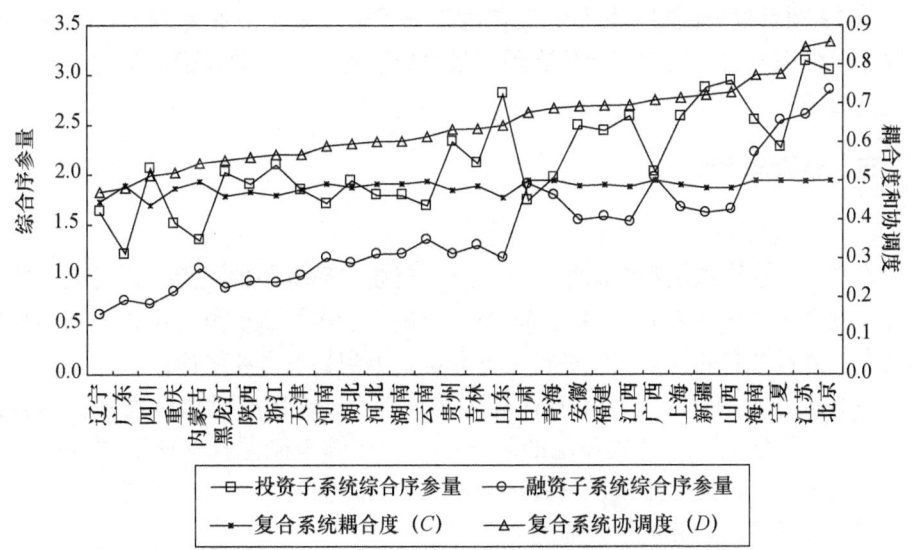

图2-6 能源投融资耦合协调度的区域比较

西、新疆和山东，排名靠后的五个省份分别是广东、内蒙古、重庆、辽宁和云南；能源融资子系统综合序参量排名居前的五个省份分别是北京、江苏、宁夏、海南和广西，排名靠后的五个省份分别是辽宁、四川、广东、重庆和黑龙江。

（2）复合系统的耦合关系以颉颃阶段为主，能源投资没有很好地得到能源融资的耦合支持。根据前文提到的"能源工业二氧化碳排放量"进行分组统计，发现能源工业发达地区的能源投融资耦合协调性不强。一方面，高排放地区的耦合度低于低排放地区，其耦合度平均为 0.477，而低排放地区的耦合度平均为 0.487，表明高排放地区能源融资的支持作用需要加强。另一方面，高排放地区的协调度低于低排放地区，其协调度平均为 0.622，而低排放地区协调度平均为 0.660，表明高排放地区能源投融资发展不协调，同时也印证了前文观点。

（3）多数地区能源投融资协调程度较弱，投融资之间没有形成共鸣与合力。能源投资子系统的初期发展需要排放大量的大气污染物，但气候环境的负载能力有限，不可能持续满足能源投资的粗放型发展要求。基于此，近年来各级政府的气候与环境保护政策均要求能源投资必须加入一定比例的污染源治理投资。如《环境保护法》规定，建设项目中防治污染的设施，必须与主体工程同时设计、同时施工、同时投产使用，这一规定在中国环境立法中通称为"三同时"制度。其已经成为有效降低能源生产领域污染排放的制度"法宝"。"三同时"项目投资是能源投资子系统的重要序参量，但能源融资子系统主要受货币政策导向和能源企业财务状况等序参量驱动。由于货币政策缺乏对污染源治理融资的"窗口指导"，加之项目投资回报率较低，致使这部分投资主要依靠企业自筹，金融支持能源工业污染源治理的力度十分有限，最终导致这一领域的投融资动力不足、协调程度较弱。

五、结论与建议

（一）主要结论

本文基于系统理论和协同学理论，立足气候与环境保护视角，运用耦合协调模型，测算了 2006～2011 年中国 30 个省（市）能源投融资复合系统的耦合度和协调度，并对二者的互动关系进行实证分析，得到如下主要结论：

（1）能源投融资对气候环境具有胁迫效应，气候环境对能源投融资具有约束效应。能源投融资对气候环境的胁迫效应主要源于能源投融资形成的生产能力，加大了大气污染物排放；气候环境对能源投融资的约束效应主要缘于严厉的气候与环境保护政策分流了企业的有限资金。

（2）在不考虑气候与环境保护的条件下，能源投融资的交互作用逐年减弱、协调发展面临挑战；在考虑气候与环境保护的条件下，根据大气污染程度的不同，不同地区之间的能源投融资分布不均衡、发展不协调。

（3）通过30个省份能源投融资耦合协调程度进行综合评价，发现能源投融资存在明显区域差异，能源投融资分布不均衡且能源融资不均衡的程度要大于能源投资；多数地区能源投融资基本处于颉颃阶段，投资与融资交互耦合的作用不强；多数地区能源投融资协调程度较弱，投融资之间没有形成共鸣与合力。

（二）建议

在能源投资方面，建议借鉴"污染者付费"原则，通过激励约束机制推动能源企业加大污染源治理投资。目前能源企业大气污染物的排放行为没有完全纳入生产成本核算。各级政府对大气污染的主要考核指标包括化学需氧量、氨氮、二氧化硫和氮氧化物等，对可吸入颗粒物、温室气体等大气污染物还没有建立起完善的统计监测和分解考核体系，导致能源企业进行污染源治理投资的内生动力不足。建议在完善能源价格市场化改革的基础上，借鉴欧盟"污染者付费"原则，将能源企业污染成本内部化，从制度设计上推动其加大污染源投资，促进能源投资清洁、高效、可持续发展。

在能源融资方面，建议深化气候与环境保护的融资支持，通过金融市场与金融机构提供全面能源金融服务。拓宽能源企业融资渠道，确实改变污染源治理投资主要依靠企业自筹资金和财政拨款的被动局面。出台金融支持气候与环境保护的配套方案，综合利用国内外碳排放市场、资本市场、债券市场、优惠信贷安排等多种金融服务渠道助推能源融资的可持续发展。随着经济增长、能源生产量与能源消费量的增加，气候与环境保护政策约束力将进一步增强。目前，基于气候与环境保护的能源投融资耦合协调机制已经初步建立，并将在能源投融资的清洁发展中发挥更为重要的作用。

能源投融资耦合协调问题是一个高度复杂性、综合性、系统性和动态性的问题，与资源禀赋、能源生产技术水平、资金预算、能源价格、能源市场、能源战略、国际地缘政治、气候与环境保护等因素密切相关。鉴于数据资料的可得性，本文只选取部分指标表征能源投融资复合系统的指标体系，已选指标是否具有代表性和普遍性，还有待进一步探索、研究。此外，原始数据为面板数据，为测度和比较各地区能源投融资耦合协调特征，本文对相关数据进行了均值处理，缺失了对各地区能源投融资耦合协调度的时序性考量。对于上述问题，将在今后的研究中继续探索。

参考文献

[1] Zhang W. B.. Economic Dynamics – Growth and Development [M]. New York：Springer – Verlag Berlin and Heidelberg GmbH & Co. K, 1996.

[2] Bertalanffy L. V.. General Systems Theory [M]. New York: George Braziller, 1968.

[3] Boulding K. E.. The Economics of the Coming Spaceship Earth – Environmental Quality in a Growing Economy [M]. New York: The Johns Hopkins Press, 1996.

[4] Chang Y. C. , Hong F. W. , Lee M. T.. A System Dynamic Based DSS for Sustainable Coral Reef Management in Kenting Coastal Zone, Taiwan [J]. Ecological Modelling, 2008, 211 (1 – 2).

[5] Weick K. E.. Educational Organizations as Loosely Coupled Systems [J]. Administrative Science Quarterly, 1976 (21).

[6] Andrea B. Coulson. Corporate Environmental Performance Considerations within Bank Lending Decisions [J]. Eco – Management and Auditing, 1999 (6).

[7] Andre Doree, Elsebeth Holmen. Achieving the Unlikely: Innovating in the Loosely Coupled Construction System [J]. Construction Management and Economics, 2004, 22 (8).

[8] Burak Guneralp, KarenC. Seto. Environmental Impacts of Urban Growth from an Integrated Dynamic Perspective: A Case Study of Shenzhen, South China [J]. Global Environmental Change, 2008 (18).

[9] Norgaard R. R.. Economic Indivators of Resource Scaerity: A Critical Essay [J]. Journal of Environment Economics and Management, 1990 (19).

[10] Ren J. Z. , Geff H. , Zhang Z. H.. Establishment of Prataculturae System – Outlet of Grassland Animal Husbandry – Grassland Scienceand Prataculturae Development in China [M]. Beijing: Science Press, 1989.

[11] Cleary S.. The Relationship between Firm Investment and Financial Status [J]. Journal of Finance, 1999, 54 (2).

[12] 哈肯, 杨炳奕. 我是怎样创立协同学的[J]. 上海机械学院学报, 1987, 5 (9).

[13] 吴大进, 曹力, 陈立华. 协同学原理和应用[M]. 武汉: 华中理工大学出版社, 1990.

[14] 邱建华, 贺灵. 铝工业企业技术创新系统的全面整体协同模型研究[J]. 湖南大学学报 (社会科学版), 2010, 24 (5).

[15] 吴玉鸣, 柏玲. 广西城市化与环境系统的耦合协调测度与互动分析[J]. 地理科学, 2011, 31 (12).

[16] 范斐, 孙才志, 王雪妮. 社会、经济与资源环境复合系统协同进化模

型的构建及应用[J]. 系统工程理论与实践, 2013, 33 (2).

[17] 钱学森. 论系统工程[M]. 长沙：湖南科学技术出版社, 1982.

[18] 魏一鸣, 吴刚, 刘兰翠. 能源—经济—环境复杂系统建模与应用进展[J]. 管理学报, 2005, 2 (2).

[19] 崔和瑞, 王娣. 基于 VAR 模型的我国能源—经济—环境系统研究[J]. 北京理工大学学报（社会科学版）, 2010, 12 (1).

[20] 时正新. 生态农业原理及其应用[M]. 北京：农业出版社, 1988.

[21] 黄金川, 方创琳. 城市化与生态环境交互耦合机制与规律性分析[J]. 地理研究, 2003, 22 (2).

[22] 赵旭, 吴孟. 区域城市化与城市生态环境耦合协调发展评价——基于全国 30 个省区市的比较[J]. 重庆工商大学学报, 2007, 17 (6).

[23] 吴玉鸣, 张燕. 中国区域经济增长与环境的耦合协调发展研究[J]. 资源科学, 2008, 30 (1).

[24] 江红莉, 何建敏. 区域经济与生态环境系统动态耦合协调发展研究——基于江苏省的数据[J]. 软科学, 2010, 24 (3).

[25] 柴莎莎, 延军平, 杨谨菲. 山西经济增长与环境污染水平耦合协调度[J]. 干旱区资源与环境, 2011, 25 (1).

[26] 刘耀斌, 李仁东, 宋学锋. 中国城市化与生态环境耦合度分析[J]. 自然资源学报, 2005, 20 (1).

[27] 宋超山, 马俊杰, 杨风等. 城市化与资源环境系统耦合研究——以西安市为例[J]. 干旱区资源与环境, 2010, 24 (5).

[28] 刘耀斌, 李仁东, 宋学锋. 中国城市化与生态环境耦合度分析[J]. 自然资源学报, 2005, 20 (1).

[29] 欧向军, 甄峰, 秦永东等. 区域城市化水平综合测度及其理想动力分析——以江苏省为例[J]. 地理研究, 2008, 27 (5).

[30] 郭显光. 改进的熵值法及其在经济效益评价中的应用[J]. 系统工程理论与实践, 1998 (12).

第三章 煤炭资源低碳化利用理论与实践

第一节 基于随机前沿模型的碳排放效率评价[①]

一、山西省碳排放现状

在哥本哈根大会前夕,中国提出了到2020年单位GDP的二氧化碳排放比2005年下降40%~50%的自主减排目标。但是,由于中国能源结构中煤炭占到一次能源的70%以上,而且能源转换和利用效率低于发达国家的技术因素,高耗能产业比重高、制造业产品价值链低等结构性因素,都使得中国GDP的碳排放强度与发达国家的差距很大。2010年,中国能源消费的二氧化碳排放约占全球的23%,而当前每年新增的二氧化碳排放也占全球增量的一半以上。中国经济总量已位居世界前列,综合国力和多数发展中国家已经拉开了距离,很可能将难以维持发展中国家地位,可能将更多地受到具体限排甚至是减排温室气体的压力。碳排放空间的不足将成为中国现代化进程中的刚性约束。

近年来有关碳减排的研究成为学界热点。主要集中在三个方面:①从环境库兹涅茨曲线视角进行实证分析。He 和 Richard(2010)利用半参数模型和更加灵活的非线性参数模型来研究加拿大人均二氧化碳排放量和人均实际GDP之间的关系,发现两者之间并不存在库兹涅茨曲线的关系。林伯强、蒋竺(2009)均论证了中国库兹涅茨曲线的拐点理论上应该为人均收入37170元,应该在2020年左右到来,但实证预测表明拐点到2040年还没有出现。②碳排放影响因素的研

---

① 原论文:《基于随机前沿模型的山西省碳排放效率评价》,《资源科学》2012年第10期。

究。Wang（2012）等发现城市化水平、经济发展水平和工业占 GDP 比重与二氧化碳排放之间是正相关关系，而第三产业比重，能源强度和 R&D 是负相关关系；许士春等（2012）认为碳排放的主要驱动因素是经济产出、人口规模和能源结构，抑制因素为能源强度和产业结构等；赵欣、龙如银（2010）认为驱动因素是经济增长、能源消耗和国际贸易，抑制因素有科技投入、技术引进和非国有经济比重等。③碳排放效率的测算。早期有些学者从单要素指标来研究碳排放效率，但是杨红亮、史丹（2008）认为单要素指标简单易懂但存在诸多不足，如用碳强度等单要素指标来衡量碳排放效率无法反映各要素之间的替代作用，因为能源必须与其他要素结合才能进行生产，且碳强度还与经济结构、经济发展水平和地区资源禀赋等有关，经济结构等的变化都会导致碳强度发生变化，而碳排放效率可能并没有发生变化。近来诸多文献从全要素的角度用 DEA 对碳排放效率进行评价，如魏梅等（2010）应用数据包络分析（DEA）方法测算了中国各地区 1986～2008 年的碳排放效率，但是 DEA 方法是一种极值方法，在对效率前沿估计时容易受到数据质量的影响，而研究中国碳排放效率的数据多为宏观统计数据，误差相对较大，所以基于 DEA 方法得到的结果需要严格的检验，但是 DEA 模型本身不但没有考虑随机因素的影响而且不具有统计特性，不能对模型进行检验。随机前沿模型中引入了随机扰动项以更准确地描述生产者行为，它假定偏离前沿的因素来自表示技术无效的非负随机误差项与表示噪声的系统随机误差项两部分。Herrala 等（2012）利用前沿边界分析（SFA）方法测算了世界 170 个国家 1997～2007 年二氧化碳排放效率，结果显示中国的碳排放效率为世界最低。杜克锐、邹楚沅（2011）基于随机前沿和面板数据研究发现广东、上海、天津、北京等地碳排放效率较高，贵州、宁夏、山西等地碳排放效率较低。本文基于以上研究基础，使用随机前沿模型，剔除由于部分数据为宏观统计数据带来的噪声问题，对山西省的碳排放效率进行了比较评价，并进一步预测山西省"十二五"期间碳排放约束性指标是否可达，以期为山西省乃至中部地区实现低碳发展提供理论支持。

山西省作为中国重要的能源生产和消费大省，能源消耗总量大，能源利用效率低，碳排放总量长期居高不下。北京大学的研究报告《1995～2007 年中国省区碳排放及碳强度的分析》指出，山西省的碳强度和人均碳排放量在全国各省中均居首位。如表 3-1 所示，随着山西省经济的持续发展，能源消费所带来的碳排放总量在不断增加，虽然化石能源的消耗带来的碳排放在整个能源消耗中的比重在逐年降低，但是都高于 80%；山西省的能源强度和碳排放强度在逐年降低，说明单位 GDP 的能源消费和碳排放量在逐渐减少；人均碳排放量逐年增加，这主要是由社会进步、人民生活水平不断提高引起的。

表3–1 山西省2000~2010年主要年份碳排放总体情况

指标＼年份	2000	2002	2004	2006	2008	2010
能源活动总排放量（万吨）	9286.464	11847.57	14811.77	18970.72	19620.05	20967.56
化石燃料燃烧排放量（万吨）	7903.097	10125.7	12505.1	15948.28	16009.34	16823.99
化石燃料排放量在能源总排放量的比例（%）	85.1	85.5	84.4	84.1	81.6	80.2
能源强度（吨标煤/万元）	3.14	3.53	3.15	2.88	2.55	2.86
人均碳排放量（吨CO_2/人）	2.86	3.6	4.44	5.62	5.75	5.87
碳排放强度（吨CO_2/万元）	5.03	5.16	4.88	4.87	4.01	3.57

资料来源：能源消费数值参考2001~2011年《山西省统计年鉴》和《中国能源统计年鉴》，GDP均以2000年不变价计算。

随着2004年"中部崛起"计划的出台和近几年东部产业的转移，中部地区发展迅猛，对能源需求相应提高，引发碳减排的压力增大。图3–1是中部6省能源消费中产生的二氧化碳排放情况，从中可以看出中部6省的人均碳排放量都在逐年增加，而山西省人均碳排放量居中部之首，且增长速度高于其他5省。从图3–2看出，总体上中部6省碳强度有逐年降低的趋势，但是山西省始终处于最高水平，碳减排任务最为艰巨。

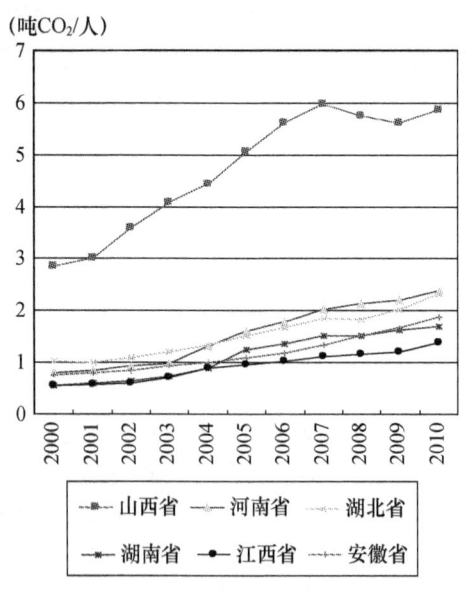

图3–1 中部6省人均碳排放量

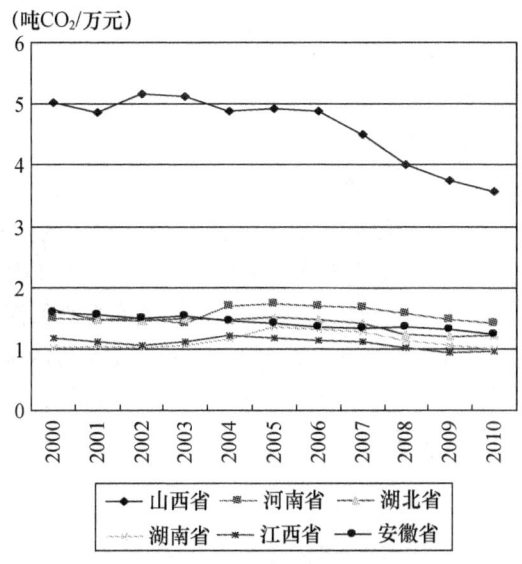

图 3-2 中部 6 省碳强度

二、碳排放效率建模与求解

(一) 随机前沿分析

随机前沿分析 (Stochastic Frontier Analysis, SFA) 始于对生产最优化的研究。1977 年，比利时的 Meeusen、Broeck 和美国的 Aigner 等以及澳大利亚的 Battese、Corra 各自几乎同时发表了关于 SFA 的学术论文，这标志着随机前沿方法的诞生。这三篇论文都在生产前沿模型中采用了复合残差项，他们的模型基本可以表示为：

$$y_{it} = f(x_{it}) \exp(v_{it} - u_{it}) \tag{3-1}$$

式中：y_{it} 表示厂商 i 在 t 时期的产出；x_{it} 表示厂商 i 在时期 t 的投入；$f(x_{it})$ 是生产函数，表示厂商技术前沿，v_{it} 为统计噪声的对称随机误差项；u_{it} 表示与技术无效有关的非负随机变量。该模型的基本含义是个别生产者由于受随机扰动项 v_{it} 和技术无效率变量 u_{it} 两个因素的影响。尽管 v_{it} 和 u_{it} 都是不可观测的，但是由于恰当定义的 $v_{it}^{iid} N(0, \sigma_v^2)$ 仅仅是一个白噪声，多次观测的均值为零，因此，厂商的技术效率 (Technical Efficiency) 可以用样本中该生产者产出的期望与随机前沿的期望的比值来确定，即

$$TE_{it} = \frac{E[f(x_{it}) \exp(v_{it} - u_{it})]}{E[f(x_{it}) \exp(v_{it} - u_{it}) | u = 0]} = \exp(-u_{it}) \tag{3-2}$$

这种技术效率测量在 0 和 1 之间取值，它测算了第 i 个厂商在时间 t 的产出

与完全有效厂商使用相同投入量所能得到的产出之间的相对差异。显然，预测技术效率TE_{it}首先要做的就是估计模型（3-1）中$f(x_{it})$的参数。

前沿生产函数的理论含义如图3-3所示。我们给出厂商1和厂商2的投入产出，横轴表示投入值，纵轴表示产出值，$f(x)$代表前沿生产函数的确定性部分。厂商1利用投入水平A_1生产出B_1的产量，而厂商2利用投入水平A_2生产出B_2的水平，如果没有无效效应，那么厂商1和厂商2的前沿产出将分别为D_1和D_2。厂商1的前沿产出位于生产前沿的确定部分之上是因为其噪声影响是正的，而厂商2的前沿位于生产前沿确定部分之下是因为其噪声影响是负的。相对于前沿技术，厂商1的技术效率为$TE_1 = A_1B_1/A_1D_1$，厂商2的技术效率为$TE_2 = A_2B_2/A_2D_2$。如果能够获得足够多的厂商样本，就可以估计前沿生产函数$f(x)$且确定每一个厂商的技术效率。

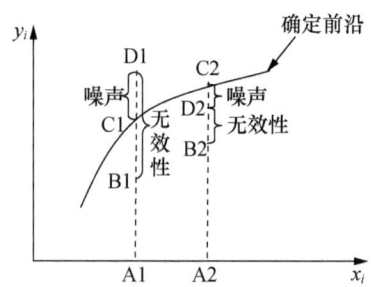

图3-3　随机生产前沿

本文基于随机前沿方法，从投入产出的角度，把系统的噪声用随机变量来表示，用单位碳排放的实际产出与最优单位碳排放量产出（生产前沿边界）之间的比值来表示碳排放效率，其值应该位于0~1之间，效率值越大意味着碳排放效率越高，所有资源得到最充分的利用。

（二）碳排放效率建模与求解

1. 模型的选取

本文采用Battese和Coelli模型：

$$y_{it} = x_{it}\beta + (v_{it} - u_{it}) \quad (i = 1,\cdots,N; t = 1,\cdots,T) \quad (3-3)$$

式中：y_{it}表示第i个个体在第t年的产出或者产出的对数；x_{it}是$k \times 1$阶向量，表示第i个个体在第t年的投入或者投入的对数；β为待估参数向量；$v_{it} \sim i.i.d(0, \sigma_v^2)$表示随机误差；$u_{it}$表示技术无效率，且$u_{it} \geq 0$，其被假设服从$\eta_{it} = u_i \exp[-\eta(t-T)]$，这里$u_i$服从非负断尾正态分布，即$u_i \sim i.i.d. N(0, \sigma_u^2)$，且$\mathrm{cov}(v_i, u_i) = 0$。

采用杜克锐和邹楚沅采用的超对数形式：

$$\ln y_{it} = \beta_0 + \beta_1 \ln co_{2it} + \beta_2 \ln K_{it} + \beta_3 \ln L_{it} + \beta_4 [\ln co_{2it}]^2 + \beta_5 [\ln K_{it}]^2 + \beta_6 [\ln L_{it}]^2 + \beta_7 [\ln co_{2it}] \times [\ln K_{it}] + \beta_8 [\ln co_{2it}] \times [\ln L_{it}] + \beta_9 [\ln L_{it}] \times [\ln K_{it}] + v_{it} - u_{it} \quad (3-4)$$

将上式两边减去 $\ln co_{2it}$ 可得：

$$\ln \frac{y_{it}}{co_{2it}} = \beta_0 + (\beta_1 - 1)\ln co_{2it} + \beta_2 \ln K_{it} + \beta_3 \ln L_{it} + \beta_4 [\ln co_{2it}]^2 + \beta_5 [\ln K_{it}]^2 + \beta_6 [\ln L_{it}]^2 + \beta_7 [\ln co_{2it}] \times [\ln K_{it}] + \beta_8 [\ln co_{2it}] \times [\ln L_{it}] + \beta_9 [\ln L_{it}] \times [\ln K_{it}] + v_{it} - u_{it} \quad (3-5)$$

2. 数据来源

根据中部6省历年统计年鉴，选取1995~2010年6省GDP数据（以1978年不变价计算），能源消费数据来源于《新中国60年统计资料汇编》；二氧化碳数据是将《中国能源统计年鉴》中九类能源消费量转换成标准煤，然后乘以各自碳排放系数，最后加总得到各省二氧化碳排放量（其中，九类能源消费量转换成标准煤的系数以《中国能源统计年鉴》（2010）为准，碳排放系数主要参照金万富等研究的碳排放系数）；资本存量主要利用Goldsmith开创的永续存盘法，1995~2008年数据来自孙辉等（2010）的估计，2009~2010年数据按照同样方法计算得出。

3. 实证结果及分析

采用STATA12.0估计式（3-5），β_4、β_6、β_8系数不显著，去掉后的结果如表3-2所示。

表3-2 中部6省碳排放效率回归结果

变量	系数（显著性）	变量	系数（显著性）
β_0	6.078（4.65）	β_7	0.164（6.46）
$(\beta_1 - 1)$	-2.117（-12.19）	β_9	-0.148（-5.02）
β_2	1.637（10.03）	σ_u^2	0.124
β_3	1.223（5.56）	σ_v^2	0.001
β_5	-0.071（-3.97）	γ	0.993
Log 函数值 = 185.941			

注：括号内为z值，所有系数在1%显著水平下拒绝零假设。

在表3-2中，$(\beta_1 - 1) = -2.117$ 说明随着二氧化碳排放的增加，碳排放效率在逐渐降低。$\beta_2 = 1.637$，$\beta_3 = 1.223$ 符合经济意义和统计意义的要求。$\gamma = \sigma_u^2 /$

$(\sigma_u^2 + \sigma_v^2) = 0.993$，说明各省份绝大部分相对于前沿的偏离都是由技术无效率引起的。表3-3是对中部六省的碳排放效率做出的测算结果。

表3-3　1995~2010年中部6省历年碳排放效率

年份	安徽省	河南省	湖北省	湖南省	江西省	山西省
1995	0.998	0.919	0.950	0.980	0.949	0.868
1996	0.998	0.910	0.945	0.978	0.944	0.855
1997	0.997	0.901	0.939	0.976	0.938	0.841
1998	0.997	0.892	0.933	0.973	0.932	0.826
1999	0.997	0.881	0.926	0.970	0.925	0.809
2000	0.996	0.870	0.919	0.967	0.917	0.792
2001	0.996	0.857	0.911	0.964	0.909	0.773
2002	0.996	0.843	0.902	0.960	0.900	0.752
2003	0.995	0.828	0.892	0.956	0.890	0.730
2004	0.995	0.812	0.882	0.952	0.879	0.706
2005	0.994	0.795	0.870	0.947	0.868	0.681
2006	0.994	0.776	0.858	0.942	0.855	0.654
2007	0.993	0.755	0.844	0.936	0.841	0.626
2008	0.992	0.733	0.829	0.929	0.826	0.596
2009	0.991	0.710	0.813	0.922	0.810	0.565
2010	0.990	0.685	0.796	0.914	0.792	0.532

从表3-3可以看出，安徽省在中部6省中碳排放效率最高，山西省最低，且呈逐年降低趋势。山西省作为全国重要的原材料生产基地，是国家的能源供应基地和能源消费大省，初级能源为主的品种构成（山西省一次能源消费以煤炭为主，占到99%以上），导致山西省的经济发展是以消耗大量的能源为代价的。电力、化工、焦化、冶金、煤炭、建材等高耗能行业比重较大，存在严重的"倚重"现象，也造成了碳排放效率的低下。

三、山西省"十二五"碳减排目标可达性分析

山西省"十二五"规划指标体系"生态建设和环境保护"类别中，要求单位地区生产总值二氧化碳排放量2015年比2010年降低17%。本文基于模拟退火算法构建山西省"十二五"万元GDP碳排放量预测模型，并对山西省"十二

五"碳减排目标进行可达性分析。

（一）模拟退火算法（SAP）

模拟退火规划算法（Simulated Annealing Programming, SAP）是一种通用的随机搜索方法，其基本思想源于热力学中的退火过程，分为加温、等温和冷却三部分。退火是给定一个初始高温（初始解），利用 Metroplis 抽样策略在解空间进行搜索，随着温度的下降得到全局的最优解。其计算过程为：首先由产生函数从当前解产生一个位于解空间的新解，计算新解与目标函数的差，根据 Metropolis 准则以一定的概率判断是否接受新解，当新解被确定接受时，用新解代替当前解；当新解被判定为舍弃时，则在原当前解的基础上继续下一轮试验，直到产生的新解被接受。

（二）指标的选取

将山西省"十二五"规划中的碳减排指标"万元 GDP 碳排放量"用 y_{t+1} 表示，结合山西省实际情况，并在文献综述基础上，总结提炼出万元 GDP 碳排放量的影响因素主要有经济发展水平、经济结构、技术水平、能源价格水平和投资水平，并分别选取人均 $GDP(X_{0t})$，工业增加值占 GDP 比重 (X_{1t})，能源加工转换效率 (X_{2t})，原材料、燃料、动力购进价格指数 (X_{3t}) 和全社会工业固定资产投资 (X_{4t}) 分别表征以上各影响因素，山西省万元 GDP 碳排放量的预测理论模型即为：

$$y_{t+1} = f(x_{0t}, x_{1t}, x_{2t}, x_{3t}, x_{4t}) \tag{3-6}$$

（三）山西省万元 GDP 碳排放量预测模型的求解

根据《山西省统计年鉴》（1996~2011）和《中国能源统计年鉴》（1996~2011）相关数据，并将 GDP、原材料、燃料、动力购进价格指数和全社会工业固定资产投资数据以 1995 年为不变价进行换算，代入模型（3-6），运用模拟退火算法，其中，参数定义为：初始温度 $T_0 = 200$，终止温度 $T_{min} = 0$，温度下降系数 $\alpha = 0.95$。解得拟合系数 $R^2 = 0.949$，模型求解结果为：

$$y_{t+1} = \frac{x_{1t}}{66.28(x_{2t} + x_{3t})} \left(\frac{x_{4t} + 3220384}{x_{0t} - 2414.5} + x_{1t} + 3767.61 \right) \tag{3-7}$$

（四）山西省"十二五"碳排放目标的可达性分析

为了预测"十二五"末山西省碳减排目标是否能够实现，根据式（3-7），需要先预测 2014 年万元 GDP 碳排放量各影响因素的数据。依据山西省"十二五"规划指标体系以及各部门、各行业的"十二五"规划实施方案中确定模型数据，并基于本文基金资助项目的先期成果，求得式（3-7）中 2014 年模型变量预测值如表 3-4 所示。

表3-4　万元 GDP 碳排放量模型变量预测值

年份	X_{0t}（元/人）	X_{1t}（%）	X_{2t}（%）	X_{3t}	X_{4t}（亿元）
2010	14064.23	47.82	79.09	177.05	5033.53
2014	25297.44	54.31	83.1	248.78	10823.76

将表3-4数据代入式（3-7），求得2015年山西省万元 GDP 碳排放量，与2010年万元 GDP 碳排放量相比，求得2015年万元 GDP 碳排放量下降的百分比为13.26%。由此可见，山西省"十二五"规划提出的"2015年万元地区生产总值二氧化碳排放量比2010年下降17%"的碳减排目标不可达。

四、政策建议

对于山西省来讲，经济发展的任务仍然艰巨，提高碳排放效率是当务之急。山西省是目前批准的唯一一家在全省域、全方位、系统性地进行资源型经济转型综合配套改革试验的区域，国家给予改革的先行先试的试验权，因此应当抓住这次机遇，在保障国家能源安全的同时，实施"以煤为基、循环高端、多元发展"的路径，实现经济的低碳转型。

（一）推进技术节能，打造低碳竞争能力

实施低碳发展战略，需要先进的技术创新做支撑。积极推广煤炭的洁净高效转化利用和低碳节能减排技术。发布鼓励山西省自主创新技术产品推广目录和政府招标采购产品目录。继续加快《山西省千家企业重点节能项目推进计划》的项目实施力度。发挥信息技术的优势，通过设立企业能源管理中心等信息化管理模式促进企业与行业提高能源利用效率。

（二）淘汰落后产能，调整优化产业结构

2011年，山西煤炭资源整合和煤矿兼并重组工作圆满结束，累计淘汰落后产能2.6亿吨。2012年，要继续加大淘汰落后产能力度。积极推进山西省"7+2"战略性新兴产业发展，全面提升产业技术水平和核心竞争力。对投资项目审批同步进行节能评估审查，从源头严控高耗能、高排放行业盲目扩张。调整产业内行业结构，优先发展能耗低产出高的行业，对"双百家"和"省千家"山西省确定的重点耗能企业实行严格的目标责任考核工作。

（三）发挥经济杠杆作用，稳步推进资源性产品价格改革

加紧研究山西省煤炭、焦炭等资源性价格产品的成本构成和环境成本补偿机制，从政策上探索建立比较完善有效的价格补偿机制。加强煤炭特别是电煤价格监测和市场价格监管，推动煤电价格关系合理化，形成良性互动。研究和完善风力、太阳能、生物质能等可再生能源定价和分摊机制。

（四）倡导公众低碳消费方式，构建低碳型社会

公众消费理念和消费方式是对企业生产行为的导向，也是向低碳发展方式转变的社会基础。改变以投资和出口为主要驱动力的经济增长方式，引导、规范和制约消费行为，提高最终消费对经济增长的拉动作用。在实施降低 GDP 的二氧化碳强度目标的同时，逐步实行二氧化碳排放总量控制目标，加强应对气候变化的能力建设。

参考文献

［1］ Jie He, Patrick Richard. Environmental Kuznets Curve for CO_2 in Canada［J］. Ecological Economics, 2010, 69（5）.

［2］ Risto Herrala, Rajeev Goel. Global CO_2 Efficiency：Country – wise Estimates Using a Stochastic Cost Frontier［J］. Energy Policy, 2012（45）.

［3］ Zhaohua Wang, Fangchao Yin, Yixiang Zhang, etc. An empirical research on the influencing factors of regional CO_2 emissions：Evidence from Beijing city［J］. China. Applied Energy, 2012.

［4］ 林伯强，蒋竺均. 中国二氧化碳的环境库兹涅茨曲线预测及影响因素分析［J］. 管理世界, 2009（4）.

［5］ 许士春，习蓉，何正霞. 中国能源消耗碳排放的影响因素分析及政策启示［J］. 资源科学, 2012, 34（1）.

［6］ 赵欣，龙如银. 考虑全要素生产率的中国碳排放影响因素分析［J］. 资源科学, 2010, 32（10）.

［7］ 杨红亮，史丹. 能效研究方法和中国各地区能源效率的比较［J］. 经济理论与经济管理, 2008（3）.

［8］ 魏梅，曹明福，江金荣. 生产中碳排放效率长期决定及其收敛性分析［J］. 数量经济与技术经济研究, 2010（9）.

［9］ 蒂莫西·科埃利，普拉萨德·拉奥，克里斯托弗·奥唐奈等. 效率与生产率分析引论（第二版）［M］. 王忠玉译. 北京：中国人民大学出版社, 2008.

［10］ 杜克锐，邹楚沅. 我国碳排放效率地区差异、影响因素及收敛性分析［J］. 浙江社会科学, 2011（11）.

［11］ 陶长琪，王志平. 随机前沿方法的研究进展与展望［J］. 数量经济与技术经济研究, 2011（11）.

［12］ 傅晓霞，吴利学. 随机生产前沿方法的发展及其在中国的应用［J］. 南开经济研究, 2006（2）.

［13］ 金万富，汤晓华，陈春桥. 中国东部沿海地方碳强度对产业结构水平

响应度省级差异[J]. 云南地理环境研究, 2011, 23 (3).

[14] 孙辉, 支大林, 李宏瑾. 对中国各省资本存量的估计及典型性事实: 1978-2008 [J]. 广东金融学院学报, 2010, 25 (3).

[15] 李玮, 杨钢. 基于系统动力学的山西省能源消费可持续发展研究[J]. 资源科学, 2010, 32 (10).

[16] 李玮, 赵国浩. 基于环境约束的工业行业结构优化研究[J]. 中国人口资源与环境, 2010, 20 (12).

[17] 高文静, 赵国浩. 煤炭资源税费改革对工业三废排放的影响[J]. 生态经济, 2011 (3).

[18] 何建坤. 中国的能源发展与应对气候变化[J]. 中国人口资源与环境, 2011, 21 (10).

第二节 基于前沿分析方法碳生产率指数测算①

一、碳生产率定义

全球气候变化问题是目前国际政治、经济、法律、外交和环境领域的一个热点和焦点。随着《京都议定书》的实施以及气候变化问题谈判进程的加快，发展中国家面临着承担减限排的潜在压力。在保持经济增长的同时，将温室气体排放控制在容许范围内，减缓对全球气候变化的影响，是当今发展低碳经济的目标。而能将低碳经济的两大目标——控制二氧化碳排放（低碳）、促进经济增长（经济）融为一体的则是碳排放领域中的效率概念，即碳生产率。工业部门是一个能源密集型部门，其能源消费约占全球能源利用的40%。对于中国来说，2008年中国工业部门的终端能源消费占全国终端能源消费的72%，全部煤炭终端消费的94%和全部电力消费的74%，然而其增加值仅占GDP的42%。图3-4表明1998~2008年中国工业终端能源利用和碳排放量增长很快，而且碳排放的增速明显大于能源利用的增速，那么，哪些行业拉动了工业部门终端能源的消费，其原因是什么？对工业部门碳生产率进行测度并对其变化进行分解，对于探索提高中国碳生产率的实现途径具有非常重要的研究价值。

---

① 原论文：《基于前沿分析方法的中国工业部门广义碳生产率指数测算及变化分解》，《中国管理科学》2013年第3期。

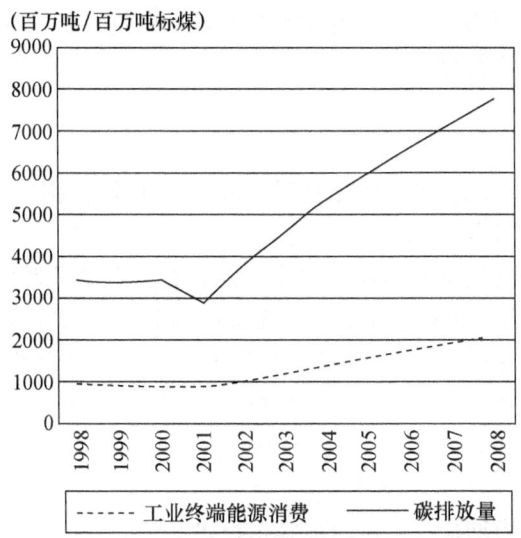

图 3-4　1998~2008 年工业部门终端能源消费及其碳排放

　　碳生产率的概念最早由 Kaya 和 Yokobori（1999）提出。在此之后麦肯锡全球研究所（MGI）将碳生产率与劳动生产率、资本生产率同等看待，并提出了10倍计划，即在未来近50年的时间里，为实现温度的增幅不高出2℃的目标，世界碳生产率必须提高10倍。Kim（2008）对韩国碳生产率进行了研究，得出为了实现该国2020年的减排目标，若 GDP 增幅维持在4%，则该国的碳生产率年均增幅必须达到4.85%。中国学者诸大建将碳生产率的年增长率近似表述为 GDP 年增长率与二氧化碳年减排率之和，认为碳生产率的年增长率可作为衡量一个国家应对气候变化努力与成效的一项重要指标。何建坤、苏明山（2009）对上海市碳排放总量和碳生产率的关系进行了动态分析，认为碳排放总量与碳生产率之间存在长期协整关系，并且它们之间具有单向 Granger 因果关系，即碳排放总量增加会促进碳生产率的增长，但碳生产率提高并非碳排放总量增长的原因。

　　以上研究所采用的碳生产率指标都是 Kaya 和 Yokobori（1999）所提出的 GDP 与二氧化碳排放的比值，其绩效的测度主要是经济绩效即 GDP。

　　中国学者刘国平、曹莉萍（2011）首次将碳生产率划分为基于经济绩效的狭义碳生产率和基于福利绩效的广义碳生产率，通过情景分析，认为中国应采取"C 模式"（即碳排放低增长的模式）实现经济社会福利与二氧化碳排放脱钩发展。然而其未对广义碳生产率的测度进行进一步的研究。

　　因此，笔者将广义碳生产率量化为经济产出、就业情况、环境改善状况等综合绩效与二氧化碳排放量的比值，运用前沿分析方法对广义碳生产率进行了测度,并将其变化分解为诸如技术变化和技术效率变化等各种成分。下面我们将首先对前沿分析方法进行比较。

二、研究方法

近年来测度效率比较流行的方法是 Färe 等 (1994) 提出的 DEA 类线性规划方法和随机前沿分析方法。

数据包络分析 (DEA) 方法运用线性规划方法构建观测数据的非参数分段前沿 (或曲面)。然后,相对于这个前沿面来计算效率。DEA 是使用数学规划模型评价具有多个输入和多个输出的"部门"或"单位"(称为决策单元,简记为DMU) 间的相对有效性 (称为 DEA 有效)。根据对各 DUM 观察数据判断 DUM是否为 DEA 有效,本质上是判断 DUM 是否位于生产可能集的"生产前沿面"上。

随机生产前沿模型把产出设定成表示技术无效的非负随机误差与表示噪声的系统随机误差的函数,即

$$\ln q_i = x'_i \beta + v_i - u_i \quad (i = 1, 2, \cdots, I) \tag{3-8}$$

式中:v_i 表示统计噪声的对称随机误差项。通常用最大似然估计 (ML) 来对随机前沿模型的参数进行估计,这是因为 ML 估计值有许多令人满意的大样本(也就是渐进的) 性质。

两种方法都可以对技术效率、配置效率、技术变化和规模效应进行测度,而且都无需投入和产出要素的价格。随机前沿分析方法跟 DEA 方法相比较,虽然可以解释噪声,但是它存在着以下缺点:一是对于无效项要求设定其分布形式;二是对于生产函数 (成本函数) 要求设定函数形式。本文所定义的广义碳生产率属于多产出单投入比率,其函数形式没有特定形式,因此,将应用 DEA 方法测度中国工业部门的碳生产率并分解其变化特征。

对于中国工业部门,假定细分行业有 I 个,每个行业有 M 种产出。广义碳生产率就是所有产出 (经济产出、就业产出、环境产出) 与碳排放量的比值,即 $u'q_{it}/x_{it}$,其中 q_{it} 表示第 i 个行业 t 时期的产出,x_{it} 表示第 i 个行业 t 时期的碳排放量,u 表示产出权数的 $M \times 1$ 向量。最优权数可通过求解下述线性规划问题得到:

$$\begin{aligned} &\max_u \ (u'q_{it}/x_{it}) \\ &\text{st} \quad u'q_{jt}/x_{jt} \leq 1 (j = 1, 2, \cdots, I) \\ &u \geq 0 \end{aligned} \tag{3-9}$$

利用线性规划的对偶性,可以推导出如下等价的产出导向的 VRS (规模报酬可变) 模型:

$$\text{st} \quad \max_{\varphi,\lambda} \varphi \begin{cases} -\varphi q_{it} + Q\lambda \geq 0 \\ x_i + X\lambda \geq 0 \\ I1'\lambda = 1 \\ \lambda \geq 0 \end{cases} \quad (3-10)$$

式中：$I1'\lambda = 1$ 为凸性条件，$I1$ 表示元素为 $I \times 1$ 向量。$1 \leq \varphi < \infty$，$(1-\varphi)$ 是第 i 个行业 t 时期产出可按比例增加的量，$1/\varphi$ 表示技术效率值，其取值范围从 0 到 1。

三、中国工业部门碳生产率的测算及变化分解

（一）数据选取与来源

广义碳生产率的定义要求，产出端除了经济绩效外，还应包括就业、环境等福利绩效。因此，在产出变量上，本文选取了工业部门各行业的工业总产值、工业部门各行业就业人数和工业部门各行业"三废"综合利用产品产值来综合反映碳排放的综合福利绩效。在投入变量的选择上，我们的关注点是碳排放量。碳排放量的计算公式如下：

$$q_{it} = \sum_{j=1}^{m} \alpha_j \times x_{ijt} (i = 1,2,\cdots,n; j = 1,2,\cdots,m) \quad (3-11)$$

式中：q_{it} 表示第 i 个行业 t 时期的碳排放量；α_j 表示第 j 种能源的碳排放系数；$x_{i,jt}$ 表示第 i 个行业第 j 种能源在 t 时期的消费量。

综合考虑数据的可得性和各年的统计口径差异，本节选择了 2004～2009 年工业部门 37 个细分行业的 222 个样本。数据来自各年《中国统计年鉴》。工业总产值和"三废"综合利用产品产值都以 2004 年为基期进行了平减。

（二）中国工业部门碳生产率的测度及分解分析

由于现实的生产过程并非出于固定规模报酬之下，因此，本节基于规模报酬可变的产出导向型（在碳排放不变的情况实现福利产出的最大化）的模型，借助 Deap2.1 软件，计算了 2005～2009 年工业部门的 37 个细分行业的碳生产率变化、技术效率变化、技术变化、纯技术效率变化和规模效率变化。技术效率的变化指通过可利用的技术能力，以及先进的管理经验来提高生产率；技术进步指通过改进生产技术本身来提高生产率；纯技术效率指单纯通过提高技术能力的使用效率来提高生产率；规模效率指通过改变运营规模使得行业（厂商）处于技术最有效率处，以提高生产率。表 3-5 和表 3-6 分别按时间和行业列出了工业部门各效率指标的表现情况。

表 3-5 的结果显示，2005～2009 年间中国工业部门的碳生产率除了 2006 年有上升外其他年份都小于 1，碳生产率都在下降。2008 年的下降幅度最大，其中

技术效率下降是引致碳生产率下降的主要原因，其下降幅度达到了22.2%；其次是规模效率的下降，其下降幅度达到了18.9%；只有技术效率大于1，但这不足以抵消其他效率的下降。2009年技术效率和规模效率虽然有大幅上升，但技术水平又有一个更大幅度的下降，致使2009年中国工业部门的碳生产率也小于1。2006年碳生产率的上升主要归因于技术进步和纯技术效率的提高，两者上升的幅度分别达到8.7%和2.1%。

表3-6的结果显示，中国工业部门碳生产率最高的7个行业分别是通信设备计算机及其他电子设备制造业、黑色金属矿采选业、有色金属矿采选业、化学原料及化学制品制造业、电力热力的生产和供应业、废弃资源和废旧材料回收加工业和食品制造业，它们的碳生产率呈现出上升的态势。碳生产率最低的4个行业为文教体育用品制造业、家具制造业、燃气生产和供应业、仪器仪表及文化办公用机械制造业，它们的碳生产变化都在0.8以下。

整体来看，碳生产率上升的主要驱动因素是技术效率和规模效率的上升，碳生产率下降的诱因也主要是技术效率和规模效率的下降，纯技术效率和技术进步对碳生产率的影响作用相对较弱。同时，行业内部碳生产率的差异较大，最高的可达1.172，最低的则只有0.564。

表3-5 工业部门2005~2009年碳生产率变化及其分解情况

年份	技术效率变化	技术变化	纯技术效率变化	规模效率变化	碳生产率变化
2005	0.764	1.191	0.859	0.889	0.909
2006	0.951	1.087	1.021	0.931	1.033
2007	0.805	1.193	1.021	0.799	0.961
2008	0.778	1.004	0.959	0.811	0.781
2009	1.765	0.487	0.984	1.793	0.860

表3-6 工业部门各细分行业碳生产率及其分解情况

行业编号	行业名称	技术效率变化	技术变化	纯技术效率变化	规模效率变化	碳生产率变化
1	煤炭开采和洗选业	1.184	0.815	1.000	1.184	0.964
2	石油和天然气开采业	0.998	0.912	0.911	1.095	0.910
3	黑色金属矿采选业	1.241	0.919	1.128	1.101	1.141
4	有色金属矿采选业	1.141	0.918	1.229	0.928	1.047
5	非金属矿采选业	0.950	0.964	0.917	1.036	0.916

续表

行业编号	行业名称	技术效率变化	技术变化	纯技术效率变化	规模效率变化	碳生产率变化
6	农副食品加工业	0.896	1.067	0.966	0.928	0.956
7	食品制造业	1.078	0.943	1.026	1.051	1.017
8	饮料制造业	0.996	0.936	0.999	0.996	0.932
9	烟草制品业	0.812	1.119	0.914	0.888	0.908
10	纺织业	1.020	0.871	1.000	1.020	0.888
11	纺织服装、鞋、帽制造业	1.105	0.837	1.007	1.098	0.925
12	皮革、毛皮、羽毛（绒）及其制品业	1.103	0.805	1.000	1.103	0.888
13	木材加工及木、竹、藤、棕、草制品业	0.882	1.061	0.934	0.944	0.936
14	家具制造业	0.734	0.867	0.870	0.844	0.637
15	造纸及纸制品业	1.038	0.928	1.030	1.008	0.963
16	印刷业和记录媒介的复制	0.947	0.924	0.930	1.018	0.875
17	文教体育用品制造业	0.709	0.797	0.835	0.848	0.564
18	石油加工、炼焦及核燃料加工业	0.866	1.147	0.989	0.876	0.993
19	化学原料及化学制品制造业	0.998	1.038	1.009	0.989	1.036
20	医药制造业	0.946	0.917	0.976	0.970	0.868
21	化学纤维制造业	0.972	0.99	0.840	1.157	0.962
22	橡胶制品业	1.068	0.902	1.020	1.046	0.963
23	塑料制品业	0.888	0.960	0.951	0.933	0.852
24	非金属矿物制品业	0.961	0.945	1.000	0.961	0.908
25	黑色金属冶炼及压延加工业	0.870	1.047	1.000	0.870	0.911
26	有色金属冶炼及压延加工业	0.916	1.058	0.994	0.922	0.969
27	金属制品业	0.902	0.991	1.050	0.859	0.895
28	通用设备制造业	0.841	0.978	1.001	0.841	0.823
29	专用设备制造业	1.014	0.930	0.969	1.047	0.943
30	交通运输设备制造业	0.894	0.961	0.993	0.900	0.859
31	电气机械及器材制造业	0.922	0.943	1.018	0.906	0.869
32	通信设备、计算机及其他电子设备制造业	1.289	0.909	1.012	1.273	1.172
33	仪器仪表及文化、办公用机械制造业	0.839	0.888	0.880	0.954	0.745
34	废弃资源和废旧材料回收加工业	1.000	1.020	1.000	1.000	1.020
35	电力、热力的生产和供应业	1.022	1.011	1.000	1.022	1.033
36	燃气生产和供应业	0.679	0.986	0.558	1.218	0.670
37	水的生产和供应业	1.031	0.808	0.952	1.083	0.832

四、结论

本文利用 DEA 中规模报酬可变的投入导向型模型测算了中国工业部门 37 个细分行业的广义碳生产率,得到了一些结论和启示。

中国工业部门碳生产率水平整体较低,亟待改善。其中,技术效率和规模效率低下是引致中国部门碳生产率水平的主要原因。由于技术效率反映了现有技术能力条件下行业的整体管理水平,所以建立健全各行业的管理体系是提高中国工业部门碳生产率的主要途径。规模效率反映了行业规模与技术水平的切合度,因此调整工业部门各行业的规模,使之与技术能力相适应是提高中国工业部门碳生产率的重要途径。

中国工业部门内部碳生产率水平虽然存在不平衡,但碳生产率较高的行业既有重工业也有轻工业,既有科技含量较高的行业,也有科技含量较低的行业。因此,应充分借鉴这些行业提高碳生产率的经验,重点改善碳生产率较低行业的运营方式,可以促进中国工业部门整体碳生产率的提升。

参考文献

[1] Eric Beinhocker et al. The Carbon Productivity Challenge:Curbing Climate Change and Sustaining Economic Growth [J]. McKinsey Climate Change Special Initiative,2008 (5).

[2] Lynn Price, Ernst Worrell, Nathan Martin, et al. China's Industrial Sector in an International Context [J]. Lawrence Berkeley National Laboratory,2000 (5).

[3] Y. Kaya, K. Yokobori. Environment, Energy and Economy:Strategies for Sustainability [M]. Delhi Bookwell Publications,1999.

[4] Färe R., Grosskopf S., Lovell C. A., Production Frontiers [M]. Cambridge University Press, Cambridge. 1994.

[5] Färe R., Grosskopf S., Roos P., Index Numbers:Essays in Honour of Sten Malmquist [M]. Kluwer Academic Publisher, Boston, 1998.

[6] 谌伟,诸大建,白竹岚.上海市工业碳排放总量与碳生产率关系[J].中国人口·资源与环境,2010,20(9).

[7] 何建坤,苏明山.应对全球气候变化下的碳生产率分析[J].中国软科学,2009(10).

[8] 刘国平,曹莉萍.基于福利绩效的碳生产率研究[J].中国软科学,2011,25(1).

[9] 魏权龄.DEA 及其经济背景 [C].中国运筹学会第七届学术交流会论

文集（青岛）. 2004.

[10] 蒂莫西·科埃利，普拉萨德·拉奥，克里斯托弗·奥唐奈等. 效率与生产率分析引论（第二版）[M]. 王忠玉译. 北京：中国人民大学出版社，2008.

第三节 低碳经济环境下煤炭资源开发利用研究

一、问题提出及相关理论综述

目前，以低排放、低能耗、低污染为特征的新经济发展模式——"低碳经济"，正成为国际经济发展的新趋势，并逐渐成为中国以及世界各国各级决策者的共识。随着低碳经济的发展，碳含量相对较低的石油和天然气将取代煤炭作为主导能源，最终出现碳排放增速的减缓和下降。因此，从长期来看，加大国家能源消费从传统煤炭为主向石油和天然气为主的结构转变是必然选择。但由于中国以煤炭为主的能源消费结构在相当长一段时间内不会发生根本变化，而现有煤炭利用方式和节能减排措施还远远不能满足低碳经济发展的需求，也无助于缓解削减二氧化碳的国际压力。由此引出了我们对低碳经济环境下煤炭资源现代化利用问题的思索。

有关低碳经济发展与煤炭资源现代化利用问题学术界从多个角度进行了分析研究，已有的研究文献大多集中在以下几个方面：

（一）在中国发展低碳经济必要性问题的分析方面

学者们认为中国发展低碳经济，事关经济发展方式的转型、资源节约型社会和环境友好型社会的建立，影响重大而深远。付允等（2008）指出，中国发展低碳经济非常紧迫，理由至少有三：其一，中国面临较大的温室气体减排的压力；其二，中国能源安全面临严重威胁；其三，中国资源超常利用，生态环境恶化。冯之浚等（2009）认为发展低碳经济不仅是中国转变发展方式、调整产业结构，提高资源能源使用效率，保护生态环境的需要，也是在国际金融危机的情况下增强国内产品的国际竞争力、扩大出口以及缓解在全球温室气体排放等问题上所面临的国际压力的需要。这既符合中国现代化进程的要求，又可以面对来自国际上的挑战。

（二）低碳技术与煤炭现代化利用技术问题的分析方面

学者们认为必须加强低碳技术以及现代化利用的研究与创新。任力（2009）

---

① 原论文：《低碳经济环境下中国煤炭资源现代化利用研究》，《能源技术与管理》2011年第3期。

在分析了欧盟、日本、美国等各发达国家的低碳政策（其认为煤炭在中期和长期内仍将继续发挥作用，因此必须发展效率更高、能应用清洁煤技术的发电站以及包括清洁煤技术利用等煤炭现代化利用政策）之后认为，低碳经济的重点在于改造传统高碳产业，加强低碳技术创新。冯之浚等（2009）认为，目前中国迫切需要研发的低碳技术包括煤的清洁高效利用、油气资源和煤层气的高附加值转化、碳捕集和封存、清洁汽车技术等领域开发的有效控制温室气体排放的新技术。

（三）煤炭现代化利用问题的分析方面

朱四海（2009）认为，中国发展低碳经济要有效化解煤炭消费的碳约束，将煤炭主要用于发电，努力推进电力绿化，发展绿色煤电和以煤电替代为主要内容的绿色电力。倪维斗（2007）认为，中国能源的出路除了加快核电和可再生能源发展外，目前最迫切的是煤炭的现代化利用。要对煤炭进行现代化开采与利用，要把以煤的气化和化工为龙头的多联产系统看作是应对能源挑战的战略方向。

概括而言，上述这些研究从不同层面和角度讨论了现有中国发展低碳经济和煤炭现代化利用问题，但是这些分析大多是仅仅针对发展低碳经济或者煤炭现代化利用来单独讨论的，而对于低碳经济环境下煤炭现代化利用体系构建问题涉猎不多，而这正是中国现在以及未来能源发展的一个重要问题。因此，切实提升煤炭高效清洁利用水平、探索煤炭资源现代化利用方式、构建低碳经济时代的煤炭现代化利用体系成为中国现在以及未来能源发展的一个基本任务。

二、中国发展以煤炭为主相对的低碳经济

（一）以煤炭为主的能源结构

能源结构是指一定时期、一定空间内各种能源之间的比例关系和相互联系。能源结构可以分为能源供给结构和能源消费结构。根据《BP世界能源统计（2009）》统计，2008年中国一次能源生产总量约为26亿吨标准煤，仅次于美国和俄罗斯，居世界第3位；2008年中国能源消费总量是28.5亿吨标准煤，一次能源消费占世界总消费量的17.7%，是世界上第二大的能源消费国。可见中国已经成为一个能源生产和消费大国。

中国是一个煤炭资源丰富、油气资源相对短缺的国家，因此，长期以来存在着以煤为主的能源生产和消费结构。表3-7给出了1997~2007年能源生产、消费总量结构。按照中国的能源资源条件、国民经济和科学技术发展水平，可以预测到2020年煤炭在能源结构中仍将占有60%以上的比例。

（二）中国经济发展对煤炭的依赖性

中国经济发展阶段特征，以及煤炭与石油和天然气相比明显的成本优势，决

表3-7　1997~2007年中国能源消费、生产总量及构成

年份	能源消费总量（万吨标准煤）	占能源消费总量的比重（%）				能源生产总量（万吨标准煤）	占能源生产总量的比重（%）			
		煤	石油	天然气	水、核、风电		煤	石油	天然气	水、核、风电
1997	137798	71.7	20.4	1.7	6.2	132410	74.1	17.3	2.1	6.5
1998	132214	69.6	21.5	2.2	6.7	124250	71.9	18.5	2.5	7.1
1999	133831	69.1	22.6	2.1	6.2	125935	72.6	18.2	2.7	6.6
2000	138553	67.8	23.2	2.4	6.7	128978	72.0	18.1	2.8	7.2
2001	143199	66.7	22.9	2.6	7.9	137445	71.8	17.0	2.9	8.2
2002	151797	66.3	23.4	2.6	7.7	143810	72.3	16.6	3.0	8.1
2003	174990	68.4	22.2	2.6	6.8	163842	75.1	14.8	2.8	7.3
2004	203227	68.0	22.3	2.6	7.1	187341	76.0	13.4	2.9	7.7
2005	224682	69.1	21.0	2.8	7.1	205876	76.5	12.6	3.2	7.7
2006	246270	69.4	20.4	3.0	7.2	221056	76.7	11.9	3.5	7.9
2007	265583	69.5	19.7	3.5	7.3	235445	76.6	11.3	3.9	8.2

资料来源：《中国统计年鉴》(2008)。

定了中国经济发展对煤炭的高度依赖在相当长一段时间内还难以发生根本改变。

1. 煤炭在能源生产与消费结构中占绝对优势地位

在2007年能源生产、消费总量构成中，煤炭分别占76.6%、69.5%，煤炭占绝大比重这种能源结构仅大体相当于发达国家20世纪中叶的水平。而且，这种以煤为主的能源结构将难以在短期内有根本的改变。

2. "十五"以来煤炭消费弹性系数有上升趋势

煤炭消费弹性系数是指煤炭消费增长速度与国内生产总值增长速度的比值，它表示经济发展对煤炭需求的依赖程度。2005年和2006年分别为1.14和0.88，远远超过"十五"时期以前的水平。

3. 中国工业对煤炭的依赖性很强

从电力、冶金、建材和化工四大煤炭消耗主力工业部门的消费需求变化来看，工业部门对煤炭的依赖性呈现日益加强的趋势。1990~2005年，四大工业部门的煤炭消费需求从5.3亿吨增长到17.5亿吨，年均增长14.4%，远远高于同期全国煤炭消费需求的年均增长速度（6.2%）。中国电力燃料的76%、钢铁能源的70%、民用燃料的80%、化工燃料的60%均来自于煤炭。

（三）发展以煤为主相对的低碳经济的必要性

基于以上分析以及从资源、成本和供应等多个角度看，煤炭比石油、天然气等其他能源具有明显的优势，特别是考虑到技术成熟性、便利易得性、商业规模

性以及长期能源安全前景，煤炭更具有远远超过其他燃料的独特优势。但是，实现绝对的低碳经济发展是一个长期复杂的系统工程。对于发展中国家来说，努力做到相对的低碳经济发展更为现实。较绝对的低碳经济而言，相对的低碳经济是指经济增长率高于二氧化碳排放增长率，即相对脱钩。因此，中国应该发展以煤为主相对的低碳经济。

（四）发展以煤为主相对的低碳经济的局限性

中国以煤炭为主的能源结构在未来相当长的一段时期内不会改变，发展以煤炭为主相对的低碳经济也是大势所趋。然而，从目前中国经济发展水平和技术水平的现实来看，中国对煤炭资源的开发利用存在的不合理性和局限性，给中国发展以煤炭为主的相对低碳经济带来了严峻挑战。

1. "高碳"特征突出的"发展排放"

由于煤的碳密集程度比其他化石燃料要高得多，单位能源燃煤释放的二氧化碳是天然气的近2倍，以煤炭为主的能源结构必然会产生较高的排放强度。

2. 产生严重的生态和环境污染问题

传统的煤炭利用方式对环境的污染主要是碳氧化物、二氧化硫、烟尘、氮氧化物、灰渣。中国碳氧化物排放量为1031公吨，占世界的1/7，其中燃煤排放的约占85%。

3. 能源利用效率低下

能源利用效率低与以煤为主的能源结构有密切关系，一是以煤为燃料的中间转换装置效率低；二是以煤为燃料的终端能源利用装置又低于液体或气体燃料。

三、低碳经济环境下煤炭现代化利用研究

在目前全球发展低碳经济的大环境下，考虑到中国能源结构的现状，探索煤炭现代化利用方式、构建低碳经济环境下煤炭现代化利用体系成为发挥煤炭的基础性作用和更好地发展以煤炭为主的相对的低碳经济的关键。

（一）煤炭现代化利用路径及评价

煤炭现代化利用是相对于以往终端用户直接燃烧煤炭等传统利用方式而言的，即采用先进适用的电化、气化和液化等现代转化技术，生产可供终端使用的清洁能源，以替代原来分散的、高污染的传统式低位燃煤技术，并在以上转化过程中，强调发电、供热与生产其他产品技术的耦合与优化，以求最大限度地提高煤炭利用的效率和经济性。

1. 煤气化多联产

利用煤气化的最佳特性，实现多联产的整体最优，将可能成为燃煤发电和捕捉、埋存二氧化碳的重点领域，由此煤气化多联产能源系统成为中国煤炭现代化

利用体系的重要组成部分以及体系的核心地位。多联产的先进性在于整合煤炭、电力、化工等原本各自独立的生产过程，基于煤气化等现代成熟技术，联产电、热、冷、液体燃料、化学品等多种产品。通过各种技术的有机耦合与优化，使各个产品的工艺流程和设备得以简化，运行成本和投资得以降低，达到总体最优、排放最小。

倪维斗院士认为，如果不进行煤气化多联产，在目前的基准技术情形下，到2050年为满足一次能源的消费，必须大量进口石油和天然气。而如果在先进技术情形下，进行煤气化多联产，并不需要多增加成本，却能提供同样甚至更多的一次能源。同时，可降低石油和天然气的进口，其进口量将被限制在石油和天然气消耗总量的30%左右。

就中国现有的技术水平来说，多联产不需要特殊的技术突破，而是同现有技术连贯一致的。只要中国各部门（煤炭、化工、电力）打破行业界限，通力合作，加上国际合作，在3~5年内就有可能建立大型的示范多联产装置，并在2020年前后有相当数量的推广。而且为了改善环境，国家将出台越来越严格的环保规定，煤气化多联产在经济上的优势也将越来越显著。

实现煤气化多联产，二氧化碳的压力会达到几十个大气压，浓度也会高出好几倍，脱碳就比较容易。从多联产中捕捉二氧化碳是中国二氧化碳减排的切入点，是中国二氧化碳减排的战略方向。

2. 电化

现在中国约60%的煤炭用于发电（美国是90%），新增煤炭将基本上用来发电。我们应将超（超）临界等大容量、高效、低污染的燃煤发电技术放在优先位置，以满足电力快速增长的需求；远期应研发应用符合中国国情的高性能发电系统，结合整体煤气化联合循环、煤气化多联产等，以满足更严格的环保要求和以更低的成本增加减排二氧化碳，实现中国煤炭高效清洁发电技术的跨越式发展。

朱四海（2009）认为，中国发展低碳经济应该努力推进电力绿化，发展绿色煤电和以煤电替代为主要内容的绿色电力。

李振华等（2004）、姚燕强（2008）通过对目前几种主要的洁净煤发电技术（超（超）临界燃煤发电技术、循环流化床燃烧（CFBC）技术、第一代增压循环流化床联合循环（PFBC-CC）技术、整体煤气化联合循环（IGCC）技术）进行比较，认为配有污染物排放控制技术的超（超）临界燃煤发电机组在效率、容量、可靠性、设备投资以及环保等方面都具有一定的优势。从能源资源、环境、发电技术和可持续发展几个方面综合来看，超（超）临界燃煤发电技术也是中国目前发展燃煤发电技术的优先选择。黄毅成（2004）认为，提高发电机械本身的效率的潜力已不多了，提高燃煤电厂效率的主要途径是提高蒸汽的参数，即提高蒸汽的压力和温度。而中国现在的技术能达到的水平就是超（超）临界机组，因此我们必须优先发展超（超）临界等大容量、高效、低污染的燃煤发电技术。

煤气化联合循环发电（IGCC）是所有已示范的大容量洁净煤发电技术中最清洁的发电方式，所有污染排放物只有美国国家环保（NSPS）标准的10%~50%，可在较长时间内满足日益严格的环保要求，而且在污染物控制方面还有很大的发展潜力。但是，IGCC系统复杂，不易被电力行业所接受，目前的成本相对较高。因此，IGCC将在中国中远期的燃煤发电中扮演重要角色，同时也是未来煤基能源多元化近"零排放"系统的核心技术及重要基础，从而满足更严格的环保要求和以更低的成本增加减排二氧化碳。

3. 液化

由于中国石油资源短缺，未来车用液体燃料还得从煤基替代燃料上找出路。现在大力开发的煤炭转化成液态燃料的三种工业化途径有：煤直接加氢液化、煤间接加氢液化和煤气化合成甲醇。三种煤炭转化途径的区别在于各有其适用范围，各有其目标定位。从工艺特征、煤种的选择性、产品市场适应性及对集成多联产系统的影响等多方面分析，彼此之间没有排他性。煤炭直、间接液化可获得需求油品（如航空用煤油等），煤炭气化配水电解产生的氢生产甲醇。

李琼玖等（2007）认为，发展煤炭清洁转化制甲醇是替代石油能源的最佳选择。提出了煤炭气化配水电解产生的氢制甲醇的煤炭现代化利用工艺，用该工艺生产甲醇替代汽油用作汽车发动机燃料，比煤炭直接、间接液化生产汽油不仅对环境更有利，而且能源的利用率也更高。后者煤炭能量利用率仅相当于煤基甲醇的55.6%，煤炭直接液化同煤制甲醇相比有44.4%的能量损失，以年消费 20×10^8 吨煤计，每年就损失 8.88×10^8 吨煤（相当于 4.44×10^8 吨石油）。

4. 煤层气

由于煤层气与煤伴生，成分与常规天然气基本相似，在煤炭开发和利用的同时，应规划好煤炭、煤层气的开采和利用。因此，本文这里把煤层气的开发利用添加到煤炭现代化利用体系中。

煤层气主要应用于发电、化工、居民燃用等领域。徐会军、顾大钊在《煤层气综合利用技术评价》一文中从经济、节能、环保和市场前景等方面对煤层气民用、发电、工业利用、生产化工产品和用作汽车燃料5个煤层气利用方案进行了综合评价，指出民用和发电是中国近期煤层气开发利用的优先方案。

煤层气含有的固体颗粒物很少，并且在净化时可以除去。同时氮、硫、氯化物含量也很少，很容易在净化阶段脱除。因此，合理地利用煤层气，代替大量的燃煤作为工业染料，这样不仅可避免因直接排放而产生的污染，而且又可减少燃煤带来的污染，具有双重环境效益。

周晓梅等（2006）用净现值法和内部报酬率法对煤矿煤层气利用工程的经济效益进行了分析评价，结果表明煤层气开发利用将产生显著的经济效益，推广煤层气开发利用工作具有十分重要的意义。

张宝生等（2008）从国家战略意义、煤矿生产安全、环境保护、能源安全、经济效益五个方面对中国煤层气开发的综合效益进行量化分析计算，结果表明开发煤层气效益巨大。

（二）煤炭现代化利用体系构建

中国煤炭现代化利用体系以煤气化多联产能源系统为核心，结合燃煤发电技术、煤炭清洁转化成甲醇以及煤层气综合开发利用等主要发展方向作为煤炭现代化利用体系的重要组成部分。见图3-5。

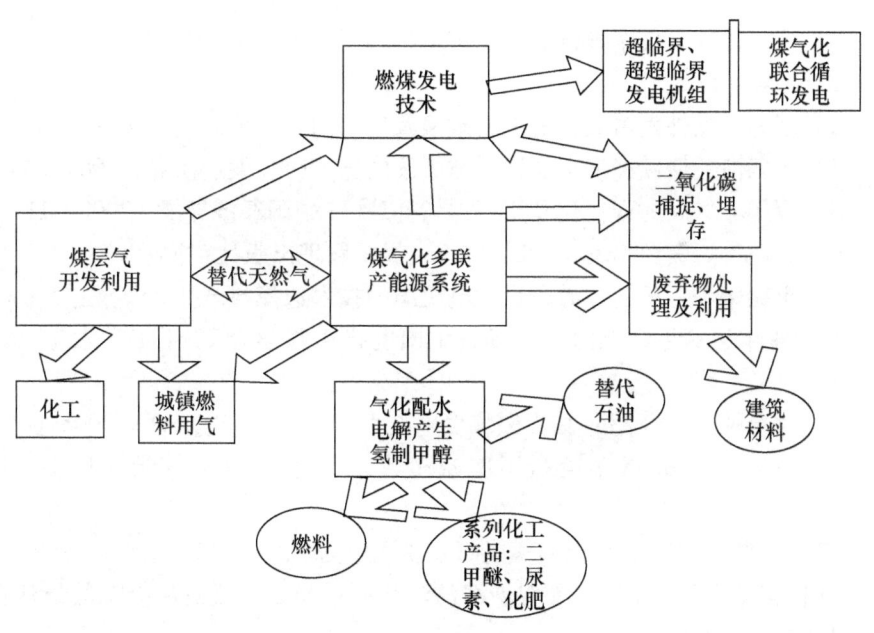

图3-5 煤炭现代化利用体系

四、总结

就低碳经济而言，碳减排的关键在于降低经济发展的化石能源依赖，使经济发展由"高碳"向"低碳"转轨，以不排放实现减排，这是解决碳排放问题的根本办法。问题是，经济发展由高碳能源经济向低碳能源经济转轨是一个过程，转轨的程度和规模不仅取决于主观愿望，还取决于能源赋存、人口规模、现代化水平等客观条件。正像碳失衡不是一天形成的一样，受资产专用性的限制，高碳经济时代形成的投资同样需要时间来折旧。对于中国而言，以煤炭为主的能源消费结构在相当长一段时间内不会发生改变，因此发展低碳经济关键在于有效化解煤炭消费与烟气排放空间的矛盾，发展以煤气化多联产能源系统为核心的煤炭现代化利用体系，实现电力、液体燃料、化工产品、供热、合成气的联产，强调发电、供热与生产其他产品技术的耦合与优化的同时捕捉高浓度、高压的二氧化碳。

参考文献

[1] 付允等. 低碳经济的发展模式研究[J]. 中国人口·资源与环境，2008 (3).

[2] 冯之浚等. 关于推行低碳经济促进科学发展的若干思考 [N]. 光明日报，2009 - 04 - 03.

[3] 任力. 国外发展低碳经济的政策及启示[J]. 发展研究，2009 (2).

[4] 朱四海. 低碳经济发展模式与中国的选择[J]. 发展研究，2009 (5).

[5] 倪维斗. 煤的现代化利用很迫切 [N]. 中国经济导报，2007 - 11 - 05.

[6] 金碚等. 资源与增长[M]. 北京：经济管理出版社，2009.

[7] 李振华等. 超超临界燃煤发电机组的技术选择与产业化发展 [C] //中国科协2004年学术年会电力分会场暨中国电机工程学会2004年学术年会论文集，2004.

[8] 姚燕强. 超（超）临界燃煤发电技术研究[J]. 华电技术，2008 (4).

[9] 黄毅成. 提高煤炭利用率减少煤炭总用量[J]. 节能与环保，2004 (3).

[10] 许世森. IGCC与未来煤电[J]. 中国电力，2005 (2).

[11] 李琼玖等. 中国发展煤炭清洁转化制甲醇是替代石油能源的最佳选择[J]. 中外能源，2006 (4).

[12] 周晓梅等. 煤层气开发利用的经济效益分析[J]. 重庆大学学报，2006 (11).

[13] 张宝生等. 中国煤层气开发社会效益的评价[J]. 统计与决策，2008 (18).

第四节 二氧化碳减排路径的分析与选择研究[①]

一、研究背景

从1992年《联合国气候变化框架公约》签署到2005年《京都议定书》生效，再到后京都谈判的艰难上路，气候变化已超过恐怖主义、阿以冲突、伊拉克问题成为压倒一切的首要问题。以低碳经济取代以往的高碳经济已成为历史的新趋势、人类的新诉求。气候变化问题已然成为全球关注的焦点，温室气体的排放被认为是气候变化的直接原因，二氧化碳是主要的温室气体，因此，二氧化碳减排成为全球各个国家应对气候变化的绝对手段。人类社会向自然界中的碳排放量已经超出了自然的自我调节、自我恢复的阈值。随着中国经济的飞速发展，碳排放量越来越大。显然，生态环境对经济增长带来的代价已经"消化不良"，甚至出现了"结石"，缓解自然压力，已经不是一朝一夕之事，在"治疗结石"病症的同时，还必须及时疏导新增二氧化碳排放，二氧化碳排放量与日俱增，在正确处理较大的二氧化碳排放存量基数的基础上，对呈递增趋势的二氧化碳排放增量也必须有清醒的认识，寻求生态与经济之间的协调将是一项马拉松工程。

中国"富煤、贫油、少气"的高碳能源结构以及所处的工业化、城市化的特殊发展阶段，致使中国二氧化碳排放总量毫无疑问地超过美国成为全球第一大排放国，成为空气污染最严重的国家。虽然在低碳经济之路上中国面临着严峻的挑战、巨大的压力，但是中国在积极地应对，发展中国家并不承担强制的减排压力，但是一方面是义不容辞的国际道义，另一方面是迫在眉睫的自我改革与发展，选择"低碳经济"发展道路对中国的国际地位及本身经济健康、持续地发展都至关重要、意义非凡。

二、二氧化碳排放现状

许广月等（2010）对中国碳排放环境库兹涅茨曲线的实证研究结果表明，中国存在人均碳排放环境库兹涅茨曲线，人均GDP达到59874元时，人均二氧化碳排放量达到最大值，而后不断减少。按照1990～2007年人均GDP的年均增长速度计算，人均碳排放将在2027年达到拐点，意味着中国二氧化碳排放量将在

---

① 原论文：《中国二氧化碳减排路径选择》，《工业技术经济》2012年第8期。

"十五五"阶段达到峰值,2027年开始二氧化碳排放量开始下降。薛晓娇、李新春(2011)对全国各省份的能源生态足迹进行了计算和排序,通过能源生态足迹的分析,说明中国的经济发展是在消耗当地能源资源本身的基础上取得的,这种发展是一种不可持续的发展,这反映中国能源生态面临巨大的压力。张可云等(2011)对中国31个省级区域生态承载力进行了分类:高、一般、较低,实证研究结果表明中国2/3省份的生态承载力处于一般及以下水平,除了西藏以外的所有省份都具有不同程度的生态赤字。杨刚等(2011)对中国地区间二氧化碳排放的差异性进行了分析,中国的二氧化碳排放从东向西逐步递减,呈现明显的地区差异,战略布局、产业结构、能源生产与消费的分离、技术水平的差异是造成中国较高二氧化碳排放的主要原因。据有关调查显示,如果单是空气污染水平降至中国政府规定的标准,每年就可避免多达28.9万人的死亡,中国目前的空气和水污染所造成的经济损失估计每年大体占国内生产总值的3%~8%,一边是中国面临的环境问题的严重性显而易见,高碳经济模式迫切需要改变;另一边是中国目前首要的任务是发展经济、消除贫困,需要一定量的高碳能源开发利用。中国面临如何平衡好发展与低碳之间关系的难题,二氧化碳减排面临巨大压力。

  任何事物都有一个"度",是否能把握好这个"度"也是成败与否的关键。中国的生态环境已严重透支,大大超出了生态环境吸收碳排放的临界值。"度"是指一个临界值,对于生态环境与二氧化碳排放之间的关系而言,当二氧化碳排放量处于生态环境自我调节的"度"时,二氧化碳排放的速度小于生态环境自我调节的速度,现阶段我们认为经济增长的同时必将伴随着碳排放量的增大。杨万平等(2009)在对环境库兹涅茨曲线假说在中国的经验研究中得出结论:环境污染在短期内对经济增长具有促进作用。所以在"度"之内是存在经济增长的空间的,此时生态与经济二者之间可以实现协调可持续发展;一旦超出了这个临界值,碳排放量将超出生态承载力范围,则会使得一部分的碳排放无法被生态环境所中和,随着经济增长,碳排放量增长的势头短期内不会改变,温室气体在大气中的存量将不断增大,经济粗放增长方式对人类生存环境的影响已经渐渐明显,全球气候变暖、海平面上升正在向人类示警,长此以往,人类生存的可持续性可能又会成为下一个新的研究课题;除了以上两种状态,生态环境自我调节速度与碳排放速度一致时是最理想的状态,此时生态环境和经济增长之间实现饱和的可持续性,达到帕累托最优状态,其他两种状态存在"帕累托的改进"。中国已大大偏离帕累托最优状态,改进目前的帕累托状态需要付出巨大的努力。

  泰勒制以科学管理为核心,强调标准化管理,曾一度受到广大管理学者的追捧。然而随着经济增长、人均收入水平上升、个人需求及偏好逐步分化,泰勒制受到缺乏灵活性的限制,"过时"的泰勒制使管理者、研究者们"另寻新欢"。然而泰勒制的巨大成就依然值得学习借鉴。能源安全关系到一国经济、社会、政治的稳定。在中国能源探明储量中，煤炭占94%，石油占5.4%，天然气仅仅占到0.6%，丰富的煤炭资源禀赋是造成中国高碳经济发展方式的重要原因之一。对于现阶段的中国，煤炭资源的开采完全自动化还需要相当长一段时间，因此，煤炭开采业仍属于劳动密集型行业。没有标准化的操作规程或者不按操作规程操作，员工不经任何培训就上岗，是造成中国煤炭矿难频发的主要原因之一。在实现中国二氧化碳减排的路径选择中也可以借鉴泰勒制，帮助中国煤炭产业实现规范性、竞争性。

三、中国二氧化碳减排的必要性

中国目前已很大程度上偏离了帕累托最优状态，所以存在很大的二氧化碳减排空间，与此同时中国经济也面临巨大的挑战。为了实现中国的全面发展，本文分别从资源、环境、经济、社会子系统四个方面来介绍，简述中国走低碳之路的必要性及紧迫性。

（一）资源子系统

据统计，中国资源型城市有118座，占全国城市总数的18%。按照资源种类统计，中国煤炭型城市有63座，基本都是以煤炭等资源性产业为本地区的支柱产业，产业结构趋同特征明显，大多存在着生产要素结构单一、产业结构比例不协调、创新能力不足、生态环境破坏严重等矛盾。许多煤炭企业急功近利、采厚弃薄、采易弃难，还有的小煤矿更是乱挖滥采、挑肥拣瘦，煤炭资源遭到极大损失和浪费。山西省是中国主要的煤炭生产基地，该省所辖的11个省辖市全部是煤炭资源型城市，满足了中国75%左右的能源需求，山西省煤矿数量基数比较大，整合之后的山西省所有煤矿仍有1700多座，对所有煤矿进行统一化的管理很难，所以山西省煤炭企业有待进一步整合，从而使得能够更加规范化地管理、生产，延长煤炭资源的可持续利用时间。

中国以煤炭为主的消费现状致使中国能源安全存在隐患，中国能源安全问题分析如图3-6所示。

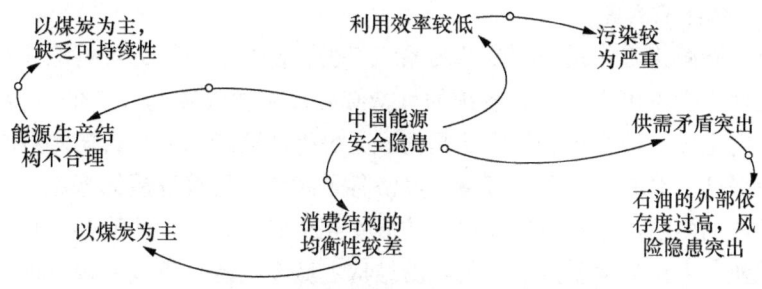

图3-6　中国能源安全问题分析

（二）环境子系统

生态灾难和环境危机逐渐成为当今社会的一个全球性问题，正在严重威胁着人类社会的生存、发展和安全。随着中国经济社会的发展和人口数量的不断增长，中国的森林、草地资源都遭到了严重的破坏；水土流失和沙漠化日趋严重；生物多样性受到严重威胁；水质污染范围大，前景令人担忧；固体废弃物污染日趋严重，出现普遍的垃圾围城现象；大气污染严重，大中城市空气质量标准低。中国的大气污染总体上呈现烟煤型污染的特征，煤炭资源混乱无序的开采是造成矿区及周边地区地质灾害和环境污染的主要原因，当前，因矿产的开采和消费导致的水土流失、耕地损坏、水系污染、地质灾害频发、生态环境恶化、地方病滋生、温室效应等一系列"地"祸"天"灾变得更加普遍。

（三）经济子系统

增长的速度和可持续性是中国关注的两个问题，过去的20年中国的经济一路飘红，成为当之无愧的亚洲"小龙"，但是随着经济的成熟，增长速度也显示出开始减退的迹象。中国具有一些特定优势的同时，未来也充满了风险与挑战。图3-7是影响中国经济增长的各种对抗力量。

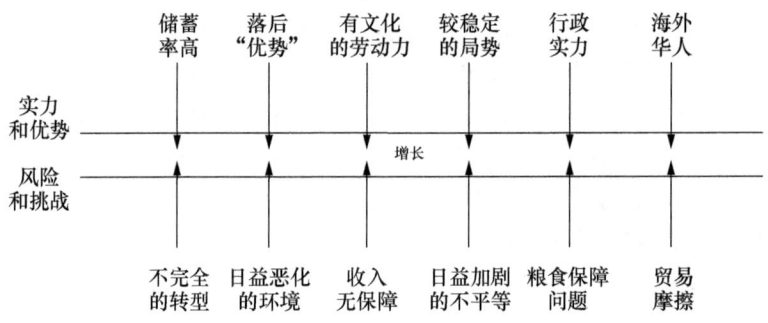

图3-7　影响中国经济增长的对抗力量

（四）社会子系统

二氧化碳减排工作是一项复杂的系统工程，社会子系统的可持续发展在中国的低碳之路上必不可少。社会系统的可持续发展主要表现为人类的可持续发展。人是社会的主体，社会进步的宗旨是促进人民生活质量、人口素质和社会文明程度的不断提高。只有在资源、环境、经济各子系统可持续发展的基础上人们才能够享受较高的生活水平和生活质量，才能受到良好的教育，才能够实现或者接近充分的就业，人口的素质及人口的年龄结构、城乡结构、就业结构才能与经济发展相适应。

四、中国二氧化碳减排实现路径

中国排放的二氧化碳有大约80%来自煤炭消费，可以说对化石能源的高度依赖是中国高碳排放、高环境污染的"罪魁祸首"，而且长期存在的贸易顺差也是中国高能源消耗而导致高二氧化碳排放的重要原因之一。虽然国际上对于发展中国家并没有强制减排计划，但是中国近几十年经济高速增长引起的大量的二氧化碳排放成为以美国为首等发达国家对中国发展权的潜在压制。中国的二氧化碳减排问题面临着"内忧外患"，在本部分，本文从国内、国际两个角度提出一些有益于中国二氧化碳减排的建议：

（一）基于国内自身发展状况的二氧化碳减排路径

1. 避免规则"地区歧视"

我们熟知企业为了获得更高的利润或者取得更大的市场份额而采取的"价格歧视"，本文提出一个由此衍生出来的新词汇，"规则歧视"或者称之为"标准歧视"。在中国，"富煤、贫油、少气"的能源结构决定了中国碳排放来源主要是对煤炭的消费。中国丰富的煤炭资源长期保障了中国经济建设对煤炭资源的大量需求。内蒙古、山西等都是中国主要的煤炭资源基地，山西省在1998年时乡镇煤矿最多时竟然达到8万多个，开采设备水平高低不同、开采规模大小不一、废弃物处理力度参差不齐等问题严重影响了生态环境。上述问题出现的最主要原因就是这些煤矿在管理上的巨大差异。"泰勒制"无疑在历史舞台上曾大放异彩，本文认为传统的煤炭开采、消费模式正是因为缺乏科学管理才造成了煤炭资源浪费、利用方式粗放、能耗高、废弃物排放高、污染严重等问题，缺乏统一、标准、科学的管理规则是最重要原因。山西省的煤炭企业对中国的经济做出了突出贡献，在中国，经济总量依旧是考核地方政府主要的指标，这就难以避免地方政府为了提高自己的政绩而为煤炭企业"开小灶"，这样的话将有可能"挤出"小型煤炭企业，最终有可能形成大型煤炭企业寡占市场。显然，这不利于一个地区经济的平稳性、持续性。为了避免寻租的滋生必须出台统一的管理方法，制定普遍适用于山西省域的煤炭管理规章、条例、办法等尤为必要。应该建立全省统一的煤炭资源开采、洗选、加工所用设备、技术、流程等，形成规模，建立有效措施避免该"统一、标准、科学"规则在不同地区的变形，杜绝规则的"地区歧视"，从而建立区域煤炭资源产业优势，为增强中国国力作出贡献。

2. 避免"破窗效应"

"破窗效应"由政治学家威尔逊和犯罪学家凯琳首次提出，他们认为：如果有人打坏了一幢建筑物的窗户玻璃，而这扇窗户又得不到及时的维修，别人就可能受到某些示范性的纵容去打烂更多的窗户玻璃。久而久之，这些破窗户就给人造成一种无序的感觉，结果在这种公众麻木不仁的氛围中，犯罪就会滋生、猖獗。此理论同样适用于本文所研究的问题。我们所处的生态环境面临着越来越大的碳排放压力，在提出减限排目标时应该对超标排放的企业果断责令其停产、整改，一旦对其放松，将会对其他企业产生示范效应，政府出台的减限排政策将只能是纸上谈兵，"破窗效应"将使二氧化碳排放超标的企业产生"多米诺骨牌"效应，二氧化碳排放压力不断增大，生态恶化愈演愈烈。所以，对超标排放企业绝不能手软。

3. 大力增加"森林碳汇"

碳中和在百度词条中的解释为：指通过计算二氧化碳的排放总量，然后通过植树等方式把这些排放量吸收掉，以达到环保的目的。从字面上看，碳中和其实是一种先污染后治理的模式，所以碳中和并不能从根本上解决碳排放问题，而是要尽快开发高碳能源低碳化利用技术以及可替代高碳能源的可再生能源。然而中国目前低碳化利用技术还很不成熟，加上开发可替代的高碳能源的可再生资源的成本极高，所以碳排放与碳中和之间存在时间空白，那么森林碳汇的经济可行、成本较低的优势就成为减缓温室气体存量的重要举措。

4. 大力发展旅游业

中国二氧化碳减排的重要地区主要集中于资源型省份、城市，实现这些地区的低碳经济发展模式，将会大大加快中国全面实现低碳经济发展的进程。中国地大物博、山河壮美、历史悠久。处于三晋大地上的山西省，由于其自身的资源特点，对人居环境造成了一定程度的污染，这就使得人们的幸福指数降低，这也会对山西省对外形象的建设形成负面影响。山西历史悠久，有着丰富的自然景观和人文景观，著名的自然景观有黄河壶口瀑布、宁武万年冰洞、壶关太行大峡谷等；人文景观有平遥古城、乔家大院、常家庄园、云冈石窟以及八路军太行纪念馆、平型关大捷纪念馆等红色旅游胜地；还有将自然景观与人文景观集于一身的佛教圣地五台山、北岳恒山等；还有东北地区拥有得天独厚的冰雪资源。合理、充分利用这些独特的优势，花大力气发展旅游产业不仅可以减轻山西经济对煤炭资源产业的依赖，还可以提升本区域的形象，增强人民的自豪感，提升幸福指数，大力发展旅游业将有利于减少二氧化碳的排放。

5. 健全政策体系

首先，二氧化碳排放的影响因素众多，涉及人口数量、能源结构、能源效率、经济发展水平等各个方面，所以二氧化碳减排是一项复杂的系统工程；其次，二氧化碳排放的影响范围广泛，包括人类生存环境、经济增长、地区发展可持续性等；再次，二氧化碳减排的影响层面众多，包括国际、国家、省域、市域甚至家庭，所以二氧化碳减排是一项广泛的全民工程；最后，二氧化碳减排的影响体系广泛，需要建立相关的金融创新体系、技术支撑体系、法律保障体系，因此二氧化碳减排是一项"牵一发而动全身"的巨大工程。综上，做好二氧化碳减排工作将是一项长期、广泛、系统的工程。

（二）基于国际碳博弈背景下的二氧化碳减排路径

发达国家与发展中国家之间针锋相对的碳博弈在坎昆全球气候大会上可见一斑。美国政府在气候谈判大会上的消极态度令人对其大失所望；日本则是在会议开始之前就发表声明称永远不会依据《京都议定书》第二承诺期做出减排承诺。对此，澳大利亚、加拿大等国也纷纷附和；委内瑞拉、厄瓜多尔、玻利维亚等国也表示，如果发达国家不接受第二承诺期，他们也不会在任何协议上签字，谈判陷入僵局。在坎昆全球气候大会上，中国政府坚守《联合国气候变化框架公约》中"共同但有区别的责任"原则。气候变化是全球人类面临的共同问题，但是发达国家是始作俑者，也应该由发达国家积极动手解决，但是发达国家的表现却不尽如人意。

从1900~1990年的历史累积碳排放量来看，中国的排放量并不突出，位居美国、俄罗斯、德国、英国之后。如果也考虑工业革命（1750年前后）至1900年之间的排放，发达国家所占二氧化碳排放的比重则更大。1950~2000年一些发展中国家开始实现工业化的半个世纪里，发达国家的排放量仍占到总排放量的77%。20世纪前半期，中国的排放量低于主要发达国家。从1970年左右开始，中国的碳排放才显著上升。1950~2002年，中国二氧化碳排放只占世界同期累计排放量的9.3%。所以，尽管现在的增量来自发展中国家，全球变暖主要还是由发达国家排放大量温室气体造成的，而不是发展中国家。美国橡树岭国家实验室数据库资料也显示，自工业革命开始到1950年，在全球化石燃料燃烧的累计二氧化碳排放中，95%以上是由发达国家造成的。1950~2000年，发达国家仍占77%，发展中国家只占23%。从公平角度来看，中国在国际碳排放承担的责任较小，在当前全球气候变暖的威胁下，美国、俄罗斯、德国、英国等应主动承担责任，在实现自身减排目标的同时，积极履行对发展中国家减排援助的义务。中国在坚定立场、维护利益的同时还必须积极制定长远的碳减排战略规划。众所周知的是发展中国家发展低碳经济的主要障碍正是缺少资金和技术，资金与技术之间相互制约又相互促进，所以首先针对发展低碳经济的资金和技术方面的问题提出对策意义很大。

1. 加大低碳技术创新投入

低碳技术的创新离不开大量的资金支持，仅仅依靠企业的融资远远不够，中央政府必须加大扶持力度，降低可再生能源以及开发新能源的成本。据《BP世界能源统计年鉴》数据显示，中国可再生能源的消费量占一次能源消费量的比重在2010年、2011年两年分别仅仅为0.5%、0.7%。中国也应借鉴美国、日本、欧盟等在大力发展可再生能源、新能源方面的经验,加大低碳技术研发费用的投入力度。

低碳技术的创新同样离不开优质的人才为后盾,在加大低碳技术创新资金投入力度的同时,中国还应培养低碳技术人才。首先是从小培养低碳意识,加大低碳宣传力度,使得从小就对低碳有一定的认识;其次,在入大学之前将低碳知识融入学生的学习过程中,并且开展低碳相关的发明创造,引起学生兴趣;最后,在高校普遍开展低碳相关的专业,并由政府牵头定期开展相关实习,掀起学习低碳的热潮。

有了低碳技术创新的资金、技术和人才的支持,中国在国际碳排放博弈中就有了更多的主动权,从而更好地维护中国的发展利益。

2. 抓住CDM项目带来的机遇

CDM即清洁发展机制,是《京都议定书》中引入的灵活履约机制之一,核心内容是允许发达国家与发展中国家之间进行项目级的减排量抵消额的转让与获得,在发展中国家实施温室气体减排项目。在发展中国家实施具有减少温室气体排放效果的项目,项目产生的温室气体减排量转让给发达国家,发展中国家可以获得技术和资金,而发达国家也可以用比在其国内低得多的成本完成在《京都议定书》下减少温室气体排放的义务,因此,这是一个双赢机制。作为充满经济活力的发展中大国,中国具有很多有利条件实施CDM项目,如技术能力强、国家风险低、比较容易获取项目投资等。专家估计,2012年,中国将占据全球CDM市场近50%的份额,温室气体减排量转让收益能达到数十亿至百亿美元以上。因此,中国在清洁发展机制项目开发中应该持更加积极的态度,与发达国家加大合作力度,以CDM项目为契机,实现资金与低碳技术的引进。

五、结语

中国虽然在发展低碳经济道路上取得了很多宝贵的经验,也有越来越多的学者投身低碳经济的研究。但是中国既有的资源禀赋、消费模式、技术进步、经济发展阶段等问题,使中国走向低碳经济时面临严峻挑战。

中国对于低碳经济方面的研究尚不成熟,低碳经济发展水平评价指标体系的建设、评价方法的选择、评估和考核的标准、更加具有切实可行政策建议的提出等问题都应该进行更加深入的研究。

参考文献

[1] R. D. Cairns, N. V. Quyen. Optimal Exploration for and Exploitation of Heter-

ogeneous Mineral Deposits [J]. Journal of Environmental Economics and Management, 1998, 35 (2).

[2] Vikram Nehru, Art Kraay, 于小庆. 2020 年的中国[M]. 北京：中国财政经济出版社, 1997.

[3] 庄贵阳. 气候变化挑战与中国经济低碳发展[J]. 国际经济评论, 2007 (9).

[4] 赵国浩, 阎世春. 煤炭工业可持续发展研究[M]. 北京：经济管理出版社, 2008.

[5] 许广月, 宋德勇. 中国碳排放环境库兹涅茨曲线的实证研究——基于省域面板数据[J]. 中国工业经济, 2010 (5).

[6] 薛晓娇, 李新春. 中国能源生态足迹与能源生态补偿的测度[J]. 技术经济与管理研究, 2011 (1).

[7] 张可云, 傅帅雄, 张文彬. 基于改进生态足迹模型的中国 31 个省级区域生态承载力实证研究[J]. 地理科学, 2011, 31 (9).

[8] 杨刚, 唐志海, 石海霞, 王占军. 中国二氧化碳地区间排放差异分析及减排政策建议[J]. 气候变化研究进展, 2011, 7 (1).

[9] 杨万平, 袁晓玲. 环境库兹涅茨曲线假说在中国的经验研究[J]. 长江流域资源与环境, 2009 (8).

[10] 邵锦华. 挑战、机遇、出路——我国低碳经济的发展之路[J]. 生态经济, 2011 (4).

[11] 宋瑞卿, 张雨. 回归科学管理[J]. 管理科学, 2012 (3).

[12] 姚红. 资源型城市低碳经济发展水平评价及对策研究[D]. 东北石油大学博士论文, 2011.

[13] 赵国浩, 卢晓庆. 煤炭开采综合效益模型及其应用[J]. 资源科学, 2011, 33 (10).

[14] 赵春明, 魏浩. 图解中国经济[M]. 北京：人民出版社, 2011.

[15] 肖金成, 高国力. 中国空间结构调整新思路[M]. 北京：经济科学出版社, 2008.

[16] 丁子信. 中国能源矿产开发利用的经济学分析[D]. 中央民族大学博士论文, 2007.

[17] 齐文婷. 坎昆碳博弈：中国不妥协、很满意[J]. 社会与公益, 2011 (1).

[18] 周伟, 米红. 中国碳排放：国际比较与减排战略[J]. 资源科学, 2010, 32 (8).

[19] 吕学都. 气候变化的国际博弈[J]. 商务周刊, 2007 (5).

第五节　山西省节能潜力分析评价与对策研究①

一、引言

能源是国民经济的基础性产业，是推动经济增长的支柱性行业，影响着国家或地区经济增长的规模和速度。随着中国能源生产和消费的快速增长，能源行业对环境的影响也渐渐引起关注，尤其是化石能源的问题最为严重。全世界所面临的能源消费导致的环境问题主要有温室效应、臭氧层破坏、酸雨、大气污染、雾霾、水污染还有核污染等。其中，温室效应主要是由于化石燃料燃烧产生的二氧化碳所引起的；臭氧层破坏主要是由于化石燃料燃烧排放的氧化亚氮所引起的；酸雨是由于燃烧过程中产生的二氧化硫造成的；大气污染是由于化石燃料燃烧产生的可吸入颗粒物、臭氧、氮氧化物、一氧化碳、二氧化碳、二氧化硫等引起的；雾霾主要由二氧化硫、氮氧化物和可吸入颗粒物这三项组成，而这些主要是由于化石能源的直接燃烧造成的。环境污染问题不仅威胁人类的居住环境，对人们的健康有直接的影响。尤其是雾霾，易诱发心血管疾病、呼吸道疾病等，对人类的生命造成最直接的威胁。因此，地区或国家乃至全世界都应该持续地投入解决环境问题，尤其是化石燃料引起的污染问题，而且刻不容缓。

中国以煤为主的能源结构和大量原煤直接进入终端燃烧，使环境污染问题更加突出。解决这些问题的最重要的途径之一就是节能减排措施。节能减排就是节约能源、降低能源消耗、减少污染物排放。《国民经济和社会发展第十一个五年规划纲要》就已经提出了"十一五"期间单位国内生产总值能耗降低20%左右，主要污染物排放总量减少10%的约束性指标。国家发展和改革委员会会同有关部门制定的《节能减排综合性工作方案》进一步明确了实现节能减排的目标和总体要求。当前，实现节能减排目标面临的形势十分严峻。《"十二五"节能减排综合性工作方案》更是明确地提出节能减排的重要性、紧迫性和艰巨性。而山西省是中国第一产煤、输煤大省及能源重化工基地，研究山西省的节能潜力对中国整个节能减排情况有重大的意义。

---

① 原论文：《中国二氧化碳减排路径选择》，《工业技术经济》2012年第8期。

二、山西省节能潜力现状分析

(一) 山西省能源结构

能源结构指能源总生产量或总消费量中各类一次能源、二次能源的构成及其比例关系。能源结构分为生产结构和消费结构，直接影响国民经济各部门的最终用能方式，并反映人民的生活水平。研究山西省的能源结构可以掌握其生产和消费状况，为能源供需平衡奠定基础。

1. 山西省能源生产结构

山西能源总量十分丰富，储量多、分布广、品质好、品种齐全。而煤炭资源是山西省最主要的能源资源，在全国供需中有着重要的地位。全省潜在煤炭资源总量6652.02亿吨，占全国煤炭资源的11.9%。资源总量规模仅次于新疆和内蒙古。2005~2012年山西省一次能源生产总量的具体情况如图3-8所示。

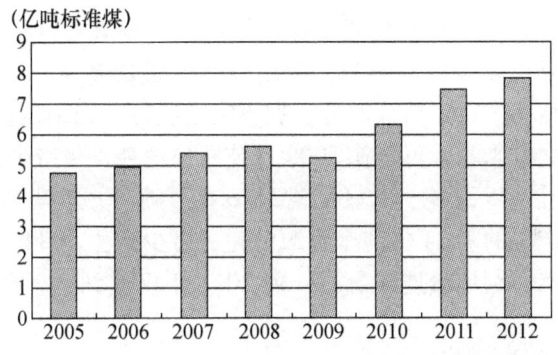

图3-8　2005~2012年山西省一次能源生产总量情况

资料来源：《山西统计年鉴》(2013)。

山西省的能源生产结构总体呈现以下特点：

(1) 从能源结构来看，山西省以煤炭为主，油气资源相对匮乏。在2012年的能源生产结构中，原煤占99.30%，瓦斯（煤气、天然气等）占0.23%，水电占0.17%；在能源消费结构中，原煤占74.9%，洗煤和焦炭占14.5%，电力占10.5%。可以说，无论能源生产结构还是消费结构，都是以原煤为主导能源（见表3-8）。

据统计，煤炭每生产一单位的能量所释放出的二氧化碳量比天然气多80%。与其他能源结构相比，煤炭污染问题较为严重。

表3-8 2005~2012年山西能源生产结构   单位:%

年份	原煤比例	水电比例	瓦斯比例	加工转换能源占一次能源产量		
				火电	洗煤精	焦炭
2005	99.74	0.17	0.09	11.05	19.58	16.41
2006	99.66	0.19	0.15	12.24	22.23	18.03
2007	99.65	0.19	0.16	13.04	25.07	17.89
2008	99.71	0.17	0.12	12.81	22.65	14.56
2009	99.58	0.19	0.23	14.22	22.44	14.25
2010	99.45	0.23	0.32	13.43	20.77	13.00
2011	99.55	0.26	0.19	12.46	21.05	11.80
2012	99.30	0.47	0.23	12.62	22.57	10.70

资料来源:《山西统计年鉴》(2013)。

(2)天然气、煤层气等优质资源比重较低。与煤炭对环境的污染程度相比,天然气、煤层气是比较优质的资源,利用效率比煤炭高30%,而且比煤炭更环保,是优化能源结构的重要组成部分。据不完全统计,当山西燃气资源每年开发利用达到100亿立方米时,可替换5000万吨原煤消耗,可减少排放二氧化硫245万吨、烟(粉)尘145万吨、二氧化碳3116.5万吨。并可减少1.25亿吨煤炭储量的开采及由此产生的1.24亿吨水资源消耗、可少产生1000万吨矸石。尽管近三年来山西省天然气利用量连年翻番,但2012年仅达到0.23%,尚有较大利用空间。

2. 山西省能源消费结构

表3-9 2005~2012年山西能源消费结构   单位:%

年份	原煤比例	电力比例	洗煤比例	煤炭比例
2005	78.1	3.4	6.3	12.2
2006	75.5	3.7	8.0	12.8
2007	76.7	3.4	7.4	12.5
2008	76.8	3.7	7.9	11.6
2009	71.8	11.5	5.5	11.2
2010	72.7	5.3	10.8	11.3
2011	72.4	4.7	12.2	10.7
2012	74.9	10.5	5.3	9.2

资料来源:《山西统计年鉴》(2013)。

据有关部门考察，山西新能源和可再生能源资源储量较为丰富，品类比较齐全，如太阳能、风能、地热能、薪柴能和生物能等。新能源和可再生能源因其污染小、可重复利用等优点，作为未来能源的重要组成部分，天然气、水电比重较低，新能源还有待发展。所以，在未来战略部署中，山西应该将这些新能源和可再生能源列为重要的开发资源。

(二) 当前节能减排中的问题

山西是煤炭大省，具有丰富的煤炭资源和成熟、完善的煤炭生产、供应、消费体系，决定了煤炭在山西能源结构中的主导地位。这也为重工业的发展提供了丰富的资源，但这样的结构体系同时也是造成环境污染的主要来源，以下总结的几点是当前节能减排中面临的障碍。

1. 能源结构极不合理

山西能源结构以煤炭为主，天然气、煤层气等优质资源比重较低，丰富的煤炭资源和成熟、完善的煤炭生产、供应、消费体系，使得山西第二产业发展迅速，重工业在地区生产总值中占的比例过大，能源消耗太大，要想如期实现"十二五"减排目标仍有较大难度。

2. 技术障碍

节能降耗一直是山西省技术开发和技术改造的重点，但由于节能技术的研发方面与重工业产业不是那么匹配，节能方面的技术得不到突破，成为企业或行业减排的障碍。

3. 管理不到位

无论是政府对企业的管理不合理，还是企业自身面临的内部管理问题未得到很好解决，都对节能减排的落实工作有很大的影响。目前山西省不论是在生产领域还是在流通领域或销售领域，节能管理都是薄弱环节。

4. 新能源产业结构不合理，发展不平衡

发展新能源是解决化石能源所带来环境污染问题、减少能耗强度的一个重要途径，对实现可持续发展具有战略意义。但是由于山西省一直是化石能源主导，新能源产业年产值在山西省地区生产总值比重很小，发展新能源产业还有很多工作要做。

三、节能潜力评价模型及检验

(一) 节能潜力评价模型

能耗强度表示每单位产出增加值的能源消耗量，所以常用它作为评价节能潜力和政策效果的重要指标。节能潜力的程度用能耗强度的变动量来表示，不过对基期能源消耗强度较高的行业或部门、能源消耗强度较低的行业或部门在节能方面的压力会加大,因为进一步降低能源消耗强度的边际成本会更高,这样一些技术限制会阻碍节能行动的相关实施进程。

所以,在节能潜力的研究过程中,不能只采用能耗强度变化进行对比分析,而要同时考虑到各部门能耗强度的差异,来研究各行业部门的节能潜力。在本研究中,选取节能潜力指数作为衡量山西省节能潜力的一个指标,下面是构建的节能潜力评价模型:

假设整个行业在基期 $t=0$ 的能源消耗强度为 e^0,到第 t 年时的能源消耗强度的变化量为 Δe^t,则整体行业能源消耗强度的增长率为:

$$r_t = \frac{\Delta e^t}{e^0} \times 100\% \tag{3-12}$$

假设行业各部门的能源消耗强度均按照整个行业的平均变化率变化,那么行业各部门从第 k 年到第 t 年的参考能源消耗强度变化量为:

$$\Delta eR_m^{t-k} = r_t \cdot e_m^0 \tag{3-13}$$

式中:e_m^0 为行业部门 m 基期的能源消耗强度。

所以,可以把行业各部门的节能潜力指数定义为:实际能源消耗强度变化量与参考能源消耗强度变化量的比值,即

$$ep_k = \frac{\Delta e_m^t}{\Delta eR_m^{t-k}} \tag{3-14}$$

当 $ep_m \geq 1$ 时,行业部门 m 实际能源消耗强度变化量大于参考能源消耗强度变化量或持平,说明部门 m 在降低能源消耗方面的效率低于整体行业平均水平,其节能潜力相对较小;

当 $ep_m < 1$ 时,说明部门 m 在降低能源消耗方面的效率高于整体行业平均水平,其节能潜力相对较大。

(二) 节能潜力实证分析

由于山西省能源结构的特殊性,第二产业中重工业的能源消费比重最大,所以本文以山西省整个重工业行业的能源消耗强度为参照指标来计算各个行业的能源消耗强度及节能潜力指数,选取山西省重工业行业中的 8 个代表性行业的能源消耗量进行节能潜力的对比分析,这八个行业为:六大高耗能行业(煤炭开采和洗选业,石油、炼焦、核燃料加工业,化学原料和化学制品制造业,黑色金属冶炼和压延加工业,有色金属冶炼和压延加工业,电力、燃气及水的生产和供应业)和两大现代化行业(铁路、船舶、航空航天和其他交通制造业,电器机械和器材制造业)。以 2009 年为基期,样本为 2009~2012 年山西省重工业八大行业能源消耗的面板数据(见表 3-10),运用节能潜力模型中的公式,能够计算出各行业节能潜力指数。

表3-10　2009~2012年山西省重工业各行业能源消费量

单位：万吨标准煤

	2012年	2011年	2010年	2009年
重工业	15170.16	14376.97	13120.48	12078.96
煤炭开采和洗选业	3721.54	3352.10	2966.28	2633.96
石油、炼焦、核燃料加工业	1967.98	2095.49	0.68	1966.10
化学原料和化学制品制造业	1812.84	1669.49	2062.17	1510.55
黑色金属冶炼和压延加工业	4286.30	3690.29	520.88	3088.37
有色金属冶炼和压延加工业	906.12	987.32	3567.84	823.82
铁路、船舶、航空航天和其他交通制造业	17.12	27.47	73.57	19.82
电器机械和器材制造业	7.58	5.98	33.09	7.03
电力、燃气及水的生产和供应业	1259.61	1091.75	1064.60	940.42

资料来源：历年《山西统计年鉴》。

根据式（3-12）、式（3-13）、式（3-14），利用表3-10中的面板数据，计算出山西省各重工业行业的节能潜力指数，具体计算结果如图3-9所示。

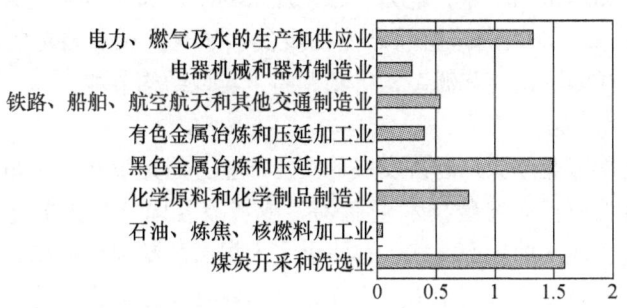

图3-9　2009~2012年节能潜力指数

由图3-9可以看出，石油、炼焦、核燃料加工业，化学原料和化学制品制造业，有色金属冶炼和压延加工业，电器机械和器材制造业这几个行业在2009~2012年内节能潜力指数都小于1，说明这些行业在降低能源消耗方面的效率高于整体行业平均水平，其节能潜力相对较大。其中石油、炼焦、核燃料加工业的节能潜力指数只有0.04，对山西省而言，这个行业属于新兴产业，体制、结构等各方面还未完善，能源消耗强度很大，存在很大的浪费，在未来山西省应该加大对这些行业的减排力度。

煤炭开采和洗选业，黑色金属冶炼和压延加工业，电力、燃气及水的生产和供应业的节能潜力指数大于1，说明这些行业在降低能源消耗方面的效率低于整体行业平均水平，其节能潜力相对较小，但在整个行业中属于能源消耗比重大的行业，仍然不能放松减排力度。

四、提高节能潜力对策建议

通过对山西省重工业行业的节能潜力分析可以看出，在煤炭开采和洗选，黑色金属冶炼和压延加工业，电力、燃气及水的生产和供应业这几个行业的能源利用效率比较高，说明这几年山西省积极推进工业领域的各项工作，节能降耗成效显著，为"十二五"节能降耗总目标的完成奠定了一个良好的基础。但是在未来山西省仍要继续对这些行业以及整个重工业行业加大减排力度。为此提出以下几个建议：

（一）结构节能

山西省的第二大产业的重工业、轻工业比例严重不合理，这也是造成第二大产业能耗高的主要原因，在提升重工业产业全面升级的同时，要不断向轻工业领域拓展。提高高耗能行业的准入门槛，严格控制煤炭开采和洗选业，石油、炼焦、核燃料加工业，化学原料和化学制品制造业，黑色金属冶炼和压延加工业，有色金属冶炼和压延加工业，电力、燃气及水的生产和供应业等高耗能行业增加值占GDP的比重，加快淘汰落后产能的步伐，同时发展低能耗的高科技行业或服务业等，这样能尽快使能源结构得到调整，实现结构节能。

（二）技术节能

山西省的重工业产业是经济发展的支柱产业，但是没有改变粗放式的生产方式，如果在重工业行业突破技术"瓶颈"或者吸收国外先进节能环保技术，并加以推广，改变现在的生产方式，那将会大大提高能源利用效率，降低能源消耗强度。如将干法熄焦技术用于冶金方面，是回收红焦显热和改善操作环境的一项先进技术，可回收利用红焦约83%的显热，降低有害物质的排放，保护环境。与湿法熄焦相比，焦炭N40提高3%~8%，改善0.3%~0.8%。虽然现在这方面的技术还没有广泛推广开来，但是让我们对这方面的技术改善有了信心。

（三）管理节能

1. 大力发展循环经济，增强经济增长内生动力

从整个行业来讲，山西省的重工业是现在的重点支柱行业，但是不成体系，行业比较分散，没有形成产业集群。山西省决策人应该按照国家对循环经济试点省的要求，建设一批高起点、高效益的循环经济示范项目，全面启动重点工业企业、产业集群和工业生态园区生态化改造，力争重点行业资源利用效率有较大幅度提高，形成一批具有较高资源生产率、较低污染排放率的清洁生产企业、形成

若干个以大型企业为核心的循环经济产业集群和以园区为载体的生态产业链。

2. 加大市场调节作用同时运用政府的引导作用

企业是节能的主体，而目前企业主体的多元化也使一些行政手段失灵，所以必须加大市场调节作用促使企业节能。不过，从本质上看，企业是追求利润最大化的，如果能让企业在节能的过程中带来直接或间接的效益，企业当然愿意主动节能了。如企业可以通过研发新的节能技术来降低企业产品能耗成本，通过循环利用资源提高能源利用率，减少产品或资源的浪费，既能缩减成本又能节约资源，或者通过生产环保又节能的产品来提高市场占有率实行清洁生产，充分发挥科学技术在节能减排中的作用。同时政府应该给予主动节能减排的企业更多的优惠政策，并且通过宣传活动等方式将节能思想贯穿到消费者甚至是全国公民心中，以消费者需求拉动行业企业将节能减排落到实处。

3. 加强新能源行业的转型与发展

虽然现在已经有许多种工业企业开始转向其他行业，但大都不成规模，方法不科学，没有很好地去转型发展，造成能源更大浪费，如实证分析选取的铁路、船舶、航空航天和其他交通制造业，电器机械和器材制造业，石油、炼焦、核燃料加工业等行业，能源消耗强度很大，节能潜力有很大的提升空间。山西能源行业转型的重点之一是建设新能源基地，开发新能源，实施多元化能源发展战略，改变多年来山西一直以煤炭等化石能源为主的能源消费结构，为全省经济持续发展注入新的动力。

五、结束语

本节通过对山西省节能潜力现状的分析，并从第二产业的重工业中选取多个高耗能产业和两个现代制造业进行节能潜力指数的分析对比，发现山西省在重工业未来的节能空间还有很大的潜力。希望这些实证研究能为企业或其他研究者带来一些启发。并希望越来越多的人能为山西省的节能工作做出一点贡献，确保早日实现国家"十二五"节能减排约束性目标。

参考文献

[1] Sari Siitonen, Pekka Ahtila. The Influence of Operational Flexibility on the Exploitation of CO_2 Reduction Potential in Industrial Energy Production [J]. Journal of Cleaner Production, 2010 (18).

[2] Zhao Guohao, Zhang Lingjuan. A Study on Current Situation and Countermeasures of Coal Industry in Shanxi [J]. Proceedings of The International Conference on Management of Technology, 2009 (11).

［3］高莹，郭文琦．中国能源行业发展的现状、问题及对策［J］．产业经济，2010（6）．

［4］赵文，赵国浩，黄文锋．山西省煤炭资源开发与经济发展关系的实证研究［J］．资源科学，2011（9）．

［5］刘长信．中国工业化进程中的碳排放：影响因素、减排潜力及预测［D］．东北财经大学博士论文，2010．

［6］赵国浩，凌涛．可持续发展视角下的山西煤炭工业发展研究［J］．煤炭经济研究，2010（1）．

［7］解宇歆，赵国浩．国内外煤炭循环经济发展对山西的启示［J］．现代工业经济和信息化，2011（10）．

［8］赵国浩，于贵芳．中国二氧化碳减排路径选择［J］．工业技术经济，2012（8）．

［9］赵国浩，李玮，张荣霞．基于随机前沿模型的山西省碳排放效率评价［J］．资源科学，2012（10）．

［10］赵国浩，高文静．基于前沿分析方法的中国工业部门广义碳生产率指数测算及变化分解［J］．中国管理科学，2013（1）．

第四章　煤炭资源综合利用理论与实践

第一节　煤炭资源开采综合效益模型及应用[①]

一、中国煤炭资源现状

煤炭是世界上最经济、分布最广的矿物燃料，从世界范围看，煤炭远景仍然看好。虽然中国的煤炭资源储量丰富，但据统计，煤炭资源的人均探明储量只有147吨，是世界人均312.7吨的47%，并且中国煤炭资源存在高消耗和惊人的浪费现象。在煤炭资源的开采方面，中国煤矿资源回采率平均为32%，与国外矿井回采率最高为85%相比相差悬殊，也远低于世界产煤国家的60%的平均水平。当边际开采成本随开采量提高或开采能力固定时，许多煤炭企业急功近利，采厚弃薄，采易弃难；一些小煤矿更是乱挖滥采，挑肥拣瘦，煤炭资源遭到极大的损失和浪费。煤炭资源的高消费和浪费，是造成煤炭的过度开采和超能力生产的主要原因之一，更进一步加速了人均剩余可采储量的下降。

煤炭资源的开采是造成矿区及周边地区地质灾害和环境污染的主要原因。当前，因矿产的开采和消费导致的水土流失、耕地损坏、水系污染、地质灾害频发、生态环境恶化、地方病滋生、温室效应等一系列"地"祸"天"灾变得更加普遍。

煤炭开采的高消耗、浪费及环境污染等问题，要求我们在煤炭资源开采过程中尽可能地做到煤炭开采综合效益的最大化。但是，已有的研究主要集中在煤炭开采经济效益、环境效益分析和开采顺序等单方面，对煤炭资源开采综合效益尚没有系

---

① 原论文：《煤炭开采综合效益模型及其应用》，《资源科学》2011年第10期。

统研究。进行煤炭资源开采综合效益模型的研究，能够更好地贯彻低碳经济、循环经济及可持续发展精神，有效地解决中国煤炭开采过程中的高消耗、浪费及环境污染问题，提高煤炭资源开发利用效率，为煤炭开采相关政策的制定提供指导。

通过煤炭资源开采综合效益模型的构建，确定影响煤炭开采综合效益增大的主要因素（回采率），分析出影响回采率的主要因子，并运用 DPSv7.5.5 结合焦作市位村矿相关数据分析得出回采率的最优数值及影响因子的等因素的最优组合，在该组合下，位村矿的煤炭资源回采率能够增加到 80.1% 以上，煤炭开采的综合效益得到提升，煤炭资源也得到了充分利用，进而达到煤炭开采的综合效益的最大化；最后对构建中国煤炭资源开采综合效益政策的体系提出建议。

二、煤炭开采综合效益评价模型研究基础

（一）煤炭开采综合效益评价研究基础

1. 基于净现值法的煤炭开采经济评价方法

煤炭资源开采综合效益最大化是为使社会从煤炭资源存量中获得最大收益净现值，煤炭资源开采效益可以转换为煤矿的经济效益。煤炭产量越大和售价越高，成本越低、投资相对越少，则煤矿企业的效益越好。

其计算公式为：

$$ENPV = \sum_{t=1}^{n}(E-B)_t \times (1+i)^{-t}$$

$$\sum_{t=1}^{n}(E-B)_t \times (1+EIRR)^{-t} = 0 \qquad (4-1)$$

式中：E 为国民经济效益流量；B 为国民经济费用流量；$(E-B)_t$ 为第 t 年的国民经济净效益流量；i 为社会折现率，n 为矿井的服务年限。

假设第 t 矿井的产量为 Q，并假设全部销售出去，煤炭的影子售价为 P，煤炭资源本身价值的经营成本为 C_t，建设投资为 I_t，流动资金为 F_t，不考虑期末回收固定资产余值和流动资金，则：

$$ENPV = \sum_{t=1}^{n}[Q_t \times P_t - (I_t + F_t + C_t)] \times (1+i)^{-t} \qquad (4-2)$$

$$E = Q_t \times P_t \qquad (4-3)$$

$$B = I_t + F_t + C_t \qquad (4-4)$$

$$(E-B)_t = Q_t \times P_t - (I_t + F_t + C_t) \qquad (4-5)$$

由于 $ENPV$ 和 $EIRR$ 对方案的评价结果是一致的，所以确定经济净现值作为各方案评价指标，于是煤炭资源开采系统效益方案优劣评价的数学模型为：

目标函数：

$$\max ENPV = \sum_{t=1}^{n} [Q_t \times P_t - (I_t + F_t + C_t)] \times (1+i)^{-t} \qquad (4-6)$$

约束条件:

$$\sum_{t=1}^{n} Q_t = Q \times K$$

$$K \geqslant K_S$$

$$\sum_{t=1}^{n} I_t \leqslant I_m$$

$$I_e \geqslant a \times \sum_{t=1}^{n} I_t$$

对同一矿井来说,经过技术论证后可行方案一般只有 2~3 个,因此工作实践中对该数学模型的求解,只需将满足约束条件的所有方案的参数求出,然后应用项目评价软件计算 ENPV 和 EIRR,进行比较,则 ENPV 和 EIRR 最大者为最优开采方案。

2. 回采率计算

《生产矿井煤炭资源回采率暂行管理办法》中规定,采区回采率的计算公式为:

$$K = \frac{Q_1}{Q} \times 100\% \qquad (4-7)$$

式中:K 为采区回采率;Q_1 为采区采出煤量 (t);Q 为采区动用储量 (t)。

3. 回采率的制定方法

回采率的制定方法有因素系数法和年度指标对比法。

(1) 因素系数法。各因素对科学研究的系数如表 4-1 所示。

表 4-1 影响煤炭回采率的因素

影响因素	地质条件 Q_1		安全程度 Q_2		水文条件 Q_3		开采技术条件 Q_4		管理及装备条件 Q_5		
	简单	复杂	较好	较差	单一	复杂	较好	较差	生产管理	技术管理	技术装备
系数 (%)	2~3	4~5	1~2	3~4	1~2	3~4	1~2	3~4	1~2	1~2	1~2

年度回采率公式:

$$K = 100\% - (Q_1 + Q_2 + Q_3 + Q_4 + Q_5) \qquad (4-8)$$

因素系数法在制定煤炭资源回采率的过程中,计算最低回采率应为 77%,但是实际中煤矿企业为了自身利益,忽视回采率的提高,能达到 77% 及其以上的煤矿企业实为少数,所以此方法对煤炭资源回采率制定仅能提供参考作用。

(2) 年度指标对比法。该法是利用企业前三年的实际回采率指标,采出矿量

与回采率加权平均求得:

$$K = \frac{Q_1K_1 + Q_2K_2 + Q_3K_3}{Q_1 + Q_2 + Q_3} \times 100\% \qquad (4-9)$$

式中:Q_1、Q_2、Q_3为前三年中每年采出矿量+损失量(吨);K_1、K_2、K_3为前三年中每年实际回采率指标(%)。

年度指标对比法是结合以往实际情况的一种科学制定煤炭回采率的方法,但是,随着煤炭资源的减少、科技水平的提高和科学发展观的贯彻,年度指标对比法也只能是为煤炭资源回采率的制定提供一个参考,不能实现煤矿的综合效益最大化。

结合上述研究理论基础可知,煤炭资源开采综合效益在考虑经济和社会效益的同时,还需要考虑环境成本和资源成本。但是,在现有研究基础上,环境成本的制定还需要很大程度的完善。如,美国最高法院2007年4月就已经将甲烷、二氧化碳、氧化亚氮、六氟化硫、氢氟碳化物和全氟化碳六种气体列为污染气体,但至今为止,对相关气体的收费标准仍没有统一。所以,在本文环境成本分析中,环境成本以《煤炭的真实成本》中的相关规定为依据进行计算。对综合效益部分仍采用经济评价方法,回采率的制定采用二次多项式回归分析求最佳回采率,并求出影响回采率的主要因素最优组合,进而实现综合效益的最大化。

(二) 影响煤炭开采综合效益因素分析

本文从经济子系统、社会子系统、环境子系统和资源子系统等四个子系统综合考虑对煤炭资源开采的综合效益进行分析。

1. 经济子系统

(1) 煤炭产量。随着煤炭开采技术的不断提高,开采设备的不断改进,煤炭产量得以大幅度提高。

(2) 煤炭价格。这是煤炭生产供给的核心问题。价格的一路上扬,使得煤矿企业的生产和销售利润得到极大改善,这将刺激煤炭生产企业加大煤炭开采的力度。

(3) 开采成本。除煤炭价格以外,煤炭企业最为关注的就是煤炭开采成本。目前的煤炭开采成本仅对发生的部分直接费用支出进行了核算,并没有反映出生态环境成本和社会成本,这直接导致了煤炭成本失真,带来的一个突出的问题就是煤炭开采过程中对生态环境的破坏以及煤炭使用过程中的浪费。

2. 环境子系统

开采煤炭资源可以给煤炭企业带来经济收益,这是由煤炭资源的自身价值和环境价值所决定的。在市场经济体制下,煤炭资源的开发利用既要考虑其自身价值(经济效益),也要考虑其环境价值。合理地开发和保护环境能够给人们带来更加客观的收益。

(1) 土地资源补偿费。煤矿占用土地资源,要支付一定的土地资源占用费,并对煤炭开采所造成的土地资源经济损失进行补偿。

(2) 水资源补偿费。煤炭资源的开采破坏地下水的径流和地表水的地表基流,使得地表水急剧减少;另外,煤炭资源的开采排出的大量污水和废水使得矿区周围的水质遭到污染,严重影响人畜饮水安全和农作物及林草植被正常生长。所以,煤炭开采应为这部分破坏和污染承担责任。

(3) 大气污染补偿费。煤炭开采过程中排放的氮氧化物、一氧化碳和二氧化硫等气体对矿工及矿区周围的居民的身体健康造成很大危害。

3. 社会子系统

(1) 劳动力投入。煤炭开采行业的劳动力成本。

(2) 科技教育投入。煤炭开采整个过程中的安全知识、设备和技术的培训教育、科研开发等方面的投入。

(3) 技术投入。传统的煤炭开采技术投入导致了煤炭资源的浪费、矿区环境污染和煤矿安全事故,使社会承担了更多的资源成本、环境成本和安全成本。这里所提到的技术投入不仅指开采方法和开采工艺的投入,还包含环保技术和安全技术方面的投入。这个技术投入可以用"技术水平"来表示。较高的技术水平势必需要较大的投资,从短期来看,较高的技术水平使得总成本增加,但是,从长远来看,技术投入部分的费用正是间接地降低了成本。

4. 资源子系统

(1) 煤炭资源储量。是指经过一定的地质勘探,确定符合国家规定的储量计算标准,并具有一定的工业开发利用价值的煤炭资源量。地下埋藏的煤炭资源量是不可再生的,但是随着煤田地质理论和探测技术水平的提高、勘察资料的积累和对成煤条件认识的不断深化,煤炭资源储量是逐年有所增加的。

(2) 回采率。其高低是影响煤炭产量的主要因素。基于对分析煤矿生产过程中的各种煤炭损失,将影响煤炭采出率的因素分为三类:煤层赋存及地质条件因素、采煤方法因素、管理因素。

煤炭资源开采量与消耗的资源储量之间的关系为:

$$K_t = \frac{E_t}{R'_t} \tag{4-10}$$

式中:E_t 为第 t 年的煤炭资源开采量;K_t 为第 t 年的煤炭资源回采率;R'_t 为第 t 年所消耗的资源储量。

由式(4-10)可知,在煤炭资源消耗储量固定的情况下,回采率越低,煤炭资源开采量越小,煤炭的损失量就越大。所以,在现有开采技术及设备固定的情况下,应尽可能地提高煤炭资源的回采率,才能降低煤炭资源的损失。

三、煤炭资源开采综合效益模型构建及应用

由生产效益函数可知,煤矿企业要想获得更多的经济效益,就需要开采更多的煤炭资源，但是，在可持续发展理论指导下，仅提高煤炭产量是远远不够的，还需要提高煤炭资源的回采率，即尽可能地降低煤炭资源损失量。

（一）煤炭开采综合效益模型

1. 煤炭开采综合效益模型的建立

煤炭开采将会对矿区周围的环境造成损害，开采煤炭资源需要支付外部环境损失。开采程度越大，对外部环境损失越大。煤炭企业的总收益 Z 应该是开采煤炭所获得的收益减去对环境的损失（开采的外部环境成本），企业的目标是使总收益 Z 最大。

以煤炭企业总收益最大为目标函数建立的决策模型如下：

$$Z_t = EC_t + EN_t + S_t + R_t \tag{4-11}$$

式中：Z_t 为第 t 年煤炭企业总收益；EC_t 为第 t 年煤炭企业经济子系统总收益；EN_t 为第 t 年煤炭企业环境子系统总成本；S_t 为第 t 年煤炭企业社会子系统总成本；R_t 为第 t 年煤炭企业资源子系统总成本。

2. 实证分析

本文以河南省焦作市位村矿为例。所有计算以表 4-2、表 4-3、表 4-4 为依据进行。

表 4-2 各年份位村矿基本概况（一）

年份	煤炭储量（万吨）	新增储量（万吨）	年产量（万吨）	品质煤价格（元/吨）	回采率（%）	占用农田或森林的总面积（平方公里）
2010	430	0	60	1500	80.1	2.65
2009	490	0	45	1245	79.4	2.78
2008	535	0	46	1132	79.0	2.89
2007	581	0	43	998	78.2	3.02
2006	623	0	30	993	78.0	3.14

表 4-3 各年份位村矿基本概况（二）

年份	矿区面积（平方公里）	技术投入（万元）	培训投入（万元）	设备投入（万元）	劳动力人数（个）	劳动力投入（万元）
2010	6.02	300	150	4500	1800	630
2009	6.02	280	100	3800	1756	562
2008	6.02	290	62	3600	1820	540
2007	6.02	240	32	3200	1725	489
2006	6.02	—	50	3216	1892	502

表4-4　各年份位村矿基本概况（三）

年份	消耗水量（万吨）	瓦斯排放率（%）	瓦斯利用率（%）	矿区瓦斯绝对涌出量（立方米/吨）	瓦斯的相对涌出量（立方米/吨）	瓦斯利用效益（万元）
2010	6.00	63	56	23.20	34.31	438
2009	4.50	64	53	24.02	30.28	400
2008	4.32	67	52	27.42	30.21	356
2007	4.21	65	50	28.41	28.95	345
2006	3.89	69	43	25.62	30.12	323

从位村矿的地质水文构造、顶底板条件、煤层赋存条件、采煤工艺、采煤方法、制度和人员素质等主要影响煤炭回采率的因素来看，这些因素都有利于煤炭开采，提高回采率的难度相对较小。

（1）经济子系统效益值 EC_t。如表4-5所示。

表4-5　位村矿各年经济系统效益值

年份	P（元）	Q（万吨）	瓦斯利用效益（万元）	效益值（万元）
2010	1500	60	438	90438
2009	1245	45	400	56425
2008	1132	46	356	52428
2007	998	43	345	43259
2006	993	30	323	30113

（2）环境子系统成本 EN_t。矿山环境治理恢复保证金是根据《河南省财政厅国土资源厅环境保护厅关于印发〈河南省矿山环境治理恢复保证金管理暂行办法实施细则〉的通知》，保证金提取标准按照《河南省矿山环境治理恢复保证金管理暂行办法实施细则》提取（5.0元/吨）。环境的外部成本的数据主要是指"直接外部损失"，煤炭的环境外部成本对价格的影响约为5.96%（见表4-6）。

表4-6　位村矿各年份环境成本

年份	矿山环境治理恢复保证金（元/吨）	土地资源补偿费（元/吨）	水资源补偿费（元/吨）	大气污染补偿费（元/吨）	人体健康补偿费（元/吨）	单位成本（元/吨）
2010	5.00	19.26	37.67	1.02	6.23	69.18
2009	5.00	19.19	37.53	1.02	6.20	68.95
2008	5.00	19.33	37.80	1.02	6.25	69.40
2007	5.00	19.35	37.84	1.03	6.25	69.46
2006	5.00	19.21	37.56	1.02	6.21	69.00

(3) 社会子系统成本 S_t。如表 4-7 所示。

表 4-7 位村矿各年份社会成本

年份	技术投入（万元）	培训投入（万元）	设备投入（万元）	劳动力投入（万元）	总成本（万元）
2010	300	150	4500	630	5580
2009	280	100	3800	562	4742
2008	290	62	3600	540	4492
2007	240	32	3200	489	3961
2006	232	50	3216	502	4000

(4) 资源子系统成本 R_t。本文所用到的资源税是 2005 年调整后的河南焦作煤矿的税额（3.0 元/吨），见表 4-8。

表 4-8 位村矿各年份资源成本

年份	资源税（元/吨）	Q（万吨）	总成本（万元）
2010	3	60	180
2009	3	45	135
2008	3	46	138
2007	3	43	129
2006	3	30	90

煤炭企业总收益为：

$$Z_t = EC_t + EN_t + S_t + R_t \tag{4-12}$$

$Z_{2010} = 80527.34$；$Z_{2009} = 48445.47$；$Z_{2008} = 44605.70$；$Z_{2007} = 36182.06$；$Z_{2006} = 23952.95$。

(二) 基于 DPS 的最佳回采率分析

上述四个子系统中，在消耗储量 Y 一定的情况下，效益和成本值都与产量 Q 有关，当 Q 上升时，环境总成本 EN_t、社会总成本 S_t 和资源总成本 R_t 都会增长，但是由于价格因素 P 的影响，EN_t、S_t 和 R_t 的增长速度将远远慢于 EC_t 的增长速度。所以，在 Q 增大时，总效益 Z 也是增大的。在 Y 一定的情况下，产量 $Q = kY$，即回采率 k 的大小将直接影响总效益 Z 的增减。

1. DPSv7.5.5 软件运行结果

在回采率的众多影响因素中，技术投入、培训投入、设备投入和劳动力投入等因素对位村矿回采率的影响最大。表4-9给出了2006~2010年中回采率与技术投入、培训投入、设备投入和劳动力投入等因素的相关数据。

表4-9 回采率与其影响因素相关数据

年份	回采率 （%）Y	技术投入 （百万元）X1	培训投入 （百万元）X2	设备投入 （百万元）X3	劳动力投入 （百万元）X4
2010	0.801	3.00	1.50	45.00	6.30
2009	0.794	2.80	1.00	38.00	5.62
2008	0.790	2.90	0.62	36.00	5.40
2007	0.782	2.40	0.32	32.00	4.89
2006	0.780	2.32	0.50	32.16	5.02

用DPSv7.5.5软件对表4-9中数据进行二次多项式逐步回归分析。

运行得回归模型优化表达式为：

$Y = 0.755196 + 0.000343961812 \times X1 \times X3$

$(X1 - 2.32) \times (X1 - 3)/3 < 0$

$(X2 - 0.32) \times (X2 - 1.5)/1.5 < 0$

$(X3 - 32) \times (X3 - 45)/45 < 0$

$(X4 - 4.89) \times (X4 - 6.3)/6.3 < 0$

式中：Y为煤炭资源回采率；$X1$为技术投入；$X2$为培训投入；$X3$为设备投入；$X4$为劳动力投入。

2. 分析结果解释

（1）回归模型诊断：第一，方程的方差分析F值的显著性水平P要小于等于0.05，否则所建立的回归方程不能使用；第二，各个回归系数的偏相关系数的显著性水平最好也小于等于0.05；第三，Durbin - Watson统计量d是否接近于2。

在处理结果中，F值的显著性水平$P = 0.0017$，小于0.05，所以通过二次多项式逐步回归分析得出的回归方程是可用的；在各个回归系数的偏相关系数的显著性水平$P = 0.0004$；Durbin - Watson统计量$d = 3.09$，接近于2；由此可见，所建立的回归方程是正确的。

（2）通径分析：DPS中对进入回归方程的因子，在建立回归方程的同时还做了通径分析；根据通径系数的大小和正负，可以推断各个因子对因变量的直接影响和间接影响。

通径系数 = 0.9876，说明因子$X1$（技术投入）、$X3$（设备投入）对因变量Y

（回采率）有直接影响；X2（培训投入）、X4（劳动力投入）对Y有间接影响。

（三）实证分析

通过DPSv7.5.5结合位村矿的历年数据进行的二次多项式逐步回归分析的结果可知，该回归方程的观测值与拟合值之间拟合误差小于0.1%，所以该回归方程在实际和预测方面相当吻合，可信度很高，可在实际中运用。通过软件对2010年位村矿数据进行最优化，得出在现有投入资金可接受的情况下，各因子的最高指标最优组合优化后的最佳回采率$Y = 0.8016$。在回采率提高到80.16%的情况下，将相关数据代入煤炭开采综合效益评价模型中，可得位村矿2010年的综合总效益为80627.05万元，较2010年实际总收益80527.34万元增长99.71万元，并且最优组合下的四个要素投入比2010年位村矿的实际投入要节省35.54万元。所以，在2010年煤炭消耗储量不变，技术投入、培训投入、设备投入和劳动力投入等因素降低的情况下，位村矿的煤炭资源回采率仍有较大提高的空间。

四、提高中国煤炭资源开采综合效益思路

（一）完善煤炭资源开发监管体系

1. 完善煤炭资源管理与生产开发的制度管理

煤炭行业主管部门应结合煤炭发展规划、煤炭产业政策和相关法律法规等手段，加强对煤炭资源开发和生产的监督管理。各级主管部门要严格落实煤炭行业的管理部门职能，不断加强煤炭资源的管理能力，健全煤炭资源行业管理制度。对煤矿采煤工作面的采煤设备和技术进行监管，对不合格煤矿应停业整顿。

2. 加大煤炭资源勘探力度

在煤炭资源勘探过程中，一是要对地质勘查人员和单位严格把关，把培育具有精干高效、装备精良的煤田地质勘探队伍作为重要目标；二是严格执行勘查技术规程，进一步完善储量评估制度，依靠科技进步，提高地质勘探精度，保障地质勘查质量，为合理规划和开发煤炭资源奠定基础。

3. 合理有序开发煤炭资源

确保矿区井田的科学划分和合理开发，形成有利于保护和节约资源的煤炭开发秩序，对煤炭资源开采顺序、开采方法和开采强度严格管理，避免私挖滥采现象的发生，并鼓励采用先进的煤炭资源开采技术，开采难采煤层和极薄煤层。

4. 保护节约和合理利用煤炭资源

制定更加科学合理的煤炭生产矿井资源回采率标准和管理办法，对煤炭资源回采率实行年度核查、动态监管的制度，对达不到回采率标准的煤矿应责令其限期整改；对逾期仍达不到相关回采率标准的，依法予以处罚，直至吊销采矿许可证和煤炭生产许可证。

第四章　煤炭资源综合利用理论与实践

5. 严格依法行政，加强煤炭的行业管理

无论煤矿大小，一视同仁，尤其加强对失控的小煤矿的监管，并将煤炭资源开采过程中存在的回采率低下问题，列为办矿、开采资格审核、复核的一个必要条件，对达不到规定的回采率者，取消资格，不准开采。

（二）建立煤炭绿色开采体系

煤炭资源的绿色开采技术是一种煤炭资源与矿区环境相互协调的技术。绿色开采技术从更加广义的角度来认识和对待煤炭、煤炭伴生品及水和土地等一切可以利用的资源。它是一种努力实现"低开采、高利用、低排放"的现代化开采模式，即煤炭开采对矿区环境的扰动量小于区域环境容量；它实现了矿区煤炭资源开发利用最大化和生态环境影响最小化，从而取得最佳的经济效益、环境效益和社会效益。

煤炭资源的绿色开采可以保护矿区的生态环境，改善人类的生存质量，节约煤炭资源，有利于煤炭资源可持续利用，促进经济社会可持续发展；煤炭资源的绿色开采是经济社会可持续发展的重要组成部分，也是建设资源节约型、环境友好型社会的必然要求。

绿色开采的实施需要投入相应的设备和大量的资金，而相应绿色开采技术开发所需的大量资金通过市场机制很难得到补偿，所以煤炭资源的绿色开采不仅需要依靠市场的力量，也需要政府对其进行干预，扶持煤炭资源绿色开采的发展。一方面，政府要通过经济和政策手段，引导煤炭企业参与绿色开采技术的开发；另一方面，政府和相关部门还要领导完成部分基础性的研究工作，将绿色开采技术以公共产品的形式提供给社会中的相关企业。

（三）形成合理的煤炭价格体系

煤炭价格的合理与否，对煤炭资源的开发影响极大。煤炭资源定价过低，会鼓励煤炭资源的消费，加剧煤炭资源的短缺，进而导致煤炭资源的浪费；相反，如果煤炭资源定价过高，会抑制煤炭资源的消费，而导致煤炭资源得不到应有的利用。原煤价格构成不合理导致煤炭价格不健全，完整的煤炭价格应考虑煤炭资源成本、环境、社会等外部成本，煤炭企业的退出成本和煤矿的安全生产成本等，在中国煤矿矿难的接连发生，重大矿难死亡事故不能得到有效遏制与煤矿安全投入不足和不实有密切关系；另外无论是资源价款还是环境治理费用，在中国目前的煤炭成本构成中都没有得到客观的反映。

所以，政府和企业应从以下三个方面做好煤炭资源的价格形成机制工作：一是完善煤炭成本核算制度；二是对煤炭资源价值进行充分补偿；三是加强企业对煤炭资源价格的调控力度，改善相关调控方式。

（四）强化煤炭安全生产保障体系

总体上看，中国煤矿生产沿着一条高投入、低产出的粗放型的经济增长道路发展，煤矿的安全生产问题十分严重，矿难事故时有发生。要保证煤矿的安全生产就需要投入安全设备和技术，这无疑增大了煤炭企业的生产成本，煤炭企业要为选择自身经济利益的最大化就会选择安全不达标，减少生产成本的生产方式；同样，煤矿雇员也会违章操作以减少自己的劳动量，获得更多的闲暇，这就构成了政府、企业和雇员之间的三方博弈。

所以，为了保证煤矿的生产安全，相关部门应做好以下工作：一是建立具有立法层次高、权威性强、体系严密、完整性强、条款明确、可操作的煤矿安全监管法律法规体系和权威、高效的煤矿安全监管监察体系；二是实行"政府监察、非政府协助、业主负责"的监督监察体系，通过立法规范监管监察机构和监察人员的行为；三是对煤炭安全生产进行量化评价，对不合格的煤矿企业进行罚款或整改，对整改后仍不合格的煤矿进行关闭；四是建立和完善煤矿安全生产自律机制和激励机制。

（五）促进国际合作与交流

一方面引进国外主要采煤国家的煤炭开采技术和设备，即增加煤矿的技术和设备投入；另一方面煤炭开采、投资和培训等方面应开展广泛合作，如开展与煤炭开采先进国家进行煤炭行业发展课题研究，全面了解各国煤炭行业情况及未来发展趋势，即增加煤矿的安全等投入；其次是在煤炭开采、机械设备、科技等领域应开展合作，将煤炭开采的新技术、新设备等早日运用到中国的煤炭开采过程中，实现煤炭资源的可持续开发利用。

参考文献

［1］Cairns R. D., Quyen. N. V. Optimal Exploration for and Exploitation of Heterogeneous Mineral Deposits ［J］. Journal of Environmental Economics and Management, 1998, 35（2）.

［2］Peter Follet, Luis Bojorquez. Tapia and Mariano Hemandez Narvaez. Natural Resources Management Practices ［M］. Blackwell Publishing, 2001.

［3］杜利尔. 世界煤炭远景仍然看好［J］. 中国煤炭, 1996（8）.

［4］丁子信. 中国能源矿产开发利用的经济学分析［D］. 中央民族大学博士论文, 2007.

［5］王建设，侯渡舟，李慧民，朱宾梅. 煤炭资源开采系统评价［J］. 西安科技大学学报, 2005, 12（4）.

［6］薛文彬，周科等. 谈矿山企业制定年度开采回采率指标的方法［J］. 矿产保护与利用, 2003, 5（10）.

［7］张金锁，王喜莲. 煤炭开采规模的影响因素及模型研究［J］. 能源技术

与管理，2007（5）．

［8］任传鹏，丁日佳等．我国煤炭采出率标准研究［J］．煤矿开采，2010，6（15）．

［9］茅于轼，盛洪，杨富强．煤炭的真实成本［M］．北京：煤炭工业出版社，2008．

［10］唐军华．潞安矿区煤炭资源绿色开采发展思路［J］．煤，2009（3）．

［11］李爱彬，周敏，卞丽丽．基于外部性理论的绿色开采经济学分析及政策建议［C］//系统工程在矿业领域的应用［M］．第十一届全国矿业系统工程学术会议论文集，2008．

［12］张米尔，邸国永．从我国煤炭产业看产业组织低效率问题［J］．经济理论与经济管理，2002（1）．

［13］刘劲松．我国煤炭价格形成机制分析［J］．煤炭经济研究，2009（2）．

［14］卢晓庆，赵国浩．煤炭安全生产中政府与企业的博弈分析［J］．能源技术与管理，2009（5）．

［15］张莹．安全生产监管博弈分析［D］．山东大学硕士论文，2007．

［16］李运强，黄海辉．世界主要产煤国家煤矿安全生产现状及发展趋势［J］．中国安全科学学报，2010，20（6）．

第二节　煤炭资源利用效益最大化对策研究①

一、人口、资源与环境

人类有史以来的经济发展可以分为三个阶段：劳力经济、资源经济和智力经济。所谓劳力经济就是经济的发展主要取决于劳力资源的占有和配置，农业经济就是这样一个阶段。所谓资源经济就是经济社会的发展主要取决于自然资源的占有和配置，工业经济就是这样一个阶段。所谓智力经济就是经济的发展主要取决于智力资源的占有和配置，其表现就是科学技术是第一生产力，未来经济就是智力经济。目前世界各国都还处于资源经济的后期，自然资源仍是经济社会发展决定性因素。

经济的高速发展使得中国不可避免地成为能源消费大国。目前，中国不仅成

---

① 原论文：《煤炭资源利用效益最大化对策研究》，《中国管理科学》2007年第11期。

为煤炭、钢铁、铜等世界第一消费大国，继美国后的世界第二石油和电力消费大国，更主要的是煤炭资源。伴随着中国经济快速增长，中国能源储量与未来几十年的发展的需求之间的缺口将越来越大。同时，中国的经济社会发展对能源的依赖比发达国家大得多。从能源利用效率来看，中国单位产品的能耗水平较高，据统计资料显示，8个高耗能行业的单位产品能耗平均比世界先进水平高47%，按此计算，与国际先进水平相比，中国的工业部门每年多用能源约23亿吨标准煤。能源供应不足与能源浪费惊人并存，使能源资源供求矛盾更加突出。

中国能源资源结构以煤为主，占能源结构总量的75.2%，水力居次，占22.4%，油气为辅，仅占2.4%，油气资源比重比世界油气比重要低得多。以探明储量6大区域分布看，能源资源的80%左右分布在北方。煤炭资源大部分集中在华北和西北地区；石油资源主要集中在东北、华北和西北；水力资源的70%分布在西南地区。

困扰中国经济社会发展的"人口、资源和环境"中，人口问题的表现主要是资源的承载能力，环境问题的表现主要是过度消耗资源并大量排放污染物。当前，由于长期以来人类对自然资源的掠夺性开采和破坏性利用，资源问题已经成为全球性的并且也是中国所面临的"人口、资源和环境"三大问题之一。根据联合国一系列组织的报告说明，人类正面临着全球性的水、森林和能源等主要资源危机。因此，资源的有效保护和永续利用在中国经济持续发展中占有十分重要的地位。资源合理利用问题已经成为可持续发展战略能否实现的关键性因素，而如何建设资源节约型社会，使煤炭资源发挥最大社会经济基础效益已成为中国现代化建设的迫切需求，也是本文研究的重点。

二、煤炭资源利用效益最大化政策分析

（一）资源补偿费政策与煤炭回采率的经济分析

随着煤炭的不断开采，其煤炭存量将会越来越少。因此，除了根据可持续发展的目标来合理安排不同阶段对煤炭的开采量，提高煤炭利用的效率，这样可以相对延长资源可利用时间外，提高煤炭的回采率，减少对煤炭的浪费才是从根本上绝对地延长了资源的可利用时间。而要做到这一点，一方面要依靠科技进步，提高对煤炭的开采技术；另一方面则要综合运用经济刺激、法律约束、社会宣传和教育手段，杜绝对煤炭低水平的开采和滥采，减少对煤炭资源的浪费。而实行资源补偿费政策就是一种有效的经济手段。

资源补偿费是指对开发或利用资源的生产者和消费者直接征收的，同时用于补偿或恢复开采和利用资源过程中造成的资源破坏的费用支付。资源补偿费政策的实质是通过征收资源补偿费将资源开发和利用的外部性内在化，其中对资源补偿费的定量确定是整个政策的关键。

一般地，在一定的开采技术条件下，煤炭资源回采率的提高主要取决于煤炭开采过程中生产要素投入量的多少，即生产成本的多少。如果以回采率作为自变量，则净生产成本（指实际生产成本减去由于回采率提高而带来的收益）将随着回采率的提高以指数形式增长。一般情况下，当假定煤炭的价格不变时，煤炭资源的经济损失将随着回采率的提高呈线性递减。如果以资源补偿费来反映煤炭资源的经济损失，则资源补偿也将随着回采率的提高呈线性递减规律。

假定生产成本与回采率之间的函数关系为：

$$C_1 = f(r) \tag{4-13}$$

式中：C_1 为生产成本；r 为回采率，且 f 满足 $f' > 0$，$f'' > 0$。

假定资源补偿费与回采率的关系满足：

$$C_2 = a + br \tag{4-14}$$

式中：C_2 为资源补偿费；a、b 为常数，且 $a > 0$，$b < 0$。

假定煤炭开采的总成本为 C，则有：

$$C = C_1 + C_2 \tag{4-15}$$

对每个煤炭生产者来说，都是追求利润最大化为目标的。当每个生产者的收益都相同时，选择最优回采率使总成本最小就成为实现利润最大化的唯一途径。

令：$\dfrac{dC}{dr} = 0$

即：$f' = -b$ \hfill (4-16)

上式表明，当生产成本曲线斜率绝对值等于资源补偿费曲线斜率的绝对值时，即可得到最优回采率。假定最优回采率为 r^*，则生产成本曲线、资源补偿费曲线、最优回采率可如图 4-1 所示。

不失一般性，假设：$f(r) = d + \dfrac{1}{2}kr^2$，$k > 0$

则有：$f'(r) = kr$

故有：$r^* = -\dfrac{b}{k} > 0$ \hfill (4-17)

如果要想提高回采率 $\alpha\%$，即 $r_2^* = (1+\alpha\%)r_1^*$，则资源补偿费的征收标准的强度将从 b_1 增加到 b_2，有：

$$b_2 = -kr_2^* = -k(1+\alpha\%)r_1^* = (1+\alpha\%)b_1 \tag{4-18}$$

可见要使煤炭资源生产者达到目标回采率，可以通过调整经济政策，采取一定的经济手段，按照当时的科技水平以及生产成本状况，选择有效的资源补偿费征收的标准，使煤炭资源生产者的最优回采率等于目标回采率，达到资源利用效益最大化的目的。

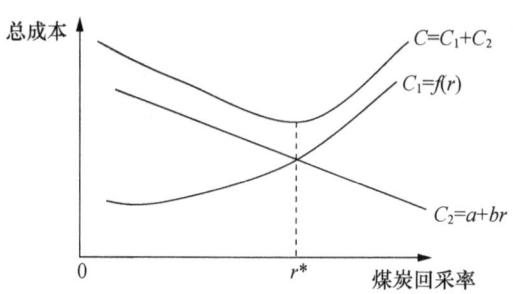

图 4-1 生产成本、资源补偿费和最优回采率

(二) 资源价格政策与煤炭资源最优耗竭的经济分析

按照资源最优耗竭理论,煤炭资源利用效益最大化需要满足两大条件:

煤炭资源最优耗竭的第一个条件是:为使社会从煤炭资源存量中获得最大收益净现值,煤炭资源的价格不应与煤炭资源的边际生产成本相等,而是等于煤炭资源的边际生产成本加上煤炭资源未开采时的影子价格的和。煤炭资源的影子价格即矿区使用费或煤炭这种稀缺资源租。在市场竞争条件下,煤炭企业经营者往往不会考虑社会环境的损失,社会只能通过收取煤炭资源租来增加煤炭企业成本,使煤炭资源产品的价格基准等于煤炭资源的边际生产成本与煤炭资源租的总和。

煤炭资源最优耗竭的第二个条件是:煤炭资源租需以利率相同的比率增长,即社会持有存量资源稀缺租的增长应等于社会长期利率。当社会利率提高时,将会促使煤炭资源耗用加快;相反,如社会利率降低,则有利于减少煤炭资源的流失而起到保护煤炭资源的作用。

煤炭资源最优耗竭的第一个条件是最优开采条件,其中对煤炭资源产品最优定价作了说明;煤炭资源最优耗竭的第二个条件则是最优保护条件,其中对煤炭资源租或煤炭资源使用费的合理调整作了说明。这一理论揭示了煤炭资源开发利用最大效益的必要条件是:煤炭资源价格应等于环境成本、生产成本和时间成本总和。

(三) 资源开发布局与煤炭资源合理利用的经济分析

从可持续发展的角度出发,对煤炭开发强度与保有储量的关系,各规划区煤炭生产状况与地理环境特点,煤炭开发布局现状与环境承受能力进行分析,中国今后若干年内煤炭资源的开发应制定如下战略:

(1) 大力节约能源,提高煤炭资源的利用率,控制消费总量和开发强度,煤炭产量以年均增长率在 2% 左右最为适宜,力争实现低需求方案。

(2) 在煤炭洗选脱硫技术没有得到很好解决之前,适当限制高硫煤的开采,尽量减少高硫煤生产所占的比重，同时加强对高硫煤脱硫技术的研究。

（3）减少高硫煤开采的重点是减少西南地区晚二叠世龙潭组和华北地区石炭世太原组所含煤层的开采，为此一方面需要在相应的地区内择优开发；另一方面需要提高铁路交通线路的运煤能力，使西南和华北地区所减少的供给量能够从中西部地区煤炭开发中得以弥补。

（4）煤炭开发战略西移势在必行，中西部晋陕蒙（西）区大规模煤炭开发中面临的环境保护问题仍然十分严峻，并有防止沙漠化和寻找、解决水资源等煤矿生产时新出现的环境保护和治理问题，相应措施的实施应与煤炭开发同步进行。

（5）把握矿业生命周期，促使矿区可持续发展。由于矿产是不可持续利用的资源，决定了矿区经济的发展必然经历一个从勘探到开采、高产稳产（鼎盛）、衰退直到枯竭的过程（见图4-2）。伴随矿区由兴到盛再到衰的演变轨迹，单纯以矿产产业为支柱的矿区也会有着相似的发展轨迹，以致矿竭城衰。但是，如果矿区在资源衰退之前或资源的高产稳产期，利用矿业积累下来的资金、技术、人才等，滚动式带动其他行业和第三产业的发展，逐步把重点转移到培育非矿资源型支柱产业上来，减少对资源的依赖度，就能顺利实现矿区经济的资源接续和产业接替。这样，在矿产资源走向衰竭之前，矿区经济有新的经济增长点和支撑点，仍能保持旺盛的生命力和经济活力，顺利地跳出一般矿区的生命周期，在较高的起点上，开始另一种职能意义上的新生，从而获得矿区经济的持续发展。

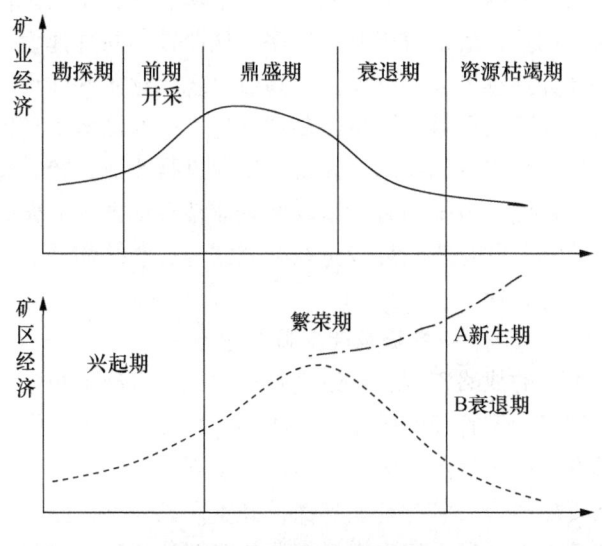

图4-2 矿区生命周期示意图

三、煤炭资源利用效益最大化对策建议

（一）整合煤炭资源，提高资源利用效益

煤炭资源整合是指以现有合法煤矿为基础，对两座以上煤矿的井田合并和对已关闭煤矿的资源/储量及其他零星边角的空白资源/储量合并，实现统一规划，提升矿井生产、技术、安全保障等综合能力；并对布局不合理和经整改仍不具备安全生产条件的煤矿实施关闭。

打破地域、行业和所有制界限，加快培育和发展若干个亿吨级大型煤炭骨干企业和企业集团，使之成为优化煤炭工业结构、建设大型煤炭基地、平衡国内煤炭市场供需关系和"走出去"开发国外煤炭、参与国际市场竞争的主体。国家规划矿区、对国民经济具有重要价值矿区的资源开发由国有资本控股。鼓励发展煤炭、电力、铁路、港口等一体化经营的具有国际竞争力的大型煤炭企业集团。鼓励大型煤炭企业到境外投资办矿，带动煤炭机械产品出口和技术、劳务输出，提高中国煤炭工业的国际竞争力。

产煤地区应充分发挥市场机制的作用，加快中小型煤矿的整顿、改造和提高，整合煤炭资源，实行集约化开发经营。鼓励大型煤炭企业兼并改造中小型煤矿，鼓励资源储量可靠的中小型煤矿，通过资产重组实行联合改造。积极推进中小型煤矿采煤工艺改革和技术改造，规模以上煤矿必须尽快做到壁式正规化开采。淘汰布局不合理、不符合安全标准、不符合环保要求和浪费资源的小煤矿，取缔违法经营的小煤矿。优化矿井布局，减少矿点，扩大单井规模，提高安全保障程度，提升整体开发水平。鼓励支持大型煤炭企业兼并、收购、整合小煤矿资源。

加强政府宏观调控，规范煤炭开发秩序，从严控制新井建设。除了安排大型煤炭企业急需的部分接续型大型、安全、高效、现代化矿井建设项目之外，原则上不再批准新的矿井建设项目，严格限制现有生产矿井低水平扩能。重点支持具备条件的地方煤矿采用先进的技术、装备对矿井进行改造，提升煤矿生产力发展水平、提高机械化程度。鼓励国有大型煤炭企业整合地方煤矿做大做强。鼓励电力、冶金、化工等相关联企业与煤炭企业开展联合。继续淘汰、关闭落后生产能力，关小建大、能力置换。

（二）强化管理，健全煤炭资源开发监管体系

煤炭资源是重要的战略资源，要改进管理方式，实现由粗放开发型管理向科学合理开发、保护节约型管理的转变。依法科学合理划定煤炭资源国家规划矿区和对国民经济具有重要价值的矿区，严格按国家规划有序开发。强化资源规划和管理，推进煤炭资源整合。坚持开发与保护并重，尤其是对主焦煤等稀缺煤种资源要实行保护和控制性开发。建立煤炭资源战略储备制度，对特殊和稀缺煤种实

行保护性开发。

要综合运用煤炭发展规划、产业政策、法律法规等手段,加强对煤矿开发建设和煤炭生产的监督管理。要严格按照《中华人民共和国矿产资源法》和国务院行政法规,规范煤炭资源勘查、开采登记管理工作,纠正、制止一切越权审批和以招商引资为由越权配置煤炭资源的行为。煤炭开发规划和资源管理工作要相互衔接,紧密配合。加强煤炭管理力量,健全和完善管理制度,强化煤炭资源和生产开发管理。

进一步完善矿业权有偿取得制度,规范煤炭矿业权价款评估办法,逐步形成矿业权价款市场发现机制,实现矿业权资产化管理。煤炭矿业权资产化要与科学的生产规划相结合,按照"统一规划、集中开发、一次置权、分期付款"的原则有序进行。严格矿业权审批,对国家规划矿区内的煤炭资源,凡未经国家批准开发规划和矿业权设置方案的,一律不得办理矿业权的设置。保障矿区井田的科学划分和合理开发,形成有利于保护和节约资源的煤炭开发秩序。

建立严格的煤炭资源利用监管制度,对煤炭资源回采率实行年度核查、动态监管,达不到回采率标准的煤矿,要责令限期整改;逾期仍达不到回采率标准的,依法予以处罚,直至吊销采矿许可证和煤炭生产许可证。

(三)加强综合利用,构建煤炭资源循环经济体系

大力发展洗煤、配煤和型煤技术,提高煤炭洗选加工程度。积极开展液化、气化等用煤的洁净煤技术的应用,稳步实施煤炭液化、气化工程。加快低品位、难采矿的地下气化等示范工程建设,带动以煤炭为基础的新型能源化工产业发展。采用先进的燃煤和环保技术,提高煤炭利用效率,减少污染物排放。

按照高效、清洁、充分利用的原则,开展煤矸石、煤泥、煤层气、矿井排放水以及与煤共伴生资源的综合开发与利用。鼓励瓦斯抽采利用,变害为利,促进煤层气产业化发展。按照就近利用的原则,发展与煤炭资源总量相匹配的低热值煤发电、建材等产品的生产。

积极引导合理用煤、节约用煤和有效用煤,努力缓解当前煤炭供求紧张状况,解决煤炭产需长期矛盾。大力调整经济结构,切实转变经济增长方式,完善产业政策和产品能耗标准,限制高耗能工业的发展。优化能源生产和消费结构,鼓励发展新能源,努力减少和替代煤炭使用。依靠科技进步和创新,推广先进的节煤设备、工艺和技术。强化科学管理,减少煤炭生产、流通、消费等环节的损失和浪费。制定有利于节约用煤的经济政策、技术标准和法规,利用经济、法律和必要的行政手段,实行全面、严格的节煤措施,在全社会形成节约用煤和合理用煤的良好环境。

四、结束语

煤炭产能产量盲目扩张,不仅过度消耗和浪费不可再生的宝贵资源,而且势必引发供过于求和恶性竞争等问题,并使不堪重负的生态环境"雪上加霜"。遵循市场经济规律和煤炭工业发展规律,必须摒弃盲目扩大产能产量的外延式生产的老路,在科学预测和保障全国煤炭需求的基础上,科学控制煤炭生产总量,寻求煤炭最佳生产规模,使煤炭资源发挥最大的社会经济效益。煤炭资源管理部门应该采取积极政策,选择有效的资源补偿费征收的标准,使煤炭资源生产者的最优回采率等于目标回采率,达到资源利用效益最大化的目的;加强政府宏观调控,规范煤炭开发秩序,从严控制煤炭资源无序开采。要综合运用煤炭发展规划、产业政策、法律法规等手段,加强对煤矿开发建设和煤炭生产的监督管理。真正提高煤炭经济的质量和效益,走内涵式发展道路。实施科技兴煤战略,大力推进技术创新和科技进步,努力把信息技术、网络技术、自动化技术、环保技术、洁净煤技术等广泛运用于煤矿开采、安全监控、环境保护和煤炭资源深加工等领域,加大科技创新的投入和政策支持力度,扶持煤炭研究院所、高等院校和煤矿企业技术研发中心等在关键技术、共性技术和适用技术方面实现研发突破并推广应用,实现煤炭资源利用效益最大化和煤炭资源经济综合高效发展。在煤炭资源管理研究中尚需对煤炭资源利用效益最大化问题进行实证研究以及对煤炭资源综合利用对策进行研究。

参考文献

[1] Peter Ffolliott, Luis Bojorquez. Tapia and Mariano Hernandez Narvaez, Natural Resources Management Practices [M]. Blackwell Publishing, 2001.

[2] Zhao Guohao. Study on Natural Resources Management for Sustainable Development in China [C]. Proceedings of The International Conference on Management of Technology, 2006.

[3] Zhong Ziran. Natural Resources Planning, Management, and Sustainable Use in China [J]. Resources Policy, 1999 (25).

[4] Zhao Guohao. Optimization Model to Enhance Sustainable Utilization of Resources [J]. Journal of Systems Science and Systems Engineering, 2002, 11 (1).

[5] 赵国浩. 刍议自然资源管理理论的研究方法 [C] //经济系统分析:理论与应用 [M]. 北京:社会科学文献出版社, 2006.

第三节 煤炭资源综合开发利用对策研究[①]

一、煤炭资源综合开发利用意义

煤炭资源是不可再生的重要矿产资源和基础能源。煤炭占中国矿物能源资源的95%以上。目前,中国已探明的矿物能源资源储量中,煤炭储量1900亿吨,占95.56%;石油储量25亿吨,占2.55%;天然气储量2万亿立方米,占1.89%。根据第三次全国煤炭资源预测与评价,中国煤炭资源远景储量5万多亿吨,其中,保有储量1万多亿吨,基础储量和资源量分别为3342亿吨和6869亿吨。预测资源量和地质总资源量居世界第一位,勘探煤炭的潜力很大。煤炭资源能否合理开发利用,直接影响经济社会的安全发展与国民经济可持续发展。山西是中国最大的煤炭生产基地,多年来煤炭产量占全国的1/4,为全国28个省(直辖市、自治区)源源不断地提供能源支撑。山西煤炭资源健康发展与否,关系着全省及全国经济的发展和国家能源安全。为了有效地利用好我省占有优势的煤炭资源,为山西省创造更好的经济和环境效益,必须走煤炭资源综合开发利用的路子。

煤炭是世界储量最丰富的化石燃料。2000年末,世界煤炭探明可采储量为9842亿吨。按目前生产速度可开采200多年。世界各地都有煤炭资源,但主要分布在北半球北纬30°~70°,占世界煤炭资源的70%。就煤炭质量而言,亚洲国家优质煤(发热量大于5700千米/千克)占总资源的比重较高。从煤炭储量来看,中国煤炭行业的主要竞争对手为美国、印度、澳大利亚、南非和独联体国家。

煤炭不只是燃料,还是多种工业的原料。据德国资料,煤中组分多达475种。李四光教授曾指出:"像煤炭这种由大量丰富多彩的物质集中构成的原料,不管青红皂白一概当作燃料烧掉,这是无可弥补的损失。"用煤作原料制成产品,其经济效益可大幅度提高。以炼焦煤为例,除主要产品冶金焦炭外,还可以获取煤焦油和焦炉煤气。煤焦油可以用来生产化肥、农药、合成纤维、合成橡胶、塑料、油漆、染料、药品、炸药等产品;焦炭除主要用于冶金外,还可以用来制造氮肥;焦炉煤气可用于平炉炼钢、焦炉本身燃料和城市煤气,也可作为化肥、合

---

① 原论文:《煤炭资源综合开发利用对策研究》,《能源技术与管理》2007年第5期。

成纤维的原料，煤的气化、液化在煤的综合利用中更是重要内容。中国有多种可以制取液化燃料的煤类，如各种残植煤、藻煤、烛煤等。

煤炭资源综合开发利用主要有煤炭洗选，即利用先进的洗煤技术，实现煤炭产品脱硫和降灰；配煤加工，适应用户对煤质的多元需求，提升煤炭资源产品档次，提高经济效益；型煤加工，帮助主消费地采用炉前成型技术，提高煤炭资源利用效率；煤炭地下气化；煤制活性炭，促进煤炭加工转化成优质活性炭，提高煤炭资源附加值；煤炭液化，将煤炭转化的液体煤油（煤变油）；煤层气综合开发利用；水煤浆的综合利用；煤矸石建材，建设以煤矸石为主要原料和材料的矸石砖厂、水泥厂等；共伴生资源的开发与利用，对煤共伴生的资源如高岭土、铝矾土、硫铁矿等进行综合开发与利用。

煤炭企业有组织地开展煤炭资源的综合利用工作始于70年代中期。最早始于建设煤矸石电厂，并取得较好的经济效益。煤炭资源综合开发利用日益得到重视。煤炭资源综合开发利用，就山西具体情况而言，更主要的是指以煤炭为基础的传统产业的延伸和扩展，主要包括煤层气利用、煤化工、与煤炭有关的新产品开发。

作为煤炭经济强省，山西依托丰富的优质煤炭资源，多年来煤炭产量占全国1/4，出省煤炭占全国省际间调拨量的75%～80%，为全国28个省（直辖市、自治区）源源不断地提供能源支撑；煤层气储量达10万亿立方米，占全国总储量的1/3；焦炭产量占到全国的40%，出口量占到全国的80%。煤及其相关的焦、电、冶金传统的四大支柱产业，占全省工业比重的80%左右、财政收入的60%左右。近年来，更是紧抓国家实施煤炭工业可持续发展政策措施试点的机遇，着力转变单纯生产和输出煤炭的发展路径，推动煤炭、焦炭、化工、冶金、电力工业，加快精深加工、延伸产业链、提高附加值，探索走出煤炭工业内涵发展、集约发展、高效发展、安全发展、和谐发展的新路，煤炭资源综合利用水平在全国的地位得到巩固拓展。

二、煤炭资源综合开发利用现状与分析

（一）煤炭资源综合开发利用程度低的原因

山西煤系地层中共生和伴生矿产资源分布广泛，种类繁多，如铝土矿、硫铁矿、高岭土、耐火黏土、甲烷及稀有元素镓、锗等，但是由于种种原因，这些矿产资源尚没有得到综合开发利用，资源浪费严重。这些矿产资源若能合理加以综合开发利用，必将获得显著的经济效益。煤炭资源之所以综合开发利用程度低，其原因有以下几方面：

1. 对煤炭资源的可持续发展认识不足，管理体制和运行机制不合理

从总体上看，人们对能源节约与资源综合开发利用的重要性和迫切性还缺乏

足够的认识，在发展思路上只注重短期利益，缺乏整体意识、长远眼光和社会责任，没有循环经济理念，不注意煤炭资源的综合开发利用和环境治理，使资源优势不能真正转化为经济优势。

2. 煤炭资源的综合开发利用的激励不足，约束乏力

中国长期以来实行"产品高价、原料低价、资源无价"的分配倒挂机制，部分能源产品价格扭曲，企业缺乏竞争压力，能源节约与资源综合开发利用的内在动力不足，这严重制约了资源的综合开发利用，不利于激励对煤炭资源的综合开发利用。国家对煤炭资源开发利用单位的约束机制也不健全。对于国家所有的煤炭资源，特别是对暂时没有开采价值的煤炭资源，资源开发利用单位是珍惜节约还是综合开发利用都与其没有很大的利害关系或者不相关联。

3. 煤炭资源综合开发利用的投入不足

中国还没有设立专项资金支持煤炭资源的综合开发利用，企业筹资、融资渠道不畅。煤矿企业效益很差，没有财税支持和政府扶持，很难筹措到煤炭资源综合开发利用的资金。对矿产资源综合开发利用的信贷支持、信息指导、咨询服务、政策配套协调等方面工作欠缺或力度不够。时至今日，越来越多的有识之士痛切地认识到，对于资源综合开发利用，没有政府的大力支持和协调服务，是难以收到满意的效果的。煤炭资源综合开发利用方面的技术工艺水平落后，市场信息不灵，缺乏资源环境意识是制约煤炭资源综合开发利用的重要原因。

4. 政策法规不健全，执法不严

中国煤炭工业相关法律法规十分缺乏，政府在对煤炭工业的管理中，大量运用行政手段，也严重影响了国家对煤炭工业的管理和调控。煤炭市场准入和退出机制尚不完善，缺乏对煤炭资源综合开发利用和保护以及促进企业节能的激励政策，资源综合开发利用的优惠政策在某些地区难以落实。有些煤炭资源综合利用的税收优惠政策在配套方面有漏洞。

（二）山西实施煤炭工业可持续发展现状

从 2005 年 9 月开始，山西省在煤炭行业发起的治乱、治散、治本的三大战役，可以说是山西煤炭工业可持续发展的三个重要步骤。

（1）第一战役是坚决依法关闭所有无证非法开采的煤矿，严厉整治所有违法开采的煤矿，整治不合格的坚决予以关闭。从 2005 年 9 月到 12 月，4 个月关闭煤矿 4876 座。

（2）第二战役是实行煤炭资源整合和有偿使用。以市场经济手段为主，辅之以必要的法律手段和行政手段，淘汰 9 万吨以下的煤矿。第二战役从 2006 年发起，一年间整合淘汰 1300 座 9 万吨以下的小煤矿，截至 2007 年上半年，山西省煤矿已经减少到了 2700 座左右，通过资源整合和有偿使用，共关闭淘汰 1700

座左右。

2007年6月6日，山西省国土资源厅向社会公布，全省有偿使用换发采矿许可证工作已经全部完成，换证率达100%。至此，山西煤炭资源整合三大战役中的第二大战役也画上了圆满的句号，同时也标志着山西煤炭资源由过去的无偿划拨转入了有偿使用的新时期。

（3）第三战役是要上马一批现代化的大型煤矿，上马一批现代化煤开采和煤化工企业、煤炭资源深加工的企业，培育一批煤炭行业的大型企业。从2007年二季度开始，启动实施第三战役，晋城煤业集团、同煤集团、山西焦煤集团、潞安集团、平朔煤炭工业公司等大煤炭集团，已在当地政府的支持下，着手联合、兼并、重组地方中小煤矿；煤炭工业可持续发展政策试点的各项措施已经全面推开。第三战役花大力气培育大公司大集团，煤炭开采率从40%提高到60%多。

（三）煤炭资源综合开发利用的优势

通过实施"三大战役"，山西省煤炭综合开发利用取得了新突破，全省煤炭产销秩序将更加规范，产业集中度将进一步提高，煤炭工业新型化建设将取得丰硕成果。煤炭资源综合开发利用的优势有以下方面：

1. 提高了煤炭资源产业集中度

"三大战役"的核心是提高山西煤炭在生产领域的集中度。通过2005年、2006年两年的实施，矿井的个数比过去减少了1/3，地方小煤矿的单井规模在原来单井规模平均7万吨的基础上提高到现在平均基本上达到20万吨的产能。同煤、焦煤、潞安、平朔、晋煤、阳煤这六大煤矿集团现在产量已经占到全省的50%以上。

2. 煤炭资源安全生产水平得到了大幅度提升

仅就关闭9万吨以下煤矿而言，这些煤矿多数都是安全生产水平低、管理水平差、经济效益小、矿难易发的重点地方，关闭就意味着堵住了事故隐患。在2001年的时候，全省百万吨死亡率是1.85，2006年降到了0.85，2004年、2005年、2006年连续三年百万吨死亡率降到了1以下。

3. 煤炭资源利用率和煤炭附加值大幅度提高

同煤集团副总工程师、生产技术部部长于斌说："2003年，我们总共整合和收购了17对矿井，当时这些矿生产水平非常落后，使用的是畜力车，矿井回收率也非常低，资源回收率只有15%到20%。同煤集团充分发挥大集团优势，通过人才交流、技术改造、工艺优化、管理升级等措施，使工作面资源回收率提高到80%左右，比过去增加了55到60个百分点，资源整合使同煤集团的整体实力也得到进一步提升。"2006年，山西省煤炭资源回收率达到了50%左右。煤炭生产洁净化进程加快，煤炭洗选比重上升。到2006年末，全省煤炭入洗产量已达3.4亿吨，煤炭洗选率达到58%，比2002年的27%提高了31个百分点。

4. 煤炭资源变资本，小矿变大矿，企业形态发生根本性变革

煤炭矿产权有偿取得和货币化以后，资源有了市场价格，成为一种资本纽带，加快了煤炭企业的重组、兼并和资本运作进程。经过煤炭资源整合后，大集团主导行业发展的步伐明显加快。山西省在"十一五"期间打造两个年产亿吨级的"巨无霸"煤炭集团和若干5000万吨以上特大煤企，国有重点煤矿要控制七成以上产能。煤矿总数在"十一五"期间压到2500座。

5. 煤炭行业门槛变高

煤炭行业准入门槛提高，实行规模和人才"双卡"。新建矿井规模原则上不低于年产60万吨，对于现行年产30万吨的煤矿，不再办理增层、扩界手续；中小型煤矿正副矿长和总工程师必须具有中专以上学历或助理工程师以上技术职称，井下安全员、爆破工等"特岗人员"必须具备初中以上文化，经过职业培训并持证上岗。"放下锄头当矿工"、"文盲矿长"的煤矿用人现象，将逐渐得到改善。

6. 为煤炭工业可持续发展提供了财力

实行煤炭资源有偿使用，山西省共征收煤炭资源价款200亿元。煤炭生产企业的内外环境将大大优化。生态环境边采边治边恢复，构筑煤炭开发"事前防范、过程控制、事后处置"的三大生态环境保护防线，山西省将用10年时间使全省矿区生态环境明显好转。煤矿将建立转产发展资金，用于煤炭企业转产、职工再就业、技能培训和社会保障等。产业和区域经济转型机制等外部环境也将改善，煤炭工业的社会包袱将大大减轻。

三、煤炭资源综合开发利用的对策建议

山西煤炭资源的综合开发利用，与山西的经济发展息息相关。它事关煤炭工业能否实现可持续发展，能否真正扭转煤炭工业的煤炭产品加工转化、资源综合利用和非煤产业发展不足、煤炭产品附加值和科技含量低、煤炭行业整体效益差的局面。促进煤炭资源综合开发利用，我们应该采取得力措施。

（一）实施煤炭资源综合开发利用战略选择

1. 以节约型煤炭资源消耗战略为基础，实现煤炭资源的可持续开发利用

坚持煤炭资源开发利用与社会经济发展和生态环境保护相统一，既讲求经济发展与经济效益，也重视社会效益和生态效益，实现节约型的煤炭资源消耗战略，优化煤炭资源的配置。可持续发展的煤炭资源综合开发利用模式要求煤炭资源配置以市场机制为基础，提高煤炭资源综合开发利用效率，立足于提高单位煤炭资源的利用价值和产出率，以最少的煤炭资源消耗和环境代价，取得最大的社

会、经济、生态环境效益,实现资源、社会、经济与生态环境协调发展。

2. 以集约型与科技推动型的煤炭资源开发利用战略为支撑,提高煤炭资源的综合开发利用水平

改变煤炭能源生产中存在的结构不合理、经营方式粗放、经济增长主要靠增加投入的发展模式;加快集约型与科技推动型煤炭资源开发,以扩大煤炭资源开发利用的广度、深度为目标,依靠集约型经营与科技进步,增加煤炭资源的供给;发展规模煤炭经济,充分利用煤炭资源,发展新工艺、新技术,不断提高煤炭资源回收率,充分开发利用质量较差的煤炭资源,实现煤炭资源综合开发利用的方针,大力开发尾矿、废石、工农业和社会生活废弃物,发展二次资源的利用;开发利用新型能源、新型材料、替代能源和替代资源。

3. 以科技进步带动型的煤炭资源综合开发利用战略为依托,开发与推广洁净煤技术,促进煤炭资源高效清洁利用

依靠科技水平的不断提高,积极开发和推广洁净煤技术,进行煤炭的高效清洁利用,提高煤炭资源的利用率。煤炭气化技术的实现可以为电力提供清洁的燃料,促进煤化工的发展。同时,增大煤炭就地转化的比例,采用先进的燃烧发电技术,大力发展坑口电站,在终端能源消费中以电代煤,提高能源利用效率,减少对大气的污染。

(二) 实施煤炭资源综合开发利用的方案选择

煤炭资源综合开发利用方案的选择,首先需要确定煤炭资源综合开发利用的目标,只有知道了最终要达到怎样的结果才能对方案进行选择;其次是确定可行性评价标准,包括煤炭资源综合开发利用的技术可行性、经济可行性、社会可行性以及生态环境可行性;确定评价标准之后,就可以提出煤炭资源综合开发利用的所有可能方案;再次,依照可行性评价标准对各个可能方案进行可行性预期评价;最后,筛选出煤炭资源综合开发利用的最优或最适方案。方案选择的流程图如图4-3所示。

(三) 实施山西煤炭资源综合开发利用的对策建议

提高山西省煤炭资源综合开发利用,就是要在科学发展观指导下,走集约发展、内涵发展、绿色发展、综合高效发展、和谐文明发展的道路,努力使山西从资源能源大省、煤炭生产大省转化为资源、能源强省,建设成国家重要的新型能源基地。

1. 集约发展,打好三大战役,提高煤炭产业集中度和整体素质

长期以来,山西的煤矿生产形成多、小、散、乱的格局,生产方式粗放落后。"三大战役"正是从治乱开始,釜底抽薪,有效解决煤炭经济的集中度和发展质量问题以及安全生产的问题。

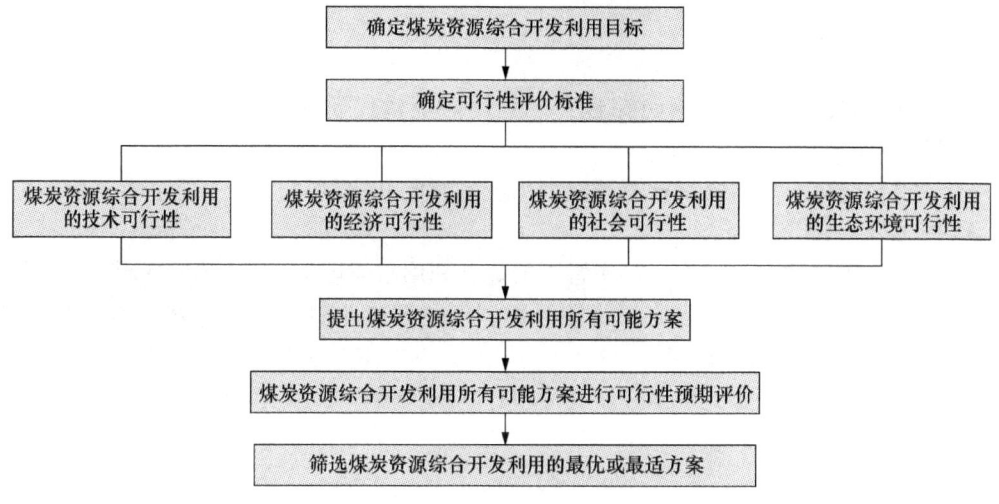

图 4-3　煤炭资源综合开发利用方案选择流程

2. 内涵发展，控制产能产量，提高质量和效益

从山西现在的资源环境承载能力来看，从节约宝贵的不可再生资源来看，从人民的根本利益和长远利益来看，煤炭都不能够再走粗放式外延扩大再生产的道路。"三大战役"正是在科学预测、保证国家需求的前提下，严格控制产能，走内涵发展、提高质量和效益之路。经认真测算分析，山西"十一五"期间煤炭年产量实行零增长，控制在 7 亿吨左右。产量不增加，煤炭经济还要发展，怎么办？一是通过大煤矿兼并小煤矿进行产能置换，提高煤炭企业生产能力。二是通过技术的创新，开采方式的改革，提高煤炭的回采率，争取回采率提高到 60%。这也正是"三大战役"要解决的问题。

3. 综合高效发展，建设综合能源基地

山西作为国家的能源基地，长期以来只是生产和输出煤炭。"十一五"期间要大力推进煤炭加工转化，积极发展煤炭资源综合开发利用渠道，形成一次、二次能源并举，煤电气油各类能源共同发展的新格局。现在国际、国内出现了千载难逢发展煤化工的机遇，山西又有煤炭资源条件和生产技术条件，要全力发展，力争煤化工成为山西省新的支柱产业。

在未来相当长时间内，煤炭仍将是中国社会经济可持续发展的战略性物资保障，是不可再生的宝贵资源。综合开发利用山西省的煤炭资源有着十分重要的经济意义和战略意义，在今后煤炭资源的开发利用过程中，应该坚定不移地走综合开发利用的道路。

参考文献

[1] 赵国浩. 煤炭资源综合开发利用对策建议研究[J]. 能源技术与管理, 2007（5）.

[2] 杨起. 我国煤炭资源开发利用应重视的几个问题[J]. 中国科学院院刊, 1996（2）.

[3] 孟凡珠, 牛川梅. 煤炭资源的综合利用与环境保护[J]. 煤, 1999（6）.

[4] 韩晋仙. 山西省煤炭资源开发利用的现状及对策[J]. 郑州航空工业管理学院学报, 2004, 12（4）.

[5] 梁占耀. 煤炭资源开发利用中存在的问题、成因及对策[J]. 煤炭工程, 2006（2）.

第四节 煤炭资源利用效率与生态帕累托关系研究[①]

一、能源利用与生态环境发展状况

工业革命是人类历史上经济起飞和发展的重要标志，它使得人类进入了一个全新的时代。工业革命使帕累托得到了改进，提高了资源利用效率，大大促进了人类的进步与文明。随着第二次甚至是第五次工业革命的到来使得资源利用越来越有效率，机器化大生产越来越普遍地取代了手工作坊生产。然而随着一次又一次的工业革命的冲击，生态帕累托状态是不是也随之不断地得到了改进？

中国 30 多年来的改革已取得了举世瞩目的成就，但在经济快速增长、效率不断提高的同时，贫富悬殊、城乡差距、社会不公、两极分化、阶层对立、利益冲突等诸多问题出现，我们的社会前进了吗？人民的幸福指数上升了吗？我们整个国家的生态帕累托状态是在一直改进吗？山西省是中国最重要的煤炭生产基地，其产量约占全国总产量的 1/3，山西省的经济一直是以煤炭行业为中心来发展的。新中国成立 60 多年来，山西煤炭工业的发展取得了辉煌的成就。随着技术装备的不断进步带动了煤炭资源利用效率的提高，煤炭的开采、洗选、加工、储运等得到了改进。但与此同时，山西省也是中国污染最为严重的省份，全省的大气和水环境质量整体处于高污染水平。"十一五"尘埃落定，"十二五"已拉

---

① 原论文：《山西煤炭资源利用效率与生态帕累托之间的关系研究》，《工业技术经济》2012 年第 4 期。

开序幕。山西省在全国大局的客观要求和省委省政府的主观愿望两层原因的背景下，成为国家首次批复的以一个省的全部地区为综改区的省份。加快转变经济发展方式、实现转型跨越贯穿山西"十二五"规划全过程，山西实现转型面临重大挑战，研究资源利用效率和生态帕累托之间的关系尤为必要。

1973年8月5～20日，中国第一次环境保护会议在北京举行。这次会议确立了中国环境保护工作方针："全面规划，合理布局，综合利用，化害为利，依靠群众，大家动手，保护环境，造福人民。"此外，会议还制定了《关于保护和改善环境的若干规定》。"综合利用"体现了一种合理利用资源的构想，即提高资源利用效率。资源利用效率的提高与一个城市的生态建设密切相关，李继涛提出资源开发与利用是生态城市建设与发展的核心与战略基础，生态城市就是蕴涵自然—经济—社会协调发展和城市整体生态化的人工复合生态系统。建设这样的生态城市无疑关系到每个公民的切身利益，生态城市的建设将大大提高人民的幸福指数。中国资源总量虽然位居世界第三位，但是人均资源占有量却排到世界第53位，仅为人均世界占有量的一半。资源利用效率问题在中国尤为严峻，我们更应该为提高资源利用效率提出切实可行的方法，摆脱中国环境"透支"的困境。

一次性能源——煤炭是山西经济的重要支柱，所以煤炭利用效率研究对山西的发展尤为重要。赵国浩在对矿产资源开发利用分析中指出，山西国有重点煤矿机械化水平回采率可达70%，但是大量地方和乡镇煤矿的回采率平均只有30%，相当多的非法小煤窑回采率只有10%～20%，2005年全省煤炭回采率为48%，造成了资源的严重浪费。而且共伴生矿产的综合回收利用水平较低，很大一部分矿山企业根本未进行综合回收利用。煤炭资源中煤化工、煤矿办电、煤层气开发利用、煤炭液化等战略性起步工程进度缓慢。薛晓娇、李新春（2011）对全国各省份的能源生态足迹进行了计算和排序，能源生态足迹越大说明本地区能源利用效率越低，山西省的能源生态足迹最高，达 5837.957×10^4 公顷，是能源生态足迹最低省份海南省的37倍。煤炭是一次性不可再生能源，能源生态足迹反映了山西省能源生态面临的巨大压力。

二、资源利用效率与生态帕累托之间的关系

简言之，帕累托最优即是在不使任何人境况变坏的情况下，不可能再使某些人的处境变好的一种状态。众所周知的是，帕累托最优只是一种理想状态，所以在实际中，我们只能努力使帕累托状态不断地得到改进。资源的无节制、过度的利用势必造成生态环境的破坏，生态环境制约于资源的利用效率。山西的经济又制约于煤炭资源的利用效率。所以，对于山西而言，提高煤炭资源的利用效率对山西具有经济和生态双重意义,而目前山西的最大问题就是处理好煤炭资源利用效率与生态环境之间的关系。

由于对社会发展的评估是由经济因素和生态因素综合起来衡量的,现代社会的良性发展需要在经济发展的同时具有良好的生态环境,所以在资源利用效率提高使得经济帕累托效应得到改进而使得生态帕累托效应变坏的条件下,总的帕累托效应得不到实质性的改进。

在中国,煤炭在一次性能源的生产和消费中一直保持在70%左右,如表4-10所示。煤炭与我们的生活密切相关,可以说煤炭在经济帕累托和生态帕累托的改善中起着关键性的作用。煤炭的不可再生性要求我们对煤炭资源要倍加珍惜,要切实提高煤炭资源的利用效率。

表4-10 中国一次性能源生产和消费结构表　　　　单位:%

年份	煤炭占能源消费总量的比重	煤炭占能源生产总量的比重
1978	70.7	70.3
1985	75.8	72.8
1995	74.6	75.3
2005	69.1	76.5
2006	69.4	76.7
2007	69.5	76.6
2008	68.7	76.7

资料来源:赵志强,高洋,汪昕,吕亚伟. 中国煤炭资源开采回采率问题研究[J]. 煤矿现代化,2011(1).

煤炭资源利用效率低下产生的外部不经济导致的生态帕累托低效率主要表现在以下两方面:

(一)煤炭开采的外部不经济所引起的生态帕累托效率低下

煤炭在开采等过程中产生了大量的煤矸石,在烈日下极易燃烧,燃烧将产生大量烟尘及二氧化硫、硫化氢、一氧化碳等有害气体。在煤炭的洗选加工过程中也将产生大量的矸石、煤泥等固体废物,经雨水冲洗,直接导致地表及地下水的污染,生态帕累托效率将十分低下。以生产原煤为基础,应综合开发一系列与原煤直接相关的衍生产品。主要有原煤经过洗选加工生产的煤炭系列产品;用动力煤及洗煤产品中的中煤、煤泥及矸石发电;用焦煤经过洗选来炼焦及生产煤化工产品等。

(二)煤炭消费的外部不经济所引起的生态帕累托效率低下

不仅煤炭在开采过程中会产生外部不经济使帕累托效率低下,在用户使用煤炭的过程中更是直接导致了有害气体的排放和一些固体废物的产生。煤炭用量少的用户数量很多，政府很难对他们进行控制。使用煤炭的散户是外部不经济的一个重要因素。

山西省是中国的煤炭大省，其煤炭产量占全国总产量的1/3。但同时山西省也是中国污染最为严重的省份之一。"十五"期间全省煤矿整体发展水平不高，煤矿以"多、小、散、乱"的格局为特征，形成"小煤矿无序开采、以环境为代价、资源利用效率低下、事故频频发生、税收大量流失"的状态。解决资源利用效率必须首先解决山西煤矿"多、小、散、乱"不合理的格局。山西省在1998年时乡镇煤矿最多时竟然达到8万多个，产量占全国总产量的43%左右，同时，煤炭库存多达2亿吨，煤价持续下跌，国有煤矿严重亏损，煤矿安全事故频发，资源和生态遭到严重破坏。山西小矿井的最高数量也曾一度超过9000个。1998年以来，山西省共有5000多个非法、布局不合理的小煤矿被取缔。在此期间，全国挖煤情绪高涨，掀起大干的浪潮，但是煤炭资源利用率极其低下，造成了严重的外部不经济，环境遭到严重的破坏，山西省乃至全国的帕累托效率低下。

2009年4月山西省出台《山西省煤炭产业调整和振兴规划》，启动了中国规模最大的煤炭资源整合和企业兼并重组行动。整合之后，山西省矿井数由2600处压减为1000处，拥有企业主体的煤炭企业数量从2200多家减少到了130家。整合的主体是7大煤炭集团等。整合后形成4个年产能力达亿吨级的特大型煤炭集团，以及3个年产5000万吨级、11个年产1000万吨级、72个年产300万吨级的大型煤炭集团，单井平均规模达到120万吨以上，资源回收率由平均不足20%提高到80%以上，这将大大有利于现代化生产、减少事故、减少资源浪费。煤炭回采率得到了大幅度的提高。煤炭资源利用效率显著提高，与此同时，太原的生态环境也得到了明显的改善，生态帕累托有了显著的改进。在煤炭资源整合期间，2010年2月山西省太原市被评为"国家级园林城市"。随着煤炭企业的不断优化整合，技术设备的不断升级，煤炭资源利用效率的不断提高，山西省的生态环境正在逐渐地变好，人民的幸福指数正在上升。

三、能源利用和生态平衡的建议

笔者认为，提高煤炭资源利用效率应该是广义的而不是狭义的，提高煤炭资源利用效率应该不仅是提高煤炭的回采率、利用率，也包括提高对煤层气等煤炭相关品的利用率，还应该包括在煤炭的开采、洗选、加工、消费等过程中产生的废水、废气、废渣等的再利用。所以，真正的提高煤炭的利用效率来改善生态、净化环境、改进帕累托状态任重道远。

总的帕累托的改进受限于经济帕累托和生态帕累托，同时生态帕累托又是"木桶原理"中最短的一块木板，所以采取措施对生态帕累托进行改进从而使总的帕累托状态的改进显得尤为关键和重要。

（一）在普通的公民层次上

针对北京首提的最严管理制度："以水控人"，中国人民大学发展中国家经济研究中心教授彭刚也提出：节水应该成为生活"常态"。控制人口规模、提高人口素质，提高全民族的思想道德水平和文化水平，向全社会大力宣传节约资源的重大意义，促进全民牢固树立节约资源观念，培育人人节约资源的社会风尚，坚决遏制浪费资源、破坏资源的现象。同时大力宣传生态环境保护和建设的重要性，增强全民族的环境保护意识，营造爱护环境、保护环境、建设环境的良好风气。只有这样，才能达到人与自然的和谐。

（二）在煤炭相关企业层次上

煤炭相关企业对山西经济发展的贡献举足轻重。煤炭相关企业需要担负起社会责任，政府再加以政策的引导扶持。就山西乃至整个国家不能指望在煤炭本身的开采数量和范围上做文章，这样只能带来煤炭资源的更加不合理利用，政府的宏观指导和企业的微观控制，通过对煤炭及其附属产品的附加值的开发，形成综合的煤炭生态产业链。

（三）在煤炭相关监管层次上

煤炭的供求不能过度悬殊，煤炭的价格需控制在比较稳定的范围之内，在市场调节的基础上加上政府的宏观规制，建立一套包含生态因素考量在内的能源利用参数体系，使得煤炭资源的利用不仅仅是传统的经济因素考量，而加入生态环境的因子，使之更具合理性。同时在煤炭监管上建立如同证券和银行类似的国家统一监管体系，使得煤炭的生产和销售在整个区域内按照市场需求来进行，同时适合经济发展的程度和层次。

（四）在煤炭相关替代品层次上

山西的煤炭工业是经济的骨干，要实现生态帕累托的改进，就必须发展多种能源经济的综合利用，逐步摆脱过于依赖煤炭产业发展的现状，发挥和其他能源资源的综合联动优势，提高能源经济抵御风险的能力。同时，努力寻求煤炭及相关品的替代品，缓解煤炭及相关品的压力。

（五）在煤炭相关技术层次上

加大科技开发和技术创新，充分发掘煤炭的多次利用，使煤炭的燃烧值和利用效率达到或者超过世界平均水平，同时煤炭资源的利用效率达到最高而使其对生态环境的影响最小。

四、结论

中国《十二五规划纲要》已经颁布,《纲要》中提出了七大新兴产业,分别是:新能源、新能源汽车、节能环保、新一代信息技术、生物、高端装备制造、新材料。《纲要》指出将要把新兴产业培育发展成为先导性、支柱性产业。七大新兴产业中除了"新一代信息技术"外,其余的六大新兴产业都是围绕着"低碳、节能、环保",所以生态帕累托改进是中国须努力的方向。

作为煤炭工业可持续发展试点、循环经济试点省特别是国家资源型经济转型综合配套改革试验区,将为山西省提供有力的政策支持,为山西省实现转型跨越发展提供难得的历史机遇。

参考文献

[1] 汪川. 工业革命及其起源:统一增长理论的解释[J]. 当代经济研究, 2010 (12).

[2] 邓志平. 转型时期贫富差距扩大的现状、成因及其对策分析[J]. 生产力研究, 2009 (20).

[3] 李继涛. 可再生资源开发与利用对生态城市发展的作用研究[J]. 商业文化, 2011 (1).

[4] 赵国浩. 资源管理系统工程理论与实践[M]. 北京:经济管理出版社, 2008.

[5] 薛晓娇, 李新春. 中国能源生态足迹与能源生态补偿的测度[J]. 技术经济与管理研究, 2011 (1).

[6] 赵志强, 高洋, 汪昕, 吕亚伟. 我国煤炭资源开采回采率问题研究[J]. 煤矿现代化, 2011 (1).

[7] 訾晓杰. 煤炭建设项目环境影响经济评价方法及指标体系研究[D]. 西安科技大学博士论文, 2005.

[8] 李克荣, 王刚, 陈传明. 煤炭资源必须综合开发[J]. 煤炭经济研究, 1995 (10).

[9] 崔民选. 中国能源发展报告[M]. 北京:社会科学文献出版社, 2010.

第五节 山西煤炭资源综合利用对策研究[①]

一、煤炭资源综合利用

随着社会生产力的发展,人们对于能源的需求也在不断地提高。当一个国家处于工业化发展的前期和中期阶段,能源消费弹性系数(能源消费增长速度与国民经济增长速度之间的比例关系)一般都大于1;到了工业化后期阶段,系数一般小于1;另外,当一个地区或者国家人均GDP达到某一水平时,人均生活用能也会急剧增长。

煤炭作为能源矿产资源,长期以来为中国国民经济发展提供了70%以上的能源,同时煤炭共伴生矿物、矿山废弃物等又是重要的原材料来源。因此,把煤炭矿产资源作为一个整体,利用矿物加工工程及相关技术,实现资源利用最佳化、经济效益最大化是煤炭工业面临的新形势和新任务。

煤炭资源综合利用是针对过去煤炭企业粗放开发、简洗加工、低效利用、污染环境、效益低下的状况,以煤炭资源综合开采、深度加工、多元发展为基础,以获得最佳的综合(经济、环保、社会)效益为目标,按煤炭资源的特性进行充分利用,从根本上改变以高耗资源、损害环境为代价的局面。它是中国经济和社会发展中一项长远的战略方针,对提高煤炭资源利用效率,建设节约型社会具有十分重大的意义。中国煤炭资源综合利用在国家政策扶持、科技进步、市场拉动等因素的推动下,呈现出快速发展、总体推进的局面,然而煤炭企业粗放经营、对环境破坏严重、效益不高的现状没有较大改观。因此,发展洁净煤技术以及煤化工技术的同时,兼顾煤矸石、煤泥和煤层气的综合利用技术,创新煤炭资源管理模式,进一步促进煤炭资源的综合利用是当前中国煤炭能源发展的重要途径。

国内关于煤炭资源综合利用的研究主要集中于煤炭资源综合利用模式和煤炭资源综合利用技术的研究。翁翼飞等(2008)认为典型模式有"煤—电—建"发展模式,以煤为主,开展煤矸石、煤泥、煤层气、矿井水及与煤共伴生资源综合开发与利用,集煤炭、电力和建材为一体的发展模式和以主产业"煤—煤化工"和"煤—电—铝"为纵向主链条,其他产业为横向补充的发展模式;张翼、

---

① 原论文:《山西煤炭资源综合利用对策研究》,《能源技术与管理》2011年第3期。

任一鑫（2008）从产业发展角度认为可以按照产业延伸模式、产业替代模式和复合模式来发展；孙磊等（2009）论述了煤炭清洁生产技术、废弃物综合利用技术和生态环境治理技术；钱鸣高等（2010）则对煤与瓦斯共采技术、保水开采技术、减沉技术、矸石处理技术和煤炭地下气化等绿色开采技术进行了介绍。可见，从系统的角度，对煤炭资源综合利用的有效技术的研究还很缺乏。因此，本文将应用系统分析方法，对煤炭资源综合利用技术选择进行系统建模，探讨煤炭资源综合利用的有效技术实现途径。

二、煤炭资源综合利用系统分析

系统分析方法是指把要解决的问题看成一个系统，对系统包含的要素进行综合分析，找出解决问题的可行方案。具体步骤包括：明确研究的问题；确定目标；调查研究并收集数据；提出备选方案和评价标准；评估备选方案；求出最优可行方案。

（一）系统目标

对矿区而言，煤炭资源综合利用系统目标就是要实现最优的经济效益、社会效益和环境效益；因而就需要全面分析影响煤炭资源综合利用经济效益的因素，对煤炭及其相关资源进行统筹规划、合理配置，不断提高资源开发利用的技术水平，减少生产过程中产生的废弃物，节约并有效利用资源，尽可能地减少污染和浪费，谋取社会效益最大化。本文将在一定社会效益和环境效益目标下，追求煤炭资源综合利用经济效益最佳化。

（二）影响煤炭资源综合利用经济效益的因素

影响煤炭资源综合利用经济效益的主要因素有煤炭产量分配、转化成本、相关资源数量及利用率、最终产品售价和转化投资。转化后产品产量越大、售价越高、成本越低、投资越少，则经济效益越好。

1. 产量

煤炭转化产品的产量取决于转化率，而转化率又与转化方式和转化工艺有关。煤泥、矸石数量则按原煤设计生产能力的百分比计算（一般按45%计算）。

2. 成本

成本主要是动力费、材料费、工资福利费、设备修理费和其他支出等。

3. 售价

产品售价主要取决于产品质量、市场供求和外部运输条件。如果煤质好，交通便利，市场需求量大，那么煤炭直接外销肯定效益好；反之，则必须对煤进行洗选，以使售煤所带来的利润不少于增加选煤厂的投资。如果洗选后仍不能带来受益，则考虑煤化工、洁净煤技术或其他利用途径。

4. 投资

影响投资的主要因素有煤炭转化工艺、选用的设备等。一般来说，投资越大，产量越高，但它们之间不是绝对的线性关系，而是非降的阶梯形函数关系。

三、煤炭资源综合利用技术选择优化建模

本文的系统优化模型将综合考虑煤炭本身的综合利用及煤炭开发利用过程中产生的废气、废水、废渣、煤炭共伴生矿物的综合利用。

（一）优化模型构建

设矿区第 t 年总产煤量为 Q_t，煤炭资源利用方式有直接外销、洗选、液化、发电、气化、焦化等利用方式，其他可利用资源还有煤层气、矿井水、煤泥、煤矸石等，同时，煤炭伴生矿物在资金技术允许的条件下也可进行开发利用。各相关参数如表 4 – 11 所示。

表 4 – 11　煤炭资源综合利用优化模型各相关参数表

序号	转化方式 （或相关资源）	耗煤 （或数量）	转化率 （或利用率）	产品售价	经营成本	投资	流动资金	固定资产余值	回收流动资金
1	直接外销	Q_{t1}		P_{t1}					
2	洗选	Q_{t2}	r_2	P_{t2}	C_{t2}	I_{t2}	F_{t2}	G_2	H_2
3	液化	Q_{t3}	r_3	P_{t3}	C_{t3}	I_{t3}	F_{t3}	G_3	H_3
4	发电	Q_{t4}	r_4	P_{t4}	C_{t4}	I_{t4}	F_{t4}	G_4	H_4
5	煤化工	Q_{t5}	r_5	P_{t5}	C_{t5}	I_{t5}	F_{t5}	G_5	H_5
6	气化	Q_{t6}	r_6	P_{t6}	C_{t6}	I_{t6}	F_{t6}	G_6	H_6
7	水煤浆	Q_{t7}	r_7	P_{t7}	C_{t7}	I_{t7}	F_{t7}	G_7	H_7
8	配煤	Q_{t8}	r_8	P_{t8}	C_{t8}	I_{t8}	F_{t8}	G_8	H_8
9	型煤	Q_{t9}	r_9	P_{t9}	C_{t9}	I_{t9}	F_{t9}	G_9	H_9
10	煤层气	Q_{t10}	r_{10}	P_{t10}	C_{t10}	I_{t10}	F_{t10}	G_{10}	H_{t10}
11	矿井水	Q_{t11}	r_{11}	P_{t11}	C_{t11}	I_{t11}	F_{t11}	G_{11}	H_{t11}
12	煤泥、煤矸石	Q_{t12}	r_{12}	P_{t12}	C_{t12}	I_{t12}	F_{t12}	G_{12}	H_{t12}
13	粉煤灰与炉渣	Q_{t13}	r_{13}	P_{t13}	C_{t13}	I_{t13}	F_{t13}	G_{13}	H_{t13}
14	低温干馏	Q_{t14}	r_{14}	P_{t14}	C_{t14}	I_{t14}	F_{t14}	G_{14}	H_{t14}
15	煤系共伴生矿物利用	Q_{t15}	r_{15}	P_{t15}	C_{t15}	I_{t15}	F_{t15}	G_{15}	H_{t15}

设计算期为 n 年，则矿区煤炭资源综合利用的经济净现值为：

$$ENPV = \sum_{t=1}^{n}(Q_{t1} \times P_{t1}) \times (1+i_s)^{-t} + \sum_{i=2}^{15}\{\sum_{t=1}^{n}[Q_{ti} \times r_i \times P_{ti} - (I_{ti}+F_{ti}+C_{ti})] \times (1+i_s)^{-t}\} + (\sum_{i=2}^{15}G_i + \sum_{i=2}^{15}H_i) \times (1+i_s)^{-n}$$

(4-19)

为简化计算和便于方案比较选择，我们设建设期均为 2 年，连同建设期在内计算期共 20 年，各转化方式的年产量、各相关资源数量和经营成本不变，即 $Q_t=Q$，$Q_{ti}=Q_i$，$C_{ti}=C_i$，流动资金 F_i 在第三年初投入，第 20 年末回收，社会折现率 i_s 取 10%，则上式简化为：

$$ENPV = Q_1 \times P_1 \times (P/A,10\%,20) + (Q-Q_1) \times P_1 \times (P/A,10\%,2) - \sum_{t=1}^{2}(I_{t2}+I_{t3}+I_{t4}+I_{t5}+I_{t6}+I_{t7}+I_{t8}+I_{t9}+I_{t10}+I_{t11}+I_{t12}+I_{t13}+I_{t14}+I_{t15}) \times (1+10\%)^{-t} - \sum_{i=2}^{15}F_i \times (P/F,10\%,2) + \sum_{i=2}^{15}(Q_i \times r_i \times P_i - C_i) \times (F/A,10\%,18) \times (P/F,10\%,20) + \sum_{i=2}^{15}(F_i+G_i) \times (P/F,10\%,20) = 6.7781 \times Q_1 \times P_1 + 1.7355 \times Q \times P_1 - 0.9091 \times \sum_{i=2}^{15}I_{1i} - 0.8264 \times \sum_{i=2}^{15}(I_{2i}+F_i) + 6.7780 \times \sum_{i=2}^{15}(Q_i \times r_i \times P_i - C_i) + 0.1486 \times \sum_{i=2}^{15}(F_i+G_i)$$

(4-20)

由此得到矿区煤炭资源综合利用效益估算优化模型如下：
目标函数：

$$\max ENPV = 6.7781 \times Q_1 \times P_1 + 1.7355 \times Q \times P_1 - 0.9091 \times \sum_{i=2}^{15}I_{1i} - 0.8264 \times \sum_{i=2}^{15}(I_{2i}+F_i) + 6.7780 \times \sum_{i=2}^{15}(Q_i \times r_i \times P_i - C_i) + 0.1486 \times \sum_{i=2}^{15}(F_i+G_i)$$

(4-21)

约束条件：

$$\sum_{t=1}^{n}Q_t = Q;$$

$$\sum_{t=1}^{n}I_t \leq I_m;$$

$$I_e \geq a \times \sum_{t=1}^{n}I_t;$$

$Q_i \geq 0 (i=1,2,3,4,5,6,7,8,9,10,11,12,13,14,15)$

式中：经营成本 C_i 为净增值，不含项目之间的内部转移费；I_m 为矿区能筹集到的最多资金；I_e 为环保投资；a 为环保投资占总投资的最低比例；设置 $I_e \geq a \times \sum_{t=1}^{n} I_t$ 的目的是尽可能地保证环境不被破坏。

上述优化模型在实际应用中将结合具体的项目求解，先根据煤炭产量、转化方式、资金等情况，确定几个合理的煤炭利用配置方案；然后，选择相应的转化工艺，再估算各方案的投资、成本、流动资金；最终根据市场及运输条件预测各转化产品售价，分别求出满足约束条件的各方案的经济净现值，依据经济净现值最大的方案或是几个方案的组合得到煤炭资源综合利用配置方式。

根据某一矿区的具体情况，煤炭资源综合利用可行方案不会太多，因此，只需将满足约束条件的所有方案的参数求出，计算最优的 ENPV，ENPV 最大者为最优方案。

（二）优化模型分析

（1）由目标函数可知，要提高煤炭资源综合利用的经济效益，必须降低投资，提高转化的产量和售价，同时，选择合适的转化工艺并提高煤炭转化率和利用率。

（2）比例 a 的设置迫使投资方重视环保，保证矿区循环经济的发展。

（3）该模型设计思路：根据煤炭产量、煤质、资金等限制条件，估算转化产量分配及利用方案，再估算投资、成本、流动资金、售价等，带入目标函数，得到各方案的经济效益数目，经济效益最大者为最优方案。

总之，要想提高煤炭资源综合利用的经济效益，必须在煤炭直销同时注重煤炭加工转化和资源综合利用，延长煤炭产业链，形成具有竞争优势的产业和产品结构。在煤炭转化项目和产品的定位上，首先，要选择市场需求较大、有发展前景的产品；其次，选择技术含量较高的产品；最后，选择的煤炭产品要具有市场竞争力。

四、实证研究

山西省某矿生产能力为 150 万吨/年，矿区服务年限为 30 年。到目前为止，该矿一直以原煤销售为主，产品结构单一，议价能力不高；煤炭开采过程中，对煤层气、矿井水、煤泥、煤矸石等没有充分高效利用，使得矿区受到污染，周边生态环境遭到破坏。

该矿计划总投资 4976 万元，发展煤炭转化及相关资源综合利用项目；其中环保投资 200 万元。在对现有开采利用技术、投资成本等资金状况分析之后，认为 Q_3、$Q_6 \sim Q_9$、$Q_{13} \sim Q_{15}$ 不适合，由于 Q_3、$Q_6 \sim Q_9$、$Q_{13} \sim Q_{15}$ 投资过大，成本较高,对于一个年产百万吨的煤炭来说,是难以负担的;因此,可行方案将从 Q_1、Q_2、Q_4、Q_5、Q_{10}、Q_{11}、Q_{12} 或其组合中筛选。

选择方案时,不仅要考虑矿区的经济效益,还要考虑社会效益和环境效益。为了满足矿区周边居民的燃煤需求,Q_1 方案是必选的,且直销量至少要达到原煤产量的40%。目前,山西原煤入洗率保持在50%左右,对于煤层气、矿井水、煤泥及煤矸石等资源的综合利用,因为污染及其危害较为严重,不管选择哪种方案,都要将其列入规划中。在技术条件制约下,煤层气、矿井水、煤泥及煤矸石的利用率可达到40%、50%、45%。

在本例实证分析中,我们按照煤炭资源综合利用技术方法选择建模中的假设,即建设期为2年,计算期为20年,各转化方式年产量及相关资源数量和经营成本不变,$Q_t = Q$,$Q_{ti} = Q_i$,$C_{ti} = C_i$,流动资金 F_i 在第三年初投入,第20年末回收,社会折现率 i_s 取10%,初始数据如表4-12所示,其他数据要根据方案选择进行估算。

表4-12　山西省某矿煤炭资源综合利用初始数表

序号	转化方式 (或相关资源)	数量 (万吨)	转化率(或利用率,%)	产品售价(元/吨、立方米)	经营成本 (万元)	投资 (万元)	固定资产余值(万元)	流动资金 (万元)
1	直接外销	Q_1		550.0				
2	洗选	Q_2	0.90	1356.0	C_{t2}	I_{t2}	G_2	F_{t2}
3	发电	Q_4	0.65	650.0	C_{t4}	I_{t4}	G_4	F_{t4}
4	煤化工	Q_5	0.80	1850.0	C_{t5}	I_{t5}	G_5	F_{t5}
5	煤层气	140.0	0.40	3.8	43.79	780	185	30.30
6	矿井水	83.4	0.50	4.5	23.00	85	25	45.42
7	煤泥、矸石	43.2	0.45	60.0	41.00	75	16	64.00

说明:因方案 Q_3、$Q_6 \sim Q_9$、$Q_{13} \sim Q_{15}$ 已被排除,所以不在表中出现。

下面对各方案的组合 ENPV 进行计算,分别在电子表格中建立线性规划模型,用规划求解来得到各方案的最优 ENPV,取其最大值所对应的方案组合。

对于 Q_1Q_2 方案组合,有如下约束:

直销比率≥40%

洗选比率≥50%

$Q_1 + Q_2 = 150$,Q_1、Q_2 均为非负。

将投资预算数据输入到电子表格中,如图4-4所示。

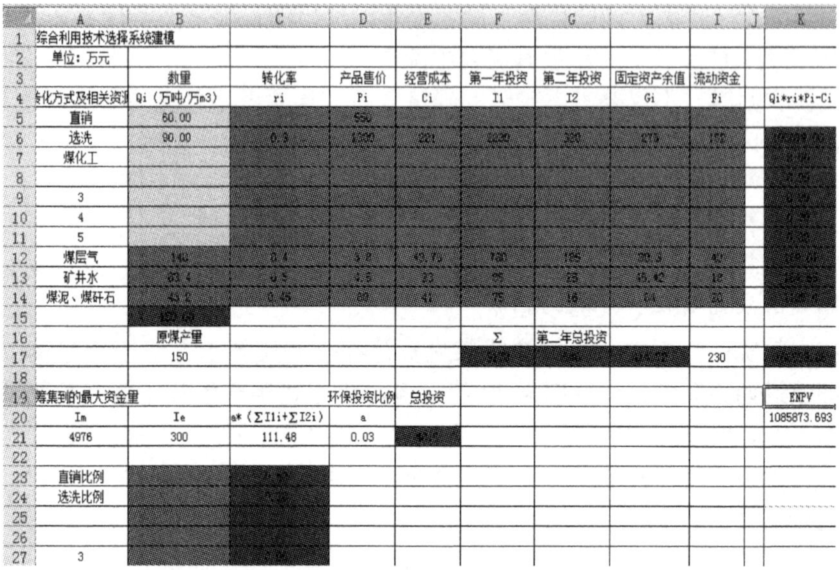

图 4-4 煤炭资源综合利用系统模型 Q_1Q_2 方案组合电子表格结构

$K20 = 6.7881 \times B5 \times D5 + 1.7355 \times B14 \times D5 - 0.9091 \times F14 - 0.8264 \times (G14 + I14) + 6.778 \times K14 + 0.1486 \times (I14 + H14)$，K20 为目标单元格。对模型进行规划求解，得到最优的 $ENPV = 1085873.693$。

同样，将其他方案组合的约束及投资预算数据输入到电子表格中，分别进行规划求解：Q_1Q_4 方案组合，最优 $ENPV = 628597.3347$；Q_1Q_5 方案组合，最优 $ENPV = 1274195.903$；$Q_1Q_2Q_4$ 方案组合，最优 $ENPV = 855410.241$；$Q_1Q_2Q_5$ 方案组合，最优 $ENPV = 1179437.99$；$Q_1Q_2Q_4Q_5$ 方案组合，最优 $ENPV = 1085873.693$。

对比方案组合的最优 $NEPV$，最大值是由 Q_1Q_5 方案组合得到的 1274195.903，因此，矿区最优的煤炭资源综合利用方案是直销与煤化工并进，同时兼顾煤层气、矿井水、煤泥及煤矸石等资源的综合利用。

五、结语

煤炭资源综合利用是可持续发展战略指导下的一种全新的资源利用方式，是实现矿区经济效益、社会效益和环境保护的有力保障。

本文将煤炭资源综合利用看作是一项系统工程，运用系统分析方法，建立了矿区煤炭资源综合利用技术选择的线性规划模型，并对模型进行了优化与实证分析。要想提高煤炭利用的经济效益，一是必须在煤炭直销同时注重煤炭加工转化和资源综合利用，延长煤炭产业链，形成具有竞争优势的产业和产品结构；二是在煤炭转化项目和产品的定位上,要选择市场需求较大、发展前景好、技术含量较高、具有市场竞争力的煤炭产品。

在实证分析中得出该矿区煤炭资源综合利用技术方案(即直销与煤化工并进,同时兼顾煤层气、矿井水、煤泥及煤矸石等资源的综合利用),从一个侧面表述了煤炭资源综合利用技术选择的系统优化方法,为矿区的可持续发展及发展循环经济提供了实践参考方案,具有重要的方法指导意义。

参考文献

[1] Zhao Guohao, Guo Shufeng, Jing Shentu, Wang Yongguang. An Investigation of the Coal Demand in China Based on Variable Weight Combination Forecasting Model [J]. Journal of Resources and Ecology, 2011, 2 (2).

[2] 江泽民. 对中国能源问题的思考[J]. 上海交通大学学报, 2008 (3).

[3] 任瑞晨, 徐志强. 煤炭资源综合开发与利用 [M]. 北京: 中国矿业大学出版社, 2008.

[4] 赵国浩. 煤炭资源综合开发利用对策研究 [J]. 能源技术与管理, 2007 (5).

[5] 赵国浩. 资源管理系统工程理论与实践 [M]. 北京: 经济管理出版社, 2008.

[6] 翁翼飞, 何媛, 张骥. 国有大型煤炭企业循环经济典型模式解析[J]. 煤炭工程, 2008 (5).

[7] 张翼, 任一鑫. 基于循环经济的煤炭产业结构模式研究 [J]. 煤炭工程, 2008 (5).

[8] 孙磊, 李培哲. 基于循环经济的煤炭企业管理模式研究 [J]. 能源技术与管理, 2008 (6).

[9] 钱鸣高, 缪协兴, 许家林. 资源与环境协调(绿色)开采及其技术体系 [J]. 煤炭学报, 2003 (1).

[10] 赵国浩, 卢晓庆. 煤炭开采综合效益模型及其应用 [J]. 资源科学 2011 (10).

[11] 赵国浩. 煤炭资源利用效益最大化对策研究 [J]. 中国管理科学, 2007 (11).

[12] 赵国浩, 李君平. 山西煤炭行业资源整合兼并探讨 [J]. 中国管理科学, 2009 (10).

第五章 煤炭资源整合理论与实践

第一节 山西煤炭行业资源整合兼并探讨与对策研究[①]

一、引言

山西是煤炭资源大省，是全国重要的能源重化工基地，年产原煤近6亿吨，煤炭产量、净调出量分别占全国的1/4和1/3，煤炭开采及加工业已成为国民经济发展的重要支柱产业。全省含煤面积6.2万平方公里，占山西省国土面积40.4%，全省119个县（市、区）中有91个产煤县（市、区）。全国19个煤炭国家规划矿区在山西省就有12个，全国建设的13个大型煤炭基地在山西省有3个。山西煤炭工业发展对全国能源安全保障具有举足轻重的地位。

为解决全省煤炭企业"多、小、散、乱"和煤炭生产中粗放经营、资源浪费严重、安全事故频发、矿山生态环境恶化等问题，按照国务院28号文件的要求，2005年8月，山西省开始了煤炭资源的整合兼并，但是由于牵扯到当地财政收入、小煤窑主自身利益、矿工利益等多方面利益，整合兼并一直口号多而实质进展极其缓慢，部分实现了整合兼并的煤矿兼并方与被兼并方也是问题颇多，并没有实现双方的共赢，所以有待对影响山西煤炭资源整合兼并的各种因素进行分析并提出切实可行的意见。

中国学者对于煤炭资源整合兼并的研究并不多，主要集中在一般企业的整合并购上，王长征（2000）提出企业的整合兼并包含有战略并购和财务并购。程兆

---

① 原论文：《山西煤炭行业资源整合兼并探讨》，《中国管理科学》2009年第10期。

谦、徐金发（2001）认为企业的整合兼并与企业的文化及差异有关。魏江（2002）提出了基于核心能力的并购后整合模式，即核心能力层次、独特资源、技能及知识的要素层次、职能活动层次三个层次的整合管理。这些整合兼并研究可以说包罗万象，多数集中于对一般性的企业研究，没有针对某一行业的大规模整合兼并进行探讨，而且这些研究多数集中于对整合兼并方自身进行研究，没有扩展至更为广阔的领域，如政策及社会影响。而杨东（2008）认为煤炭企业并购整合主要包括有文化整合、人力资源整合、公司治理整合及财务整合。吴德建等（2008）认为煤炭企业有效的整合兼并主要在于政府及政策的支持。关于煤炭资源整合兼并的研究相对来说都只集中于某一方面，矿产资源这一特定的属性也局限了煤炭企业不可能走普通企业的兼并道路。

本文依据现有的针对普通企业的兼并整合研究成果，结合煤炭资源这一特殊行业，采集山西省煤炭行业资源整合兼并相关数据，针对山西煤炭行业的整合兼并进行研究，提出影响煤炭资源整合兼并的因素，并提出进行有效的整合兼并所能采用的建议，通过对神华集团成功的整合兼并案例进行分析，验证了所提结论的适用性及重要性，最后利用协同效应对煤炭资源整合兼并的有效性进行评价。

二、山西煤炭资源整合兼并的必要性

（一）煤炭市场全球化的要求

当今国际上，澳大利亚、美国、加拿大及南非等国的煤炭企业已经逐渐重组为几家大型煤炭销售跨国公司，控制世界80%的煤炭出口量。生产趋向集中化带来世界主要产煤国家生产效率逐渐提高，生产成本逐渐降低，市场竞争能力逐渐增强，市场份额逐渐增大，导致煤炭企业大型化。由于经营范围和规模经济的形成，煤电一体化、煤化一体化、煤炭路港航一体化、煤炭的深加工、煤炭的综合利用等联合生产经营，能源资源综合利用已成为国际化大型能源企业的发展趋势。而在中国，除了大型国有煤炭生产企业以外，还有数量众多的小型企业进行煤炭开采和销售，其竞争力远不如国外的大型煤炭企业。

（二）优化煤炭产业布局的要求

山西省矿产资源丰富，矿业开发历史悠久。但从资源开发现状来看，小矿数量过多，开采布局不合理，规模化、集约化水平低等问题十分突出。小矿采选方法和工艺技术落后，加之因矿山设置多，相邻矿山之间留设边界矿柱多，致使大量资源浪费。他们违法勘查开采行为发生率高，矿产开发秩序比较混乱。要解决这些问题，一个重要的手段就是通过整合矿产资源，减少小矿数量，优化开采布局，提高资源集中度和集约利用水平。通过整合矿产资源，一个矿床（矿体）只设置一个采矿权主体，由一个主体统一规划、开发和管理，从而有效防止非法采矿、越界开采、乱采滥挖、争抢和破坏浪费资源等违法行为的发生。

（三）稳定煤炭市场价格的要求

小矿不承担社会责任，市场好的时候，超能力生产，市场一旦低落，关门停产，严重扰乱了煤炭市场秩序，导致煤炭市场价格极其不稳定。而国有大集团可以向市场提供稳定的能源产品，全天候服务于国家经济建设，从而有效地稳定煤炭市场价格。

（四）保护矿区生态环境的要求

多年来，小煤矿落后的技术生产条件和掠夺式开采，资源浪费和过度消耗，矿山开发与生态环境恶性互动，煤炭采空区引起的地下水破坏、地面塌陷、地裂缝、煤矸石、尾矿地面排放等造成的危害已经显现，如未及时治理其远期负面经济损失将十分巨大。实施资源整合和有偿使用后，资源开发集约化、现代化、洁净化程度大大提高，有效地缓解了环境压力。同时，采矿权价款的收取，也为治理生态环境的破坏提供了有效的财力支持。

（五）促进行业安全生产的要求

新中国成立以来，中国一直对煤炭采取低价策略，电煤一直实行政府指导价格，导致煤炭工业与其他工业部门的利润水平相差悬殊。如此重要的行业，职工的待遇低下，整个行业长期处于微利和亏损的边缘。效益低下直接导致了企业对安全投入的不足，而安全投入不足使得中国煤矿工人成为世界上最危险的职业之一。在煤炭采掘业，美国百万吨煤死亡率为0.03，印度0.5，俄罗斯0.65，而中国2003年全国煤矿百万吨煤死亡率为3.17，其中：国有重点煤矿1.07，国有地方煤矿3.00，乡镇煤矿为7.61。企业为了降低成本、节约资金，有时会忽略安全问题，使用陈旧、劣质、没有安全设施的机械设备等。特别是很多中小煤矿和私人煤矿，工伤、职业病的成本基本由工人自己承担，一些煤炭生产企业对工伤伤残者、职业病患者只能给予很少的补偿费，无法支付高额医药费用。

三、山西煤炭资源整合兼并的现状及存在的问题

（一）山西煤炭资源整合兼并现状

就煤矿的兼并重组目标来看，山西省政府2008年"23号文"指出，到2010年底，省内煤矿企业规模不低于300万吨/年，矿井个数控制在1500座以内，2009年"10号文"又做出调整，规定到2010年底全省矿井数量控制目标由原来的1500座调整为1000座；在全省形成2~3个年生产能力亿吨级的特大型煤炭集团，3~5个年生产能力5000万吨级以上的大型煤炭企业集团，使大集团控股经营的煤炭产量达到全省总产量的75%以上。2009年"10号文"又明确了兼并

重组的目标，兼并重组整合后煤矿企业规模原则上不低于 300 万吨/年，矿井生产规模原则上不低于 90 万吨/年，且全部实现以综采为主的机械化开采。

从 2008 年奥运前期到目前为止，山西省大部分中小煤矿基本一直处于停产整顿状态，而地方中小煤矿涉及各方利益甚多，山西省 110 多个县中 94 个县的财政都和煤炭有较大关系，县域财政压力越来越大。限于财政压力和经济发展，山西省政府在 2009 年底推动完成小煤矿压减任务，并及时允许合格的煤矿陆续复产。据目前情况来看，山西省尚有 400 多个小煤矿没有合适的整合主体参与重组，经过整顿和严格审批，已经开始陆续放行生产，但这部分产能和产量均不多，粗略估计最多也只有 1000 万吨。

山西省 2008 年的煤炭总产量为 8 亿多吨，占全国煤炭产量 27 亿吨的约 30%，2009 年矿井压减任务完成后，预计 2009～2010 年山西省的煤炭产能不会出现大的波动，10 亿吨将是政府的封顶线，若市场不出现大的波动，产量预计也将维持 8 亿多吨的水平。在原来小煤矿大行其道的年景中，其产量占全部煤炭产量的三成多，2009 年底整合完成之后，2010 年开始整合的煤矿会陆续进入复产程序，技改扩建需要较长时间，煤炭产量 2010 年不会出现大量增加局面，而山西省的煤炭市场结构将发生重大变化，大煤炭企业的市场份额将显著提升，煤炭行业集中度将明显提高。

（二）山西煤炭资源整合兼并存在的问题

政府"强推"下对中小煤矿的资源整合，对于山西省的国有大煤炭企业来说是个"烫手山芋"还是发展机遇？

国有大煤炭企业在兼并重组中小煤矿中面临一些实际操作困难：一是资源定价的矛盾，市场化的定价与国资委审批设置的资源价款标准存在较大价差，收购难以获批；二是资源问题，诸多地方中小煤矿的资源已面临枯竭，花大价钱进行整合后是否影响企业的生产效率尚存疑虑，对国有大煤炭企业来说，走出山西到其他省份以及国外获取新的资源对于企业长远发展更有益处，而山西省政府目前对本省煤炭企业的"出省"有一定限制；三是收购整合中小煤矿之后，大企业按照政府要求对其进行安全改造技改扩建需要较长时间，各种生产经营证件的办理也需耗费时间和资源，虽然近期山西政府开通了专门针对煤矿兼并重组的行政"直通车"，但大部分国有煤炭企业合格的整合项目并不是很多。

（三）山西煤炭资源整合兼并的影响因素分析

1. 相关的利益主体

资源整合，不仅涉及矿主和投资人的利益，也涉及市、县、乡、村和有关部门的利益。利益问题难协调，给资源整合推进造成严重影响，要么整合方案迟迟难以出台，要么推进过程困难重重，进展缓慢。某大型煤炭集团负责人表示，在推进资源整合过程中,省属煤矿最好整合,地市一级次之,县里的煤矿整合难度最大,因为一些小煤矿的股权结构复杂,牵扯的利益面广。

2. 政策的约束

有的地方为了完成上级下达的资源整合计划,必须压减一定数量的矿井,在制定方案时缺少调查研究,人为地将几个虽然相邻,但从技术上根本整合不到一块的小煤矿归到一起,即所谓的"归大堆、拉郎配"现象。如有的整合矿井与被整合矿井相隔着较大的采空区,技术上根本无法开采被整合矿井剩余的资源。这样做,整合的煤矿与被整合的煤矿都没有积极性,双方难以达成协议,方案实施起来更加困难,同时也影响了资源整合的整体进度。而有的采矿权价款集中征收,企业负担较重。整合保留的煤矿一方面要缴纳数千万元的采矿权价款,另一方面还要投资进行技术改造,造成企业负担过重。

四、山西煤炭资源整合兼并的对策建议

(一)正确处理各方利益关系

煤炭资源整合和有偿使用不同于过去的管理制度上的改革,而是一次利益关系的大调整,是从体制和机制上创新。对资源整合后的煤矿产权关系一定要理顺。理顺产权关系的基本形式是建立股份制的现代企业制度法人治理结构,重点是对煤矿现有的有形固定资产评估,对地下的资源储量采矿权价款进行评估,然后根据原办矿人、出资人或国有股确定权益归属比例,最后明确采矿权人,依法办理法律手续,并且制定合理的经济补偿机制,包括三个层面,一是对退出资源重组的一方,另一方要本着实事求是、顾全大局的原则给予补偿;二是资源整合后的新的法人要与所涉及的村、乡集体充分协商,承担必要的经济利益补偿;三是对合法矿井关闭淘汰煤矿各县(区、市)政府要因地制宜,制定切实可行的补偿标准,支持鼓励退出煤炭生产经营领域的村、乡集体或矿主,开创煤炭加工产业以及其他有潜力的新型产业。同时,各县(区、市)收取的采矿权价款分成,主要用于所涉及村、乡(镇)生态环境治理,发展公益事业和维护原办矿利益。

(二)解决整合兼并成本高的措施

(1)在资源价款上做文章。国有重点煤炭企业整合重组、收购兼并地方煤矿的最大一笔成本将投入在资源价款上。各级政府可将地方煤矿缴纳资源价款转为资本金,向收购兼并主体企业转移注资;对于通过资源整合新增的煤炭资源,其资源价款可以免缴,转增政府资本金。

(2)在股份制上做文章。整合重组、收购兼并主体企业从采矿权价款中注入资本金后,地方煤矿可将地面配套设施、矿井生产设备折价入股进入整合重组

主体企业，形成产权多元的煤炭大集团。

（3）将整合重组煤矿的产、运、销、人、财、物全部纳入大集团统一管理。

（4）设立省级整合重组专项基金，与中央设立的专项基金一起，支持煤矿企业的兼并重组，优先安排兼并重组煤矿企业用于煤矿安全改造、煤炭产业优化升级。

（三）正确的政策引导

构建一个以"政府推动、政策支持、市场化运作"相结合的"三位一体"整合机制，保证资源整合的顺利推进。政府推动是指由市、县政府实施统一规划，组织有关部门成立专门机构，处理本地区小煤矿整合中县、乡、村以及原小煤窑承包人的产权纠葛；政策支持是指各能源行政主管部门结合小煤矿整合实际情况，在矿井建设、运力匹配、采矿权出让、用地指标、资源价款等方面给予政策支持，简化审批程序；市场化运作是指在资产评估、明晰产权股权的基础上，采取兼并、联营、参股、控股、收购、拍卖等市场化方式加以推进，对参与竞标的投资者设定规模、技术、回采率、生态、环保措施等准入门槛，这样既可防止暗箱操作，又可引导支持鼓励资源向大企业、大集团整合，促进节约资源，保护生态环境。

（四）案例分析

1. 神华集团概况及整合兼并情况

2001年神华集团就成为中国第一大煤炭公司。同时，也是一个集煤矿、电厂、铁路、港口、煤液化、航运为一体的跨地区、跨行业、跨所有制的特大型企业集团。神华集团于1995年成立，在国家计划和中央财政实行单列。

1998年末，国务院将内蒙古西部国有重点煤炭企业准格尔煤炭工业公司、乌达矿务局、海勃湾矿务局、包头矿务局、万利煤业集团有限责任公司划归神华集团，北京军区后勤部呼和浩特企业管理局整体移交神华集团。经过首次扩张之后，兼并进来的西六局和神东煤矿构成了神华集团的主要产煤基地，次年神华的煤炭产量就名列全国第四。

1999年，国家又将国华能源投资有限公司、中国机电出口产品投资公司、金瓷科技实业发展公司、中联经济技术开发公司、信泰坷科技发展中心以及中国华福实业总公司划归神华集团。同年，神华集团又收购了三河电一、北京热电厂和盘山电厂，并接收了绥中电厂部分股权。

2000年，神华集团兼并中国新华航空公司和中国出口商品基地建设总公司，租赁山西省保德县孙家沟煤矿。加之与中石化、碧海壁—比利顿公司等不同行业、不同国家公司的多种合作，一系列的兼并、联合使得神华集团在短短的7年时间内就迅速成长为中国第一大煤炭企业。

2006年4月神华集团与最大的煤炭运销企业——山西省煤炭运销总公司联合整合山西河曲县境内沙坪矿区的9个产能之和不足百万吨的小煤矿，取而代之为一座万吨级的大煤矿。

2. 神华集团整合兼并的启示

首先，神华的发展得益于政府强有力的支持，一些国家的实践也表明，在经济转型时期，政府的行政干预不仅是重要的，有时甚至是必不可少的。特别是对于中国根深蒂固的地方割据和行业封锁，要发展跨行业、跨地区、跨所有制的大公司和企业集团，就必须有中央政府的明示和督战，否则是难以成就大业的。

其次，神华集团整合兼并采取的是兼并、联营、参股、控股、收购等多种市场化方式，针对不同的收购对象采用了不同的方法，从而更好地兼顾了各方利益，也使得兼并成本尽量减少。将整合重组煤矿的产、运、销、人、财、物全部纳入大集团统一管理，也实现了集团的多元化发展。

（五）煤炭资源整合兼并的有效性评价

当完成一项整合兼并后，我们需要对这项整合兼并是否有效进行评价。由于煤炭资源的整合兼并涉及众多的利益相关者，包括整合兼并方、目标企业、当地政府、员工、企业的客户等等，各方对于这次整合兼并是否有效评价不一，这里采用整合兼并后能否带来协同效应来进行评价。马克·赛罗沃在《协同陷阱：并购游戏输在哪里?》一书中定义：协同效应是两家公司合并后的经营效益比两家独立公司所期望取得效益之和的增加部分。

假设 A 企业收购 B 企业，设 A 企业的市场价值为 V_A，B 企业的市场价值为 V_B，则合并后 AB 企业的总价值为 V_{AB}，企业 A 收购企业 B 所支付的价格为 P。有效并购的前提条件是：

$V_{AB} > V_A + V_B$

$V_{AB} - (V_A + V_B) > P - V_B$

第一个式子表明并购后两个企业创造的价值大于并购前双方独立创造价值之和，即并购产生的协同效应大于零；第二个式子表明并购产生的协同效应。$(P - V_B)$ 是购买价格相对于目标企业的溢价部分，它表述为：协同效应 > 支付溢价。对于并购企业来说，协同效应与支付溢价的差额越大，并购有效性越大。对于煤炭企业来说，进行整合兼并，收购方所实现的市场价值必须大于自身及目标企业原来的市场价值之和，这样的整合兼并才是有效的，并不是简单的叠加，要实现 $1 + 1 > 2$ 的目标才行。

五、结论

煤炭资源整合兼并是全省经济社会发展的重大战略，是煤炭产业实现"三个发展"的根本保证，也是应对国际金融危机，迎接下一轮经济增长的必要准备。目前，煤炭资源整合兼并正处于关键时期，政府强有力的支持、政策的完善、兼并企业整体素质的提升都将对煤炭资源整合兼并的成功起到重要作用。本节对于煤炭资源整合兼并的研究还有很多不足之处，还有众多细节值得探讨，有待进一步的充实和完善。

参考文献

[1] Kornelius N., Boyd C., Hansen. Y. Mining Industry Directors in the Firing Line [J]. Journal of the South African Institute of Mining & Metallurgy, 2003 (8).

[2] Dane A., Shrallow. Managing the Integration of Acquired Operations [J]. Journal of Business Strategy, 1985 (6).

[3] Jemison D., Sitkin S. Corporate Acquisition: a Process Perspective [J]. Academy of ManagementReview, 1986 (11).

[4] Jensen M. C.. Agency Costs of Free Cash Flow, Corporate Finance and Takeovers [J]. American Economic Review, 1986 (3).

[5] 赵国浩. 煤炭资源综合开发利用对策研究[J]. 能源技术与管理, 2007 (5).

[6] 王长征. 并购整合：通过能力管理创造价值[J]. 外国经济与管理, 2000 (12).

[7] 程兆谦, 徐金发. 从主导逻辑看企业购并与整合[J]. 现代经济探讨, 2001 (6).

[8] 魏江. 基于核心能力的企业购并模式框架研究[J]. 管理科学学报, 2002 (2).

[9] 杨东. 煤炭企业并购整合研究 [D]. 山东大学硕士论文, 2008.

[10] 吴德建, 武爽, 严家程. 煤炭资源整合存在的问题及几点建议[J]. 山东煤炭科技, 2008 (6).

[11] 郭永清. 企业兼并与收购实务[M]. 大连：东北财经大学出版社, 1998.

[12] 牛克洪. 中国煤炭大集团建设探索[M]. 北京：企业管理出版社, 2006.

[13] Stephen Robbins, Mary Coulter. 管理学[M]. 孙健敏等译. 北京：中国人民大学出版社, 2003.

[14] 马克·克莱门特, 大卫·格林斯潘. 并购制胜战略[M]. 王华玉译. 北京：机械工业出版社, 2003.

[15] 弗雷德·威斯通等. 接管、重组与公司治理[M]. 李秉祥等译. 大连：东北财经大学出版社, 2000.

[16] 劳伦斯·克雷曼. 人力资源管理：获取竞争优势的工具[M]. 孙非译. 北京：机械工业出版社，2005.

[17] 马克思哈贝等. 并购整合[M]. 张一平译. 北京：机械工业出版社，2003.

第二节　山西煤炭资源在经济转型下的可持续开发利用研究①

能源是人类生存和发展所依赖的重要资源，是国民经济的基本支撑，是人类赖以生存的基础。更值得关注的是，在当今国际上，能源竞争已经超出了纯商业的范围，成为世界大国政治、经济、军事斗争的武器。在全球能源结构中，煤炭是第二大一次能源，占整个能源消费构成的25.3%，仅次于石油（35.0%），高于天然气（20.7%）。今后较长时期内，中国煤炭在能源消费结构中的比例缓慢下降，但以煤为主的能源结构不会发生根本改变，仍将是支撑中国经济发展的基础能源。根据中国资源的赋存状态和特点，长期依靠能源资源的过度消耗和危害环境来实现经济的快速增长已不现实，资源支撑不住，环境容纳不下，社会承受不起，发展持续不了，中国的经济发展要全面落实科学发展观，调整产业结构，转变经济增长方式，走以自主创新为主的新兴工业化道路。另外，鉴于当前整个世界倡导低碳经济的情况下，研究中国煤炭资源可持续开发利用具有重要的现实意义。

一、煤炭资源可持续开发利用的必要性

（一）中国能源结构及消费现状

能源消费结构的自然属性和产业结构的不合理，制约着可持续发展。新中国成立60多年来，尽管能源消费结构发生了重大的变化，但是煤炭始终是中国的主要能源。在一次性能源中，中国目前已经形成了以煤为主，以石油、天然气、一次电力（水电、核电、新能源发电）等多能互补的能源生产体系（见表5-1）。煤炭是中国最安全、最经济、最可靠的能源，煤炭在中国能源消费总量中仍将占主体地位（见图5-1）。

---

① 原论文：《山西煤炭资源在经济转型下的可持续开发利用研究》，山西省经济转型发展高峰论坛论文，2013年。

表 5-1 中国各能源占一次能源生产总量的比例（发电煤耗计算法） 单位:%

年份 一次能源种类	1995	2000	2002	2003	2004	2005	2006	2007
原煤	75.30	71.95	72.25	75.07	75.96	76.49	76.68	76.40
原油	16.60	18.05	16.59	14.79	13.41	12.58	11.94	11.30
天然气	1.90	2.80	3.02	2.84	2.94	3.19	3.52	3.90
水电、核电	6.24	7.19	8.14	7.30	7.68	7.74	7.86	8.40

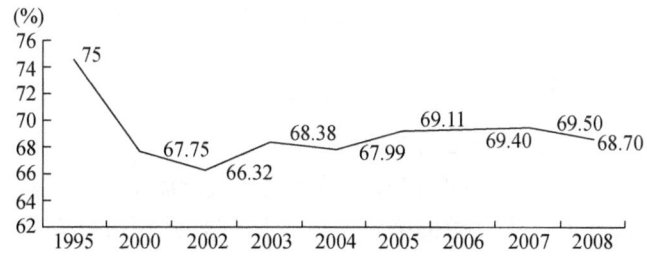

图 5-1 煤炭占能源消费总量的比例

（二）山西煤炭资源可持续开发利用研究的必要性

"世界煤炭看中国，中国煤炭看山西。"1995 年全国第三次煤田预测资料显示，山西省 2000 米煤炭资源总量为 6400 亿吨，占全国的 16%，截至 1996 年末累计探明储量 2662 亿吨，占全国 27%（其中：煤焦煤占 57%），保有储量 2613 亿吨，占全国的 27%，境内各类煤矿批准占用储量约 1500 亿吨。山西年生产原煤达 3.5 亿吨，占全国的 1/4 以上，外调全国 28 个省、市、区，外调量达 2.3 亿吨，占全国省际煤炭外调总量的 80%，供应煤炭出口达 1700 万吨，出口 20 多个国家和地区，出口量占全国的 70%。

虽然近几年，在内蒙古自治区发现了多个亿吨级煤田，截至 2009 年 7 月 28 日，在新疆维吾尔自治区更是探明了煤炭资源储量达千亿吨的准东煤田，但是，对这些煤田的开采还处于初级阶段。所以，总体来说，山西在全国范围内的煤炭地位仍是不可替代的。

山西虽然是能源大省，但是山西还是耗能大省。以 2006 年为例，当年全省 GDP 总量 4752.54 亿元，占全国 GDP 的 2.26%，却消耗了占到全国 6.1% 的能源；能源消耗占全国的比重远远大于 GDP 占全国的比重。当年单位 GDP 能耗 2.89 吨标准煤/万元，居全国第 4 位；单位工业增加值能耗 5.89 吨标准煤/万元，居全国第 3 位；单位 GDP 电耗 2348.4 千瓦时/万元，居全国第 4 位。

濮洪九认为：采用先进的煤炭加工技术，如选煤、型煤、配煤、水煤浆等技术，可使原煤灰分下降50%～80%，脱除黄铁矿硫60%～85%；燃用固硫型煤可减少二氧化碳排放30%～40%，减少烟尘70%～90%，燃烧效率提高10%～20%；水煤浆用于工业锅炉，燃烧效率可达94%～95%，排放二氧化碳、烟尘等均低于国家规定的排放标准。

煤炭资源对山西来说是把"双刃剑"，既是宝贵的资源、宝贵的财富，地方经济的主要支柱，同时又因长期不合理的过度开采，生产方式的粗放和落后，造成资源、环境破坏严重，矿难事故频发，给人们生命财产造成重大损失。

在煤炭的开采过程中，一些矿区向地面排放大量的煤矸石，致使矿区的植被遭到了严重的破坏，耕地面积不断减少；煤矸石的排放同时也造成河流的堵塞，使河沟的排洪能力降低，酿成洪水侵蚀耕地的不良后果。以山西省为例，目前，全省因采煤造成的土地塌陷已有8000平方千米，其中采空区面积5000平方千米，对地面的植被造成了极大的破坏，给当地人民造成了极大的损失。另外，根据《山西省煤炭开采对水资源的破坏影响及评价》课题研究表明，山西每挖一吨煤损耗2.48吨水资源，以每年6亿吨的煤炭产量来算，直接造成15亿立方米的水资源受到破坏。

煤炭资源在利用过程中，大部分消耗方式是直接燃烧。煤炭含有碳、氢、氧、氮和硫等元素，此外，还有极少量的磷、氟、氯和砷等元素。煤炭的直接燃烧造成的最直接的影响是大气中的二氧化碳超过了整个生态系统所能容纳的能力，导致了"温室效应"。另外，燃烧过程中还会释放二氧化硫，预计到2010年和2020年，二氧化硫的排放总量可能分别达到3100万吨、3900万吨，将大大超过环境容量。

以太原市为例，在2007年城市空气质量指标中，可吸入颗粒物为0.124，居全国第五位；二氧化硫为0.076，居全国第二位；二氧化氮为0.027，居全国第25位。空气质量达到及好于二级的天数为269天，居全国第29位。

另一个值得注意的是在煤炭资源利用过程中的资源消耗高、附加值低、浪费大和污染严重等问题。煤炭资源短期内的不可再生性以及现有中国能源战略的要求，煤炭资源利用效率低的问题值得关注。

在《联合国气候变化框架公约》和《京都议定书》中，要世界各国针对全球变暖问题采取一定的措施。在每两年举行的联合国气候大会上，以美国和欧盟为首的发达国家都会给以中、印为代表的发展中国家施加极大的减排压力。在哥本哈根联合国气候大会上，温家宝总理提出：到2020年单位国内生产总值二氧化碳排放比2005年下降40%～45%，要想实现哥本哈根会议上的承诺，现行的煤炭资源开发利用方式、政策以及经济结构都要进行改进。

山西作为中国的煤炭生产和消耗大省、全国唯一的煤炭工业可持续发展试点省份,面对日益严重的污染问题,以及新时期经济发展的需求,煤炭资源可持续开发利用既符合当前低碳经济的大趋势,也能在很大程度上解决环境污染问题。所以,有必要对山西煤炭资源的可持续开发利用进行研究。

二、国内外煤炭资源可持续开发利用现状

(一)国内外煤炭资源可持续开发利用概况

1. 国外煤炭资源可持续开发利用概况

据统计,世界人口平均增长率为2%~2.5%,而矿物原料的需求量却要增长5%~8%;世界人口每隔30~35年增长1倍,而世界矿产开采量则大约每隔15~18年翻一番。矿产资源的可持续开发利用已成为一个全球性的重要问题,国外对矿产资源的可持续开发利用高度重视。

首先,美、日、法等发达国家为加强矿产可持续开发利用,结合本国的具体情况制定了一些法律、法规,如美国的《矿业和矿产条例》;德国的《循环经济/废弃物法》。为吸取"先污染,后治理"的教训,发达国家还形成了较完备的矿山环境管理和政策法规体系,矿山企业自觉进行环境保护。

其次,以美国为代表的发达国家,在煤炭资源的可持续开发利用技术方面投入大量的人力、物力进行开发。目前,煤炭开发利用的发达国家煤炭产业发展趋向于管理集约化、科学化;发展煤炭资源的高效、低成本、少污染的技术;低耗高效矿山装备的大型化、系列化;力求采、选、冶设备自动化和智能化,不断提高煤炭资源综合利用水平。为提高煤炭资源的利用效率,国外一些国家对煤炭资源的可持续开发利用的方式主要有煤气化技术、煤液化技术和煤焦化等技术。

(1)煤气化技术。

1)煤炭气化复合循环发电(IGCC)。目前世界已有多座IGCC电厂正在进行商业化示范运转,其中有美国的PSI Energy/Global Energy Wabmh River Plant及Tampa Electric Polk Plant,荷兰的NUON/Demkolec/Willem—Alexander及西班牙的ELCOGAS/Puertollano等。

2)煤炭气化转化液体燃料。经F-T转化技术所产生的燃料,基本上不含硫及芳香族或环链碳氢化合物,因此不具有毒性也不会危害环境,已被公认为无环境污染的能源。目前南非、美国、马来西亚等国都有商业化运转的工厂。

3)煤炭气化产氢。这将是未来过渡到全氢能经济的最有潜力的集中式产氢方式之一。煤炭气化产氢较好的运转模式应与复合循环发电结合,利用非高峰时间制氢气。目前,国外对煤炭气化产氢领域的研究仍在进行当中。

(2)煤液化技术。煤炭直接液化技术从20世纪20年代发展到现在,已开发出的煤加氢液化工艺有10多种,但比较有代表性,且有望尽早实现工业化应用的主要有德国的IGOR工艺、日本的NEDOL工艺、美国的HTI艺以及俄罗斯的FFI工艺。

煤炭间接液化技术主要源于南非。此项技术在南非已非常成熟,煤变油成本已低于国际油价,但该技术一直严格保密。20世纪50年代,南非为了克服进口石油困难,成立了南非萨索尔公司,主要生产汽油、柴油、乙烯、醇等120多种产品,总产量达700多万吨。目前,这家公司的合成油厂年耗煤近5000万吨,年产合成油品500万吨,年产值达40亿美元,实现利润近12亿美元。

(3)煤焦化技术。日本的SCOPE2J SCOPE21技术已完成中试,2003年建设了4000吨/天的工业示范装置。

2. 国内煤炭资源可持续开发利用概况

煤炭资源可持续开发利用以科学发展观为指导,以优化煤炭资源结构为核心,以清洁、高效、安全为目标,提高煤炭资源回收率和利用率,推广煤炭资源的综合利用,减少环境污染。

(1)煤炭资源可持续开发利用相关政策。作为循环经济的重要内容,资源综合利用、废旧物资回收、环保产业等,一直是中国鼓励和支持的工作。为调动企业开展资源综合利用的积极性和主动性,国家制定并实施了一系列鼓励开展资源综合利用的优惠政策,分别是:《关于进一步开展资源综合利用的意见》(国发〔1996〕36号)、《关于企业所得税若干优惠政策的通知》(财税字〔1994〕001号)、《关于继续对部分资源综合利用产品等实行增值税优惠政策的通知》(财税字〔1996〕20号)、《关于继续对废旧物资回收经营企业等实行增值税优惠政策的通知》(财税字〔1996〕21号)、《关于印发固定资产投资方向调节税"资源综合利用、仓储设施"税目税率注释的通知》(国税发〔1994〕008号)等。

另外,为了促进循环经济发展,加快建设资源节约型、环境友好型社会,根据《中华人民共和国国民经济和社会发展第十一个五年规划纲要》,国家发展改革委于2006年12月24日正式发布了《"十一五"资源综合利用指导意见》,这些文件的颁布促进了煤炭资源的可持续开发利用。

(2)煤炭资源可持续开发利用现状。目前,国内对煤炭资源可持续开发利用上主要集中在煤层气、煤矸石及煤炭资源利用过程中的提高附加值和回采率上。

中国煤层气的利用水平总体处于较低水平,主要是煤层气发电、煤层气汽车,以及民用等方面,煤层气的其他工业利用如化工等还处于初级阶段。煤矸石发电、生产建筑材料、回收有益矿产品、制取化工产品、改良土壤、生产肥料、回填、筑路等技术及设备已可以大规模地投产运行。另外,通过借鉴国外煤炭资源综合利用技术和国内的自主研发，中国的煤炭资源综合利用技术已向国际接轨。

（二）山西煤炭资源可持续开发利用概况

在2001年1月12日，山西省人民代表大会通过的《山西省煤炭管理条例》、国务院《关于同意在山西省开展煤炭工业可持续发展政策措施试点意见的批复》（国函〔2006〕52号）、财政部关于批复《山西省煤炭可持续发展基金征收管理实施办法（试行）》（财综函〔2007〕3号）、《山西省煤炭可持续发展基金征收管理实施办法》（山西省人民政府令第203号）和《山西省炼焦煤资源开发利用现状与保护研究》等政策、法律和法规，从各方面加大煤炭资源的可持续开发利用力度。

由于煤炭资源短时间内的不可再生性，为提高煤炭资源在焦化行业的高效利用，在"十五"期间，山西焦化、太原煤炭气化集团公司、太钢焦化厂等企业分别建立了技术中心。例如，山西焦化集团与中科院煤化所、太原理工大学、山西大学联合创建了"煤转化高科技联合实验室"、"生物工程实验室"等，广泛开展产、学、研合作。"十一五"期间，山西焦化工业将全面推行清洁生产，推广和采用国内外比较成熟和具有较好应用前景的清洁、先进、适用的技术，提高资源能源利用率，减少污染物产生和排放，提高焦化工业技术水平和污染防治能力。涉及的主要技术有采用节能、清洁的焦炉煤气净化技术；有效提高焦炉煤气回收利用技术；实行炼焦污染物逸散控制技术、焦化废水净化回收技术、清洁型热回收炼焦技术，以及其他节能、节水技术。

三、山西煤炭资源可持续开发利用成效分析

在科学发展观、煤炭资源开发利用可持续发展循环经济思想的指导下，在国家和省政府政策的支持下，山西省煤炭资源的可持续开发利用取得了很大的成绩。

（1）空气质量提高，以太原市为例，可吸入颗粒物、二氧化硫、二氧化氮的密度有所降低；空气质量达到及好于二级的天数逐年增加（见表5-2）。

表5-2 太原市空气质量指标

年份	可吸入颗粒物	二氧化硫	二氧化氮	空气质量达到及好于二级的天数（天）
2003	0.172	0.099	0.031	181
2004	0.175	0.087	0.022	224
2005	0.139	0.077	0.020	245
2006	0.142	0.080	0.025	261

续表

年份	可吸入颗粒物	二氧化硫	二氧化氮	空气质量达到及好于二级的天数（天）
2007	0.124	0.076	0.027	269
2008	0.076	0.077		301
2009	0.082	0.080		296

（2）在煤炭加工投入和产出中，煤炭资源的转换率从 2000 年的 32.64% 提高到了 2008 年的 43.50%（见图 5-2）。

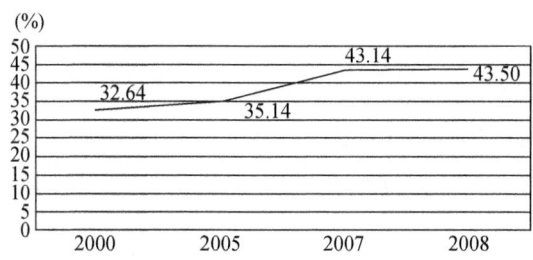

图 5-2　山西省煤炭加工转换率

（3）GDP 增长速度与能源消费增长速度的比例虽然处于不稳定状态，但 2006~2008 年比例有所提高（见图 5-3）。

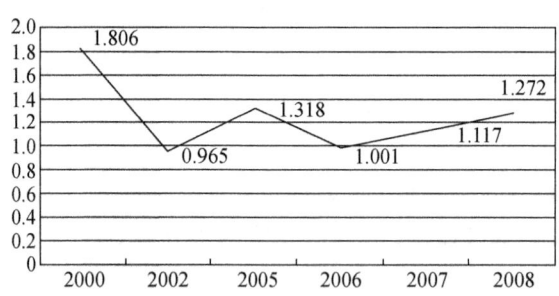

图 5-3　山西省 GDP 增长速度与能源消费增长速度之比

但是根据最近的山西省质量技术监督局进行的 2009 年第四季度在太原市范围内抽检洁净型煤 72 个批次，合格率为零。这暴露了政府在煤炭资源的质量安全和质量的监管上还存在不足。在以"低碳经济"为全球经济发展趋势、国际上发达国家对中国减排的压力下和中国在 2010 年承诺减排 35% 甚至更多的情况下，这是山西省政府和国家值得关注的一个问题。

四、山西煤炭资源可持续开发利用的政策建议

（一）创新煤炭资源的可持续开发利用管理方式

针对煤炭资源可持续开发利用管理中存在的一些问题，应严格按照可持续发展模式下的"低碳型经济"要求制定相关的政策和制度。做到促使整个煤炭资源采取科学合理的采煤方法，提高煤炭资源回采率，增加煤炭资源的安全生产投入，以保证煤炭资源长远发展和最大利益。

（二）加大煤炭资源的管理和奖惩力度

坚持"谁排放，谁治理"、"谁利用，谁受益"的原则。对煤炭矿区和煤炭资源加工利用企业加大检查力度，对那些煤炭资源回采率等各项指标不达标的矿区或企业进行停业整顿。在对技术及设备的改造、更新满足各项指标后方可继续恢复生产。

（三）促进现有的经济发展形式向"低碳型经济"转型

开采清洁煤、清洁开采煤、清洁利用煤，废弃物资源化。落实各项政策，治理环境污染，并鼓励金融投资环境。为环境保护创造有利的条件并制定相应的奖惩措施，以诱导工业部门进行投资的有关研究和发展。

（四）建立资源综合利用技术推广与应用的信息网络

强化信息服务，建立煤炭资源可持续开发利用技术成果统计源基础，运用资源综合利用信息和情报网络系统的服务，及时收集、整理、发布国内外资源综合利用信息，缩短信息流程，丰富信息资源，加快信息传播，从而加大对资源综合利用科技知识的宣传和普及，为企业提供先进的技术与管理信息，更有效地促进科技成果向应用领域的转化。

（五）加强国际间煤炭资源可持续开发利用的合作

政府要充分利用全球化这一优势，结合中国国情，引进国外的一些煤炭资源可持续开发利用技术及设备，提高中国的煤炭资源的可持续开发利用的程度。

（六）加大对煤炭资源可持续开发利用的重要性的宣传力度

政府应加大报纸、电视等媒介宣传力度，宣讲对煤炭资源可持续开发利用的重要性，并出台政府鼓励对煤炭资源的可持续开发和利用。

参考文献

[1] 胡雪棉. 煤炭资源需求分析及其预测模型研究 [D]. 山西财经大学硕士论文, 2008.

[2] 国家统计局. 一次能源生产量和构成 [Z]. 中国能源统计年鉴2007,

北京：中国统计出版社，2007.

[3] 国家统计局. 能源消费总量和构成 [Z]. 中国能源统计年鉴2007，北京：中国统计出版社，2007.

[4] 赵国浩. 煤炭资源综合开发利用对策研究[J]. 能源技术与管理，2007 (5).

[5] 陈立新. 天湖山矿区污染现状与治理对策[J]. 矿业安全与环保，2004 (6-8).

[6] 邹琳. 煤制油路径选择[J]. 煤炭液化，2005 (11).

[7] 黄振中. 世纪之交的中国煤炭气化技术[J]. 世界科技研究与发展，2004 (10).

[8] 梁建军. 国外煤炭气化技术发展及其对我国煤炭气化商业化运作的启示[J]. 科技情报开发与经济，2007 (9).

[9] 高晋生，张德祥，王锦平. 21世纪煤化工技术发展展望[J]. 煤化，2002 (10).

[10] 陈德敏，秦鹏. 我国资源综合利用的技术政策和法制环境研究[J]. 科技进步与对策，2002，19 (12).

第三节 基于产业集中度视角下的山西煤炭资源整合分析①

一、引言

煤炭是中国的基础能源和重要原料，煤炭工业的发展支撑着中国国民经济的发展。目前，中国煤炭产业已经基本建成了比较完整的、有一定现代化水平的工业体系，但是煤炭产业的现代化建设的任务还远没有完成。煤炭产业总体上还是粗放型经营，面临着结构性矛盾较为严重、安全状况差、盈利水平低和企业发展后劲不足等许多不容忽视的问题，其中产业集中度低和产业结构不合理是最突出的问题。

近期随着山西煤炭资源整合步伐的加快，一场关于中国煤炭产业布局的深刻变革正在展开。2009年4月15日山西省政府下发了《关于进一步加快推进煤矿

---

① 原论文：《基于产业集中度视角下的山西煤炭资源整合分析》，《煤炭经济研究》2010年第2期。

企业兼并重组整合有关问题的通知》，出台了《关于煤矿企业兼并重组整合所涉及资源采矿权价款处置办法的通知》等一系列相关配套规定，启动了煤炭资源和企业兼并重组攻坚战的序幕。山西要想保持煤炭产业当前较好的运行状况，迎接日益激烈的国际能源竞争，必须提高煤炭产业集中度，加快煤炭资源整合的步伐，尽早建成若干个对全国煤炭市场有平衡和主导作用的特大型煤业集团。

本文旨在从产业集中度的角度分析山西煤炭资源整合的益处以及可能出现的问题，并提出相关建议。

二、煤炭产业生产集中度分析

市场结构是反映市场竞争与垄断关系的最基本概念，对产业内部的竞争程度和价格形成有着战略性的影响。在诸多决定市场结构的因素中，市场集中度被认为是最为首要的因素。这一结论的得出主要基于大量的有关产业组织的理论研究和实证检验成果，因为这些成果都表明市场集中度对市场的竞争状态产生直接作用，与市场中垄断力的形成密切相关，市场竞争状态随集中度的变化而变化。

（一）提高煤炭行业市场集中度的经济理论分析

煤炭行业为什么应该提高市场集中度，走煤炭资源整合的道路呢？以下对煤炭产业集中度做简单的经济学分析。

现代经济学认为，一个产业的竞争和垄断程度极大地影响着整个产业的企业行为。根据克拉克森对竞争性产业的判断条件，产业集中度越高的市场，市场进入壁垒越大，竞争性越低。也就是说，新的或潜在的竞争对手越难进入该市场。当然，产业集中度越低，产业内企业越多，导致过度竞争，容易使潜在的竞争对手进入。同时在一定条件下，市场集中度的提高也会使效率得到提高。

贝恩在对美国制造业的集中度与利润率关系所做的实证研究的基础上提出了"集中度—利润率假说"：认为在集中度高的产业中，由于少数企业间的串谋、协调行为的发生以及高进入壁垒的限制，削弱了市场的竞争性，其结果往往是产生超额利润。

经济学家熊彼特的创新理论认为，创新是一项不确定的活动，除非有足够实力才敢承担创新风险，并且大企业对新技术垄断的追求也使他们不断创新。继熊彼特之后，著名经济学家加尔布雷斯、阿罗和克拉克森也先后从竞争市场上小企业在研发投资上的不足、风险负担太重和规模经济的缺乏等方面，反证了垄断大企业在技术创新方面较高的效率。同时以斯蒂芬格勒为代表的芝加哥学派也认为，现实中垄断大企业进行生产集中有利于提高规模经济效益，大企业的高额利润完全可能是依靠创新提高效率的结果，并不一定与垄断势力有关。

此外，根据产业组织理论的观点，在某些产业中，生产和销售的适度集中，可以提高企业的 R&D 和技术进步速度；有利于加高该产业的市场进入壁垒，使新的竞争对手进入风险增大。

（二）市场集中度表示方法

集中度是指规模最大的前几位企业的有关数值（如销售额、增加值、职工人数、资产额等）占整个市场或行业的份额，集中度综合反映了企业数量和规模这两个决定市场结构的重要因素。

令 N 代表市场中的厂商数量，Q 代表市场中厂商的销售量，$q_i(i=1,2,\cdots,N)$ 代表第 i 个厂商的销售量，那么 $Q = \sum_{i=1}^{N} q_i$。再令 $S_i = \dfrac{q_i}{Q}$ 代表市场中第 i 个厂商的市场份额，显然，$0 \leq S_i \leq 1$，$\sum_{i=1}^{N} S_i = 1$。前 4 位厂商的集中度系数是将前 4 位最大厂商的市场份额相加得出的，$CR_4 = \sum_{i=1}^{4} S_i (i=1,2,3,4)$，表示前 4 位厂商的市场份额，通常用的还有 CR_8，即前 8 位最大厂商的市场份额。煤炭市场中一般用 CR_4 或 CR_8。或者同时用 CR_4 和 CR_8 来反映煤炭市场的集中状况。

绝对集中度指标能较好地反映产业内生产集中的状况，显示市场的垄断和竞争程度，并且指标的测定相对比较容易，因此是使用较为广泛的产业集中度指标。显然：

（1）如果 $CR_1 = 100\%$，则市场是完全垄断的。

（2）如果 CR_1 接近于零，市场趋向完全竞争。

（3）如果 CR_1 在 0~100% 之间，市场介于二者之间。

一般而言，集中度越高，意味着前几位企业在市场上的实力越大，市场垄断程度越高。贝恩根据集中度把市场分为五种类型，如表 5-3 所示。

（三）中国煤炭市场的集中度

表 5-3　贝恩对制造业市场集中度的分类

CR_4	CR_8	集中的程度
75% 以上	90% 以上	非常高
65%~75%	85%~90%	高
50%~65%	70%~85%	比较高
35%~50%	45%~70%	比较低
35% 以下	45% 以下	低

表 5-4 1990~2007 年中国煤炭市场生产集中度   单位:%

年份	1990	1992	1994	1995	1996	1998	2000
CR_4	7.55	7.26	6.68	6.52	6.92	7.27	12.02
CR_8	13.08	12.56	11.37	11.20	11.68	12.45	19.19
年份	2001	2002	2003	2004	2005	2006	2007
CR_4	13.67	14.0	14.7	13.85	16.05	18.14	18.85
CR_8	21.30	20.9	21.8	20.37	23.37	25.04	26.18

资料来源:2001 年及以前数据来源于潘克西、淮津、向涛:《中国煤炭市场生产集中度研究》,《管理世界》2002 年第 12 期;2002 年和 2003 年数据来源于潘维尔:《2003 年煤炭经济运行评析》,《中国能源》2004 年第 6 卷第 3 期;2004 年数据来源于潘维尔:《2004 年煤炭经济运行评析》,《中国能源》2005 年第 27 卷第 3 期;2005 年数据来源于潘维尔:《2005 年煤炭经济运行评析》,《中国能源》2006 年第 28 卷第 4 期;2006 年数据来源于潘维尔:《2006 年煤炭经济运行评析》,《中国能源》2007 年第 29 卷第 3 期;2007 年、2008 年数据根据《中国煤炭工业年鉴》和《中国工业经济统计年鉴》计算而得。

1990 年以来中国煤炭市场生产集中度如表 5-4 所示,从中可以看出中国煤炭市场生产集中度的变化情况:

(1) 1990~1995 年,中国煤炭产业的市场集中度一路走低,CR_4 一直低于 10%,CR_8 一直低于 15%。根据表 5-3 的划分可以得出当时中国的煤炭产业处于过度竞争状态,而这一时期,正是中国煤炭工业向市场并轨,进行市场化改革时期,即产业市场成长初期,在产量快速增长的同时,总是伴随着大量小煤矿的进入,而国有煤炭企业产能的增长又相对迟缓,这样就必然导致煤炭市场生产集中度随产量的提高而降低。80 年代中后期和 90 年代初期,中国放宽了办矿政策,小煤矿数量剧增,而前 4 家和前 8 家大型企业的煤炭产量并没有相应增长,所以导致煤炭产业集中度的降低。

(2) 从 1996 年始中国煤炭市场生产集中度开始小幅上升。CR_4 由 1996 年的 6.92% 增加到 1998 年的 7.27%,在总产量起伏波动中,市场集中度能够持续增长,这表明数家大型企业在中国煤炭产业中的主导作用开始显现,也说明中国煤炭市场开始向整体成熟迈进。

(3) 中国煤炭市场生产集中度 CR_4 由 1998 年的 7.27% 迅速上升到 2006 年的 18.14%,年均增长 11.89%,这与国家在当时实行"关井压产"和鼓励建设大型煤炭企业集团的政策有关。但是,由于中国 CR_4 和 CR_8 的基数较小,虽然有大的提高,CR_4 仍小于 30%,CR_8 也小于 40%。在 2004 年,美国前 8 家产煤企业的生产集中度约为 58%,而俄罗斯与印度产煤企业集中度更高,一家产煤企业的市场份额就分别占到 95% 和 77%,可见与世界主要产煤国相比,中国煤炭产业的生产集中度还是偏低的。

（四）山西煤炭产业生产集中度分析

20世纪80年代，国家确立建设山西新型能源基地，对煤炭工业发展采取了"大、中、小并举"、"国家、集体、个人一起上"和"有水快流"的方针，山西地方煤矿数量平均增长速度约16.6%，原煤产量平均递增速度达18%，其中乡镇煤矿原煤产量年平均递增速度高达24.7%，成为山西煤炭工业发展历史上最快的时期。但是与此同时出现了办矿标准低、矿点过密、规模较小等问题。90年代，随着中国煤炭价格的放开，计划外的煤炭市场初步形成。国务院关于采矿权、开矿权出台了一个转让管理办法，以山西本地为主的民间资本开始大量流入。民间资本活跃以后，1992年之后的5年时间内，乡镇矿基本全部对外承包，小煤矿数量剧增，而前4家和前8家大型企业的煤炭产量并没有相应增长，煤炭行业生产集中度还是很低。

2003年底山西省拥有各类矿井4266处，平均单井能力11.25万吨。其中，乡镇煤矿3789处，平均年产量只有5.56吨，大同煤矿集团公司、山西焦煤集团公司等5个国有重点煤炭集团的煤炭产量只占全省总产量的32.83%，占全国煤炭总产量的9.8%，产业集中度相比较90年代有很大提高，主要有两点原因：① 2000年以来山西省政府实施的大公司、大集团战略，国有重点煤矿企业联合、兼并、收购改造地方煤矿取得了显著成果，2001年10月16日山西焦煤集团公司挂牌成立，2003年12月21日大同煤矿集团公司重组成立。②山西省政府提出"关小上大、等量置换、资源整合、明晰产权、联合改造"的战略方针。仅2003年就关闭了约400座小煤矿。虽然产业集中度相比较90年代有很大提高，但是产业集中度相对较低，利益主体多，市场竞争无序，严重影响山西煤炭行业市场竞争力。从理论上讲，此时，煤炭产业市场集中度的高低，主要应由产业的市场容量和企业规模的相对关系决定，而煤炭总产量的变化对市场集中度的影响已不再是主要因素。在市场容量变化不大的情况下，企业的兼并、联合、重组等产业组织结构调整和市场行为就上升为决定煤炭市场集中度的关键因素。

2008年山西实际煤炭产量65600万吨，其中山西五大煤炭集团中的山西焦煤集团有限责任公司、山西大同煤矿集团有限责任公司、山西潞安矿业（集团）有限责任公司、山西晋城无烟煤矿业集团有限责任公司（排名前四位的煤炭企业）的煤炭产量为22873万吨，占2008年山西煤炭总产量的34.87%。可以看出，山西煤炭行业生产集中度高于全国煤炭行业集中度，但与世界主要产煤国家相比差距还是有的。煤炭行业集中度低，产出过于分散，影响了山西煤炭企业的盈利能力，制约了山西煤炭业的发展。美国经济学家迈克尔·波特经过大量实证调查后得出结论：在一个相对统一的市场中，如果生产相同产品的前4位企业的市场占有率（集中度）的总和低于40%，则该行业内极有可能会出现无序竞争的现象。美国经济学家理查德·凯伍斯研究认为,前10位的企业在行业中处于突出位置,其市场集中度一般应在40%以上。如果一个行业一半以上的企业未能达到起始规模和合理的经济规模,则这个行业肯定不存在有效的产业规模。

从以上可以看出,山西煤炭行业的生产集中度还处于较低的水平。煤炭行业结构的优化和市场竞争力的增强,必须以提升产业集中度为前提。而煤炭产业市场集中度提升的关键在于组建大型煤炭企业集团,而此次山西煤炭资源整合就是要使山西建成若干个对全国煤炭市场有平衡和主导作用的特大型煤业集团,从而提高产业集中度,进而对山西煤炭产业市场产生积极影响。

(五)山西煤炭产业资源整合的益处分析

山西煤炭资源整合后,2010年山西五大煤炭集团生产能力将达到70%以上,原煤生产量将占总生产量的60%,煤炭产业生产集中度将显著提高,与世界主要产煤国家的集中度差距也将缩小。其将对山西以及中国煤炭产业市场的几个方面产生很大的影响。

1. 实现规模经济,降低煤炭边际要素成本,增加边际效益,使企业利润实现最大化

理论和实践证明,通过大规模生产经营,能够提高技术、生产设备、管理组织、市场渠道、信息和原料等生产要素的综合利用效率,有利于增加技术投入、促进技术进步和降低生产经营成本,提高投入产出率。

2. 更好地实现山西以及中国煤炭资源可持续发展

山西煤炭资源的大规模整合使企业走集团化大规模的道路,让煤炭企业优先开采那些具有规模经济性的赋存矿床,将那些在现阶段品位较低或在目前的经济技术条件下不宜开采的地下煤炭资源留给后代,这样既保证了中国煤炭产业的良性竞争,也使后代人的需要和利益得到了保护,同时也符合代际之间的公平,因为随着科学技术水平的不断提高,后代人的开采技术水平和煤炭资源的综合利用水平必将不断地进步和提高。

3. 实施多元化战略,分散企业经营风险

在此次煤炭资源整合中,以企业并购、协议转让、联合重组、控股参股等方式,大型企业兼并小型企业并重组中小煤矿,鼓励大型企业之间的联合重组,电力、冶金、化工等与煤炭行业相关联大型企业以入股的方式参与兼并与重组,但必须由煤炭企业控股。从而使得煤炭企业在寻求可持续发展的过程中进行经营方向的转变和产业的转移,分散了企业经营风险。

三、山西煤炭资源整合可能出现的问题及对策

通过此次煤炭资源整合,山西煤炭产业生产集中度得到了显著提高,大大提

高了山西煤炭企业的竞争力,并提升了煤炭行业的整体形象。但是在整合过程以及整合后可能会出现新的问题,其问题及解决对策如下:

(一)有可能出现规模不经济的结果

集团规模大并不等于就是规模经济,集团规模达到一定程度时,也会出现规模不经济的结果。如对小的矿井的整合,如果按照大企业的标准去投入,产出可能会不及投入,产生负效应。所以,规模经济所包括的是一个适度规模、有效规模,绝不是绝对的越大越经济,应该追求有效规模经济。这样,才能把其近期效益与远期效益结合起来,发挥煤炭企业集团的规模效益,使集团的资源实力、资金实力、资产质量、技术创新能力、安全生产能力、人力资源管理和盈利能力得到提升。

(二)政府取代市场配置功能导致低效率,政府的宏观调控职能应逐步回归市场主体

此次资源整合主要是由政府通过行政或法律手段来进行调控,这一过程虽然能实现政府的调控目标,但在市场经济条件下往往并非最优选择。由于一开始政策机制不完善,补偿存在不能完全依理、依法进行,部门行政色彩浓,导致了补偿金额与矿主实际支出的金额不相符的问题。因此,在资源整合的同时应该提供强有力的政策支持,以免给今后留下不稳定的因素。同时鼓励具有相应能力的企业在市场上根据价格竞争的机制,跨行业、跨区域、跨所有制、跨国战略合作、兼并、重组,提高中国煤炭行业产业集中度。

(三)在资源整合中,重组融资面临困难

对被兼并矿井的技术改造和产业升级需投入巨额资金,重组融资值得关注。虽然国有重点煤矿企业有大量的国家信贷做支持,但是企业融资多元化是市场经济发展的必然要求。随着中国市场经济体制的逐步完善,煤炭企业的融资也应该向多元化、全方位发展,以解决重组之后面临的融资问题。

(四)考虑到跨代配置煤炭资源

煤炭资源整合的重要理由之一,就是以扩大企业规模来增加煤炭产量。然而,煤炭属于几代内不可再生的、当代人与后代人共同享有的稀缺资源。后代人主体缺位而不能来到市场与当代人竞争,这就要考虑到跨代配置煤炭资源。跨代配置就是选择有利于当代和后代的代际间各自拥有使用这些煤炭资源的机会。这不仅要考虑到未来的利益,也包括对现在可采取的保护未来利益的替代方式。

参考文献

[1] Bain. J. S. Relation of Profit Rage to Industry Concentration: American Manufacturing 1936 – 1940 [J]. Quarterly Journal of Economics, 1951, 65 (3).

[2] 植草益. 产业组织论[M]. 北京：中国人民大学出版社，1998.

[3] 李悦等. 产业经济学（第三版）[M]. 北京：中国人民大学出版社，2008.

[4] 郑行周. 煤炭开采总量控制与生产技术结构调整[J]. 中国煤炭，2004，30（4）.

[5] 李豪峰. 煤炭工业体制转轨时期的经济分析[D]. 中国矿业大学硕士学位论文，2004.

[6] 王茂林. 山西新能源基地发展研究[M]. 北京：中国科学技术出版社，2005.

[7] 赵国浩. 煤炭工业可持续发展研究[M]. 北京：经济管理出版社，2008.

第四节　煤炭资源优化配置视角下的山西煤炭资源整合分析[①]

一、引言

中国的能源结构是"富煤、缺油、少气"，这就决定了煤炭资源是中国的主要能源，而且，根据中国的国情，以煤为主的能源结构依然不会发生根本性的改变（见图5-4和图5-5）。同时在中国的煤炭资源开采过程中平均回收率只有40%左右，比世界其他主要产煤国低约25个百分点，其根本原因在于煤炭资源配置不科学不合理，煤炭资源市场化配置制度改革过程中制度设计不完备，导致煤炭资源开发利用过程中不经济，与科学发展观相去甚远。长期以来，中国资源配置上一直采取无偿获得、政府计划的方式，导致了煤炭资源的无序、低效开发，影响了煤炭工业乃至国民经济的持续健康发展。而目前在全国煤炭工业中的煤炭资源整合在很大程度上可以解决煤炭行业"多、小、散、乱"的局面。

资源的合理配置问题，有两种表达方式：一是使有限的资源产生最大的效益；二是为取得预定的效益尽可能少地消耗资源。煤炭资源优化配置是在科学发展观的统领下，科学规划、适度开发、高效利用与合理配置煤炭资源。借鉴资源优化配置的理论，在煤炭资源优化配置的实现过程中，如何更大地发挥市场的作用，是值得深入研究的问题。

---

① 原论文：《煤炭资源优化配置视角下的山西煤炭资源整合分析》，《煤炭经济研究》2010年第6期。

煤炭资源整合的目的之一是有效地解决煤炭资源优化配置的问题。本节在分析此次山西省煤炭资源整合过程中政府发挥的作用以及不足之处的基础上，提出了基于煤炭资源优化配置视角下政府宏观调控在煤炭资源整合过程中的对策建议。

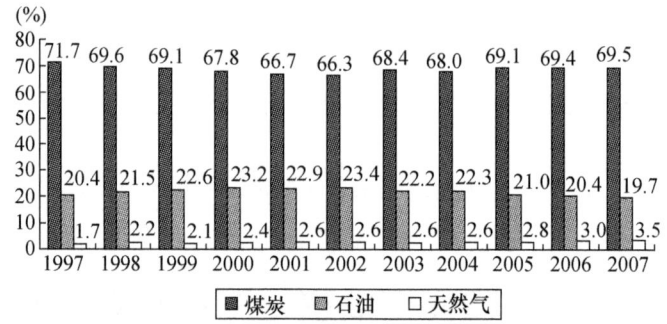

图5-4　我国能源消费构成

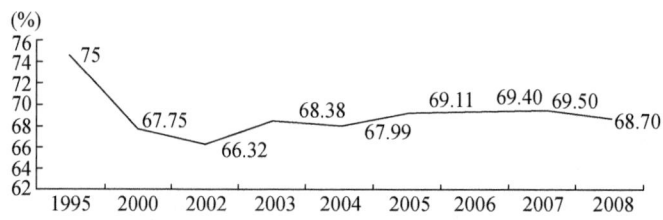

图5-5　煤炭占能源消费总量的比例

二、理论基础

（一）煤炭资源优化配置里的政府和市场的基础理论

煤炭资源整合的过程，实际就是局部利益与全局利益、眼前利益与长远利益的博弈。在这一博弈的过程中，市场注重的是眼前利益、局部利益，而政府的着眼点在全局利益和长远利益上。计划和市场都是经济手段，也都是煤炭资源优化配置的手段和形式。政府和市场机制在煤炭资源优化配置方面都有各自的优势和弊端。

1. 市场机制：看不见的手

在市场经济的运行过程中，价格、供求、竞争相互制约、相互作用、自动调节，形成密不可分的内在联系，它们之间的内在联系和运行的方式就是市场机制。市场机制以竞争为动力，用价格传递信息，引导各种市场主体为了实现自己最大的利益，主动做出决策，从而实现煤炭资源在社会各部门和各个企业间自由地流进和流出，达到资源的最优配置。

（1）市场机制把煤炭资源配置到效益好的企业，使资源的利用效率达到最佳。从经济学意义上讲，煤炭资源是稀缺的，而人的欲望是无限的。因此，要想使有限的煤炭资源满足人们不断增长的需要，就必须提高资源的利用效率。在市场经济的运行过程中，企业通过激烈的竞争实现了优胜劣汰，那些适合市场的企业生存下来并得到发展，那些不适应市场的企业破产倒闭，被市场竞争淘汰。这样，煤炭资源从低效益的企业向高效益的企业流动，从而提高了整个社会煤炭资源的利用效率。

（2）市场机制使煤炭资源利用者尽可能地采用先进的生产技术和管理方法，最充分地发挥资源的作用。在市场配置煤炭资源的条件下，煤炭开采者不可能操纵煤炭的价格，他仅仅是价格的接受者。要想获得比较高的收益，企业只有不断地改进开采、利用技术和经营管理方法，降低开采或加工的成本。而追求最大利益的内在动力和市场竞争的外在压力又会迫使煤炭开采利用者在开采利用技术和管理方面不断创新，降低开采、利用成本，以充分利用煤炭资源。而短期效应的煤炭开采者则不顾煤炭生产安全，只求煤炭生产，这是发生在个别煤矿主的煤炭生产过程中的社会所不容的问题。

2. 政府宏观调控：看得见的手

市场配置煤炭资源，总体上是有效率的，在市场竞争中，受利益原则的驱使，每一个经济主体会不断根据市场需求调整其对煤炭资源的配置，使之获得利润最大化。但是市场本身存在着固有的弱点和缺陷，即在煤炭资源配置过程中也存在"市场失灵"的现象。市场失灵有狭义和广义之分。狭义的市场失灵是指资源配置无效率，即资源配置达不到帕累托效率状态。广义的市场失灵则指微观经济无效率、宏观经济不稳定、社会不公平等。"市场失灵"是市场机制在这一领域无能为力的表现，其主要原因有：

（1）市场配置具有一定的盲目性，经济主体不可能掌握社会各个方面的信息，也无法控制经济变化的趋势。

（2）市场调节具有自发性，即在价值规律的自发调节下追求自身的利益。

（3）市场调节还具有滞后性，是一种事后调节，容易导致经济被波动和资源的浪费。

显然，完全靠市场的自发作用是不行的，要实现煤炭资源优化配置，还需要一种经济力量的作用，需要一只"看得见的手"来主动调控，这就是政府的宏观调控。政府宏观调控是政府为弥补市场缺陷采取的措施。它能调节煤炭资源在产业部门之间的配置。合理的产业结构对于提高宏观经济效率，促使国民经济的良性循环有重要意义。通过政府的宏观调控，制定法律，运用财税手段，减少对生态环境的破坏。

政府的宏观调控是对"市场失灵"的反应，但是，"市场失灵"只是政府宏观调控的必要条件而不是充分条件。政府的宏观调控成为必要，还需要具备两个条件：一是政府干预的效果必须好于市场机制的效果；二是政府干预的收益必须大于政府干预的成本。由于这两个条件并非在所有情况下都能够得到满足，因而政府规制往往未能纠正"市场失灵"，反而会将市场进一步扭曲，出现"政府失灵"。"政府失灵"的主要原因有：

（1）政府由于受到特殊行业、集团和利益群体的政治压力，或为了政党和小集团的政治利益而被俘虏。主要体现在三个方面：一是政府官员为了保住自己的政治饭碗，在考核体系不完善情况下，单纯追求经济增长、出政绩，往往容忍对生态环境资源的破坏。二是虽然政府的决策会影响到许多人，但参与决策的只是极少数人，无论决策者如何产生，他们在决策时往往会自觉不自觉地倾向于自己所代表的阶层或集团的利益偏好，而置多数人的利益于不顾。三是"寻租"行为。"寻租"是那种维护既得利益或对既得利益进行再分配的非生产性活动。

（2）存在创租和卖租行为。由于资源环境政策只是为政府相关部门进行规制提供基本原则和准则，大量具体而详细的规则需要在政策执行中完善，这就使规制者拥有了一定程度的自由裁量权。在监管体系不健全时，规制者为了小集团和个人利益会利用自由裁量权创租和卖租，从而导致"政府失灵"。

（3）政策制定及实施的时滞性。由于政府官僚体制由一系列科层组织构成，信息传递在层级间流转，政府制定一项决策较之私人决策要慢得多。政策制定及实施的时滞性主要体现在认识时滞、决策时滞、执行与生效时滞。

（4）政府的有限理性。政府的有限理性是指政府的决策由于规制偏好、路径依赖、信息不足、知识技术有限等原因导致政策与现实的较大差距，使政府干预失效。其典型案例为"计划失灵"，即由于高度集权的计划体制导致资源配置低效率。

（5）信息不对称。市场的信息不对称既是导致"市场失灵"的一个重要因素，也是"政府失灵"的重要原因。信息不对称表现为政府有关部门作为规制者与被规制者之间常常处于不对称的信息结构中。政府有关部门往往难以获得被规制者如财务等详细数据资料，使被规制者通过隐瞒真实信息而获益。

从以上分析得知，在社会主义市场经济条件下，要想实现全社会煤炭资源的优化配置，既要防止"市场失灵"，又要防止"政府失灵"，必须努力探索市场机制这只"看不见的手"和政府宏观调控这只"看得见的手"的有效结合。

(二)煤炭资源优化配置与煤炭资源整合之间的关系

煤炭资源整合的目的之一是旨在有效地解决煤炭行业"多、小、散、乱"的局面。如果煤炭资源整合的预期目标能够实现,那么整合后的煤炭资源的配置将更加合理,利用效率将有较大的提高,推动国内的煤炭行业在国际上地位的提高。

另外,煤炭资源整合从很大程度上能够解决现存的煤炭资源开采所存在的"采厚弃薄"以及煤炭资源浪费严重和煤炭安全生产等问题。借此,煤炭资源整合将在很大程度上提高煤炭资源优化配置水平。

三、山西煤炭资源整合

煤炭资源整合是指以现有合法煤矿为基础,对两座以上煤矿的井田合并和对已关闭煤矿的资源/储量及其他零星边角的空白资源/储量合并,实现统一规划,提升矿井生产、技术、安全保障等综合能力,并对布局不合理和经整改仍不具备安全生产条件的煤矿实施关闭。

(一)山西煤炭资源整合背景

山西被称为全国的"锅炉房",煤炭产量占全国煤炭总产量的1/4,国内70%以上的外运煤、近50%的全球煤炭交易额来自山西,山西焦炭市场交易量占全国2/3以上。但长期以来,"有水快流"的挖煤思路,在山西造就过万座矿井,也形成了"多、小、散、乱"的煤炭开采格局,中小煤矿成为山西煤炭产业的主力军。山西省的煤炭资源整合对全国煤炭行业的发展起着至关重要的作用。

山西省对煤矿资源进行整合是从2003年开始动议,2004年10月,全国人大评审通过名为《建议允许山西省继续执行征收能源基地建设基金的政策》的课题报告。在2005年6月,国务院发布了《关于促进煤炭工业健康发展的若干意见》。2005年6月27日山西省政府下发了《关于推进煤炭企业资源整合和有偿使用的意见(试行)》,在全省积极推进煤炭资源整合和有偿使用工作。2006年,国务院第133次常务会议通过决议,通过了《关于同意山西省开展煤炭工业可持续发展政策措施试点意见的批复》。2006年2月21日山西省人民政府第66次常务会议通过《山西省煤炭资源整合和有偿使用办法》。2006年4月,国务院常务会议通过《关于在山西省开展煤炭工业可持续发展政策措施试点的意见》。2009年4月,《山西省煤炭产业调整和振兴规划》出台,其核心内容之一就是全力推进山西煤炭产业整合。

(二)煤炭资源整合中政府的作用

政府在煤炭资源整合中的作用主要体现在四个方面:一是制定政策;二是编制和审批规划;三是按照国家政策和已经批复的规划,牵线搭桥,协调解决疑难问题；四是提供证照办理等服务。

山西省政府在煤炭资源整合中采取行政评估、行政定价，而不是市场下的评估、招标、拍卖和挂牌等方式来进行煤矿发包，并且，目前在全国范围内的煤炭资源整合风暴中采取的也是用行政评估和行政定价的方式来做的。

1. 政府的积极作用

在山西煤炭资源整合过程，实际就是眼前利益、局部利益与长远利益、全局利益的博弈。在这一博弈的过程中，市场注重的是眼前利益、局部利益，而政府的着眼点在长远利益和全局利益上。

山西煤炭工业要想改变"多、小、散、乱"，如果仅依靠市场自身的力量，让山西煤炭工业自然演进，其实质就是放任落后粗放发展模式的长期存在，个别小矿主可能会暂时少支付一些转型成本，但全省要支付高昂的资源、生态、环境甚至生命代价。从煤炭资源优化配置理论来分析，这一举措也是不可取的。

为彻底改变山西煤炭工业的发展模式，由山西省政府主导煤矿企业兼并重组整合。这将从根本上改变山西煤炭工业"多、小、散、乱"的局面，根除与这种模式相伴的浪费资源、破坏环境、牺牲矿工、腐蚀干部等诸多痼疾，推动全省煤炭工业走上资源回收率高、安全有保障、环境污染少、经济效益好的可持续发展之路。

2. 煤炭资源整合中政府的不足之处

在市场经济体制改革的大背景下，将煤炭资源整合作为一场全国性的运动，并且由政府权力部门主导和推进，这在世界其他国家并不多见。尽管预期会带来一些整合的成效，但从社会整体利益上分析却缺乏效率。所以，在山西开展煤炭资源整合的整个过程中，社会各界对煤炭资源整合到底是"国进民退"还是"优进劣退"有着很大的争议。

政府在配置煤炭资源的过程中，其决策是完全集中的。政府可以通过各种手段直接或者间接地调节煤炭资源配置的格局，有利于集中煤炭资源实现预期目标。但是国家配置煤炭资源会更多地从政治的角度去考虑，政府计划配置煤炭资源由于权力高度集中在政府手上，目前政府在煤炭资源整合过程中还存在以下问题：

（1）政策制定脱离实际，缺乏市场有效运营。在山西的煤炭资源整合过程中，没有充分考虑各地的煤炭资源赋存状况与开采条件，整合方式"一刀切"。煤炭资源整合标准地方政府过于依赖行政手段，为了完成上级下达的资源整合计划，在制订方案时缺少调查研究，人为地将几个虽然相邻，但从技术上根本整合不到一块的小煤矿归到一起，出现了一些煤矿"拉郎配、假整合、各干各"的现象，导致整合的煤矿与被整合的煤矿积极性不高，并且不同权利主体之间的抵触情绪大，资源整合与提升改造的目标均难以实现。

（2）矿井关闭少、整合多，潜在产能过剩风险。一些地方政府以矿井整合代替资源整合，或把本应关闭的煤矿保留了下来，或将数个小矿撮合为一个大矿，以资源整合为名，保护落后生产能力煤矿。一些煤矿借整合之名行扩容之实，在没有采用新技术新工艺，也没有进行改扩建的情况下，矿井核定能力成倍增长。

（3）政出多门，审批程序复杂，企业疲于应付。由于煤炭行业管理缺乏统一协调部门，煤矿建设项目审批与煤炭资源整合项目核准过程中手续繁杂。一个煤矿合法开工要办采矿许可证、煤炭生产许可证、安全生产许可证、营业执照、矿长资格证、安全资格证、爆炸物品使用证、储存证等多个证件。证件期限不等，换证部门不同，使企业长期处于换证状态，开工是违法，不开工算停产，工人工资、机器维护、税费等问题不减少，而且停停干干，危险极大。

（4）对煤炭资源产权定义不明确。大量的非法开采，造成资源浪费、环境破坏，以及吃肥丢瘦，采易弃难等问题的原因就是煤炭资源产权的不清晰。在《矿产资源法》中明确规定：矿产资源属国家所有，由国务院行使对矿产资源的所有权；探矿权和采矿权实行有偿取得制度。据了解，各地煤炭矿业权使用费的政策并不统一。目前，包括国有煤矿和非国有煤矿在内的大部分煤炭资源矿业权是虚置的。煤矿在并购、分立、重组改制中，煤炭矿业权没有纳入或没有完全纳入资产管理中，导致国家煤炭资源所有权虚置，所有权收益流失。

（5）矿业权价格确定不合理，无法反映资源稀缺性。在山西煤炭矿业权的改革中，体现国家矿产资源所有者权益的矿业权价款，目前由政府行政管理部门以行政的或计划的方式确定，是以行政方式代替市场机制调节相关利益关系，既难以完全反映资源的稀缺性，也不能真实体现市场供求关系。一方面，煤炭采矿权价款的收缴本应依照煤矿存储量而定，但是，由于煤矿的真实储量只能通过矿下核查、地表勘查等系列程序才能查明，在实践中收取价款只根据采矿证上承认的储量，准确性显然不能保证，在政府监察方面不容易量化。另一方面，采矿权价格由政府确定，而政府往往没有自己的采矿权价值主张，即对评估机构评估出的采矿权价值确认后就为采矿权价格。一些地方政府甚至没有审查评估价值，直接将评估价值定为采矿权价款。

（6）国有企业为主体重组兼并有障碍。政府一直把做大做强国有企业作为提高中国煤炭资源在国际上竞争力的主要手段。但是，资源被瓜分、市场被瓜分，是市场经济体制的内在要求。市场经济的本质就是竞争，就是合理瓜分、优化配置资源。再从科学发展观看，过去和现在的大部分大中型煤矿都是国有煤矿，据了解，过去和现在有不少大中型煤矿为了"高产高效"，机械化、自动化采煤，而对矿区中不适合机械化、自动化开采的薄煤层、不稳定煤层丢弃不采，造成了惊人的煤炭资源浪费。按国有煤矿垄断资源思维，即使丢弃、浪费这些资源，也不让非国有煤矿去开采利用这些资源。显然，这种资源配置思路也不是完全合理的。

(7) 政府宏观调控力度过大、范围过广。政府在山西煤炭资源整合过程中的调控能力已经深入到了微观经济方面，国有企业有垄断趋势。按照资源合理配置的原则，煤炭资源整合应该满足经济效益原则，但是，今年山西的 GDP 是全国唯一一个下降的省份，煤炭资源整合不但没有给山西带来效益，相反地却阻碍了山西经济的发展。并且，现在在全国开展的煤炭资源整合浪潮中，河南、山东、陕西等地到山西实地考察，有复制山西煤炭资源整合模式现象。山西煤炭资源整合模式是不可复制的，因此，各地在进行煤炭资源整合过程中一定要结合具体情况，找出符合本地的煤炭资源整合模式。

四、政策建议

鉴于山西煤炭资源整合过程中，政府处于绝对主导地位，而忽略了市场机制在煤炭资源优化配置中的基础作用，所以本文对山西煤炭资源整合提出以下几点对策建议：

（1）政府取代市场配置功能导致低效率，政府的宏观调控职能应逐步回归市场主体。此次资源整合主要是由政府通过行政或法律手段来进行调控，这一过程虽然能实现政府的调控目标，但在市场经济条件下往往并非最优选择。由于一开始政策机制不完善，补偿存在不能完全依理、依法进行，部门行政色彩浓，导致了补偿金额与矿主实际支出的金额不相符的问题。因此，在资源整合的同时应该提供强有力的政策支持，以免给今后留下不稳定的因素。同时鼓励具有相应能力的企业在市场上根据价格竞争的机制，跨行业、跨区域、跨所有制、跨国战略合作、兼并、重组，提高中国煤炭行业产业集中度。

（2）加快中国煤炭资源市场化配置改革的进程。煤炭资源市场化配置的步伐远远落后于包括煤炭价格体制改革在内的经济体制改革的步伐，以至于许多人还将煤炭资源这种特定资产仍当作"公共资产"，而不是经过市场化配置后的产权归属清晰的非公共资产。显然，这一状况不适应煤炭产业、能源产业和国家改革与发展的需要。所以，政府应该在中国煤炭市场化配置方面加快改革步伐。

（3）适当放松政府宏观调控力度，让国有企业和非国有企业自由、公平竞争，实现国企民企同步成长。政府应充分应用市场机制在整个煤炭资源优化配置的作用。在煤炭资源整合过程中，市场经济良好运行，让企业间通过激烈的竞争实现优胜劣汰，使煤炭资源的利用效率得到提高。这也就间接地实现了煤炭资源优化配置也就是煤炭工业的可持续发展。

在山西的这次煤炭资源整合过程中应让国企和民企实现共同发展壮大，而不是现在的重点扶持国有煤炭企业。让国企和民企在市场机制下，实现公平、公正的竞争，在竞争中不断进步，不断发展。

(4) 认真对待煤炭资源整合过程中的政府干预和市场机制的博弈。政府应准确地了把握市场机制和政府干预能力的博弈,恰当地运用市场机制来实现山西的煤炭资源整合,进而实现煤炭资源的优化配置。

(5) 区别对待不同区域间的煤炭资源整合。由于煤炭资源赋存本身的原因,不同区域、不同矿区的资源禀赋不同,煤炭资源亦是如此。所以,政府在指导煤炭资源整合的过程中,应根据本区域特点,具体情况具体分析,制定合理、规范的方针政策指导煤炭资源整合有效、有序地进行。

(6) 在煤炭整合的过程中,加大对政府执行部门的监督,杜绝在整合过程中拉帮结派和腐败的产生。

参考文献

[1] 史忠良. 资源经济学[M]. 北京:北京出版社, 1993.

[2] 赵国浩,裴卫东,张冬明. 中国煤炭工业与可持续发展[M]. 北京:中国物价出版社, 2000.

[3] 赵国浩. 资源管理系统工程理论与实践[M]. 北京:经济管理出版社, 2008.

[4] 孙育红. 循环经济引论[D]. 吉林大学博士论文, 2006.

[5] 曹海霞,王宏英. 山西煤炭行业资源整合的实践与对策[J]. 经济管理, 2008 (4).

[6] 蒲志仲. 资源配置市场机制研究[J]. 生产力研究, 2009 (3).

[7] 郝伟明. 山西煤炭资源整合法律问题探析[J]. 山西大学学报(哲学社会科学版), 2009, 32 (5).

第五节　基于 DEA 煤炭资源整合过程中的企业绩效评价研究[①]

一、引言

煤炭资源是中国重要的战略资源,煤炭产业在我们经济社会发展中有着十分重要的作用和地位,是难以替代的。煤炭产业长期以来在支撑国民经济快速发展

---

① 原论文:《基于 DEA 的山西煤炭资源整合过程中的企业绩效评价研究》,《能源与节能》2011 年第 6 期。

的同时，也付出了沉重的资源环境代价。山西因煤而兴，也因煤而痛。作为中国的煤炭蕴藏大省和煤炭资源开发大省，煤炭产业粗放的发展模式所带来的问题尤为突出。

作为煤炭大省，对煤炭产业的有效调整有助于实现山西全省有效联动。在山西，煤炭既是产业问题、经济问题，又是社会问题和民生问题，更关系到国家能源战略安全。煤炭资源的利益牵扯面广，牵一发而动全身，推进资源整合，可以最大限度地实现资源价值，在经济发展模式上创造多元化经济增长点，通过延展资源价值链和发展替代产业，使山西发展模式实现顺利的转变。但是，围绕山西展开煤炭资源整合的前前后后，声讨声、质疑声仍不绝于耳，政府受到的非议和责难很多，压力也很大。

事实上，煤炭资源整合的过程，就是眼前利益和长远利益、局部利益和全局利益的博弈，不只是一场办矿体制的大变革，还是一场标本兼治的大战役。从长远的发展战略看，煤炭资源整合是山西由煤炭大省向煤炭强省跨越的必然选择，具有历史必然性。对于"煤炭资源整合"这一复杂系统工程而言，每一次改变都是一次利益博弈，需要细化操作程序，注重政策的连续性，进一步完善相关政策，切实兼顾好各方利益。

本节基于煤炭资源可持续有效利用的要求，立足山西煤炭资源整合的大背景，建立 DEA 模型，选取具有代表性的煤炭企业进行实证研究，分析山西煤炭企业从 2004 年到 2009 年的绩效水平，从而为煤炭资源整合和煤炭企业在煤炭资源整合过程中健康可持续发展提供一定的科学决策依据。

二、山西煤炭资源整合企业绩效影响因素分析

在山西省煤炭资源整合的大背景下，山西煤炭企业的绩效受到的影响因素主要包括经济环境、政治法律环境、自然环境、科技环境、煤炭企业的自身条件等几个方面。

（一）经济环境分析

宏观经济环境是影响煤炭企业绩效的主要环境因素，它主要包括三个方面的因素：①耗煤企业方面的因素，主要包括耗煤企业的产量及增长速度等因素。②整个社会的产业结构、经济增长率。③政府的宏观调控因素，包括货币供应量、银行利率、政府支出等。

（二）政治法律环境

政治法律环境也是影响煤炭企业绩效的重要宏观环境因素之一，包括政治环境和法律环境。政治环境引导着煤炭企业经营活动的方向，法律环境则为煤炭企业规定了经营活动的行为准则，当前影响中国煤炭企业经营行为的法律主要有

《煤炭经营监管法》和《煤炭法》等。政治和法律二者相互联系，共同对煤炭企业的经营活动产生影响和发挥作用。

（三）自然环境分析

任何企业都处于一定的自然和社会环境中，煤炭企业也不例外，处在特定社会和资源环境下的企业经营活动的绩效必然会受到其所在社会及自然环境的影响和制约，而煤炭企业属于资源型的企业，因此，其所在自然环境也是煤炭企业绩效影响因素分析的一个重要方面。

（四）科技环境分析

科学技术是社会生产力中最活跃的因素，从古到今，它都在不断影响着人类社会的历史进程和社会生活的各个方面，在当前低碳经济要求的趋势下，科学技术对煤炭企业的生产经营活动的影响更是日益明显。对于煤炭企业而言，科学技术的影响尤其突出，但当前山西煤炭企业的生产方式还处于比较粗放的阶段，先进的科学技术的引进任重而道远。

（五）煤炭企业的自身条件分析

1. 组织形式

组织形式与煤炭企业绩效之间具有密不可分的关系。好的组织形式能够为煤炭企业的生产管理带来极大的好处，当前，中国煤炭企业管理组织机构设置和管理模式大多数以建立统一的生产指挥系统为特点，各职能部门的职责比较明确，属于直线式的组织结构形式。

这种组织形式在发展煤炭企业的生产、完成企业的国家计划任务以及提高企业的经济效益等方面发挥了重要的作用。但是，这种组织机构也具有其相对的缺点和局限性，即不能完全适应中国经济体制改革的深入发展的需要。

2. 员工素质及权益保障

员工素质在煤炭企业竞争中起着重要的作用，第一，随着科学技术的不断发展，煤炭企业的生产方式也发生了很大的变化，机械化程度提高。在这种情况下，煤炭企业要想在激烈的竞争中取胜就需要有更多能够更快掌握新的机械操作技术的工人。第二，高素质的管理人才在煤炭企业绩效提高过程中也有不可估量的作用，主要表现在其能帮助煤炭企业做出正确的技术引进决策及生产流程设计的活动，大大提高煤炭企业的绩效。

3. 相关机械设备的效率及质量

在煤炭企业生产经营过程中，相关机械设备的质量及效率对煤炭企业的绩效有很大的影响。良好的机械设备是企业安全生产的重要物质条件，也是企业经济效益的最基本的保障，对于煤炭企业而言，机械设备的好坏，是其经济实力的体现，用好、管好煤炭企业的机械设备，使其充分发挥功能，是进一步提高企业的经济效益、增强煤炭企业绩效的重要途径。可见，煤炭企业为了不断提高自身的绩效不但需要高素质的员工，还需要高效率和高质量的机械设备。

三、山西煤炭资源整合企业绩效评价模型的构建

（一）指标体系建立

指标体系的建立即确定山西煤炭资源整合企业绩效评价的输入和输出指标，根据当前企业绩效评价理论及煤炭企业绩效评价指标体系构建的原则，以及所选取的评价方法的可操作性，借鉴了潘世明等人对外资并购长期绩效的 DEA 评价指标的选取，并在其指标的基础上进行了一定的改善，将评价指标体系建立如下：

首先，输入变量选择了各煤炭企业的总资产和员工的人数。因为总资产是煤炭企业生产及绩效来源的最重要的因素，且具有很强的综合性，煤炭企业总资产的数量在一定程度上表明了煤炭企业的总体实力及其能为绩效提供多少保障；员工人数则反映了煤炭企业的人力资源投入，对于煤炭企业来说人力资源投入是其成本的重要组成部分，是煤炭企业绩效投入的一个重要方面，这两个投入变量都是对煤炭企业主营业务收入具有重要贡献的。

其次，产出变量选择了各煤炭企业的利税总额和主营业务收入。因为煤炭企业的利税总额不但体现了煤炭企业追求利润最大化的动机，还包含煤炭企业对社会贡献的税费；主营业务收入是指煤炭企业经常性的、主要业务产生的收入，是其绩效的重要体现，它的多少反映了煤炭企业的核心能力，同时一个有竞争能力的煤炭企业必定有较强的主营业务。

科学地反映煤炭企业的整体实力是煤炭企业资源绩效评价指标选择的原则。克服片面性的单项指标评价，强调综合性评价。在指标的设计过程中，避免片面追求产值增长速度、粗放经营、盲目增加投资的指标，选择能反映经济增长的质量和效益的指标。引导企业把注意力放到提高效益和均衡发展企业整体素质等方面。因此本节选取山西煤炭企业的总资产、员工的人数、利税总额和主营业务收入作为企业绩效评价 DEA 模型的输入和输出指标，通过分析，以期对煤炭企业的发展和政策的制定提供借鉴和指导。

（二）样本的选取

一般来说，DEA 方法要求 DMU 数量为输入输出指标之和的 2~3 倍，根据分析的需要及数据的可获得性，研究样本选择①山西焦煤西山煤电集团有限责任公司。②山西潞安矿业（集团）有限责任公司。③山西阳泉煤业（集团）有限责任公司。④山西大同煤矿集团有限责任公司。⑤山西晋城无烟煤矿业集团有限责任公司。⑥山西兰花煤炭实业集团有限公司。⑦山西沁新能源集团股份有限公司

（原为山西沁新煤焦股份有限公司，2009年改名）。⑧山西三元煤业股份有限公司。⑨山西汾河焦煤股份有限公司。⑩山西省长治经坊煤业有限公司。⑪山西平阳重工机械有限责任公司（原为山西平阳机械厂，2005年改名）。⑫山西省阳泉荫营煤矿。⑬山西太原东山煤矿有限责任公司。⑭中煤平朔煤业有限责任公司（前身为平朔煤炭工业公司）。⑮中煤集团山西金海洋能源集团有限公司（成立于2009年8月，前身为山西金海洋能源集团有限公司）。共15家煤炭企业（下文样本数据按此编号列出），其中13家属于中国煤炭工业协会公布的2010年度"中国煤炭企业100强"企业，其中山西潞安矿业（集团）有限责任公司、山西大同煤矿集团有限责任公司、山西阳泉煤业（集团）有限责任公司、山西晋城无烟煤矿业集团有限责任公司、山西兰花煤炭实业集团有限公司5家企业也位列2010全国煤炭企业产量50强。有国有控股的集团，也有民营企业，综合考虑各种因素，选取有效的DMU进行数据分析，以期反映整个山西煤炭企业总体的绩效状况。

根据山西煤炭资源整合的发展过程，本节选取这15家煤炭企业2004年至2009年的数据进行分析，其数据主要由历年《山西省统计年鉴》整理获得。

（三）DEA模型的建立

根据以上分析，本节选择了CCR-I模型和BCC-I模型，即以投入为导向的CCR模型和剔除了规模效率不变假设的以投入为导向的BCC模型来求解线性规划问题。

确定各煤炭企业的投入产出指标：

1. 假定各煤炭企业分别表示的决策单元

DMU_1——山西焦煤西山煤电集团有限责任公司

DMU_2——山西潞安矿业（集团）有限责任公司

DMU_3——山西阳泉煤业（集团）有限责任公司

DMU_4——山西大同煤矿集团有限责任公司

DMU_5——山西晋城无烟煤矿业集团有限责任公司

DMU_6——山西兰花煤炭实业集团有限公司

DMU_7——山西沁新能源集团股份有限公司

DMU_8——山西三元煤业股份有限公司

DMU_9——山西汾河焦煤股份有限公司

DMU_{10}——山西省长治经坊煤业有限公司

DMU_{11}——山西平阳重工机械有限责任公司

DMU_{12}——山西省阳泉荫营煤矿

DMU_{13}——山西太原东山煤矿有限责任公司

DMU_{14}——中煤平朔煤业有限责任公司

DMU_{15}——中煤集团山西金海洋能源集团有限公司

2. 假设各指标

$x_1 = (x_{11}, x_{12}, \cdots, x_{115})$——总资产

$x_2 = (x_{21}, x_{22}, \cdots, x_{215})$——员工年平均人数

$y_1 = (y_{11}, y_{12}, \cdots, y_{115})$——主营业务收入

$y_2 = (y_{21}, y_{22}, \cdots, y_{215})$——利税总额

四、山西煤炭资源整合企业绩效评价的实证分析

（一）模型求解

本节使用 DEA – Solver – LV 软件中的 CCR – I 以及 BCC – I 模型对样本进行分析。由于技术效率 TE 与纯技术效率 PTE 之比，就是企业的规模效率（Scale Efficiency，SE），经过对 6 年数据的分别计算，在模型建立及数据分解的基础上可得如下结果（见表 5 – 5 ~ 表 5 – 7）：

表 5 – 5　2004 ~ 2009 年山西各煤炭企业纯技术效率表（BCC）

DMU	2004年效率	2005年效率	2006年效率	2007年效率	2008年效率	2009年效率	平均效率	效率排名
焦煤集团西山煤矿	0.9532	0.8700	0.7559	0.8274	1.0000	0.7658	0.9532	9
潞安矿业集团	0.9153	0.9726	0.6311	0.6761	0.5124	0.4837	0.9153	14
阳泉煤业集团	0.2533	0.7289	0.6621	0.7905	0.7043	0.8458	0.2533	15
大同煤矿集团	1.0000	1.0000	1.0000	1.0000	1.0000	1.0000	1.0000	1
晋城无烟煤矿业集团	1.0000	1.0000	1.0000	0.6265	0.5259	0.5173	1.0000	12
兰花煤炭实业集团	1.0000	1.0000	1.0000	1.0000	1.0000	0.8473	1.0000	7
沁新煤焦	1.0000	0.8229	0.6165	0.7986	1.0000	0.7305	1.0000	11
三元煤业	1.0000	1.0000	1.0000	1.0000	1.0000	1.0000	1.0000	1
汾河焦煤	1.0000	1.0000	1.0000	1.0000	0.6645	1.0000	8

续表

DMU	2004年效率	2005年效率	2006年效率	2007年效率	2008年效率	2009年效率	平均效率	效率排名
长治经坊煤业	1.0000	1.0000	1.0000	1.0000	1.0000	1.0000	1.0000	1
平阳重工机械	0.7298	0.7412	0.6251	0.7345	0.7842	0.8454	0.7298	13
阳泉荫营煤矿	0.6869	0.8664	0.7878	0.8785	0.8577	0.9799	0.6869	10
太原东山煤矿	0.9773	1.0000	1.0000	1.0000	1.0000	1.0000	0.9773	6
平朔煤炭工业公司	1.0000	1.0000	1.0000	1.0000	1.0000	1.0000	1.0000	1
金海洋洁净煤	1.0000	1.0000	1.0000	1.0000	1.0000	1.0000	1.0000	1
年各企业平均效率	0.9011	0.9335	0.8719	0.8888	0.8923	0.8453	0.8888	

表5-6 2004~2009年山西各煤炭企业规模效率表（CCR/BCC）

DMU	2004年效率	2005年效率	2006年效率	2007年效率	2008年效率	2009年效率	平均效率	效率排名
焦煤集团西山煤矿	0.4762	0.6265	0.4223	0.4128	0.5373	0.5163	0.4986	11
潞安矿业集团	0.5437	0.7249	0.3608	0.2845	0.3099	0.2915	0.4192	10
阳泉煤业集团	0.2445	0.5793	0.3668	0.3678	0.2827	0.3116	0.3588	9
大同煤矿集团	0.8686	0.8824	0.4585	0.4019	0.3104	0.3100	0.5386	15
晋城无烟煤矿业集团	0.5723	0.7106	0.4276	0.3446	0.2505	0.3185	0.4373	13
兰花煤炭实业集团	0.4949	0.7256	0.4357	0.6391	0.6165	0.5684	0.5800	8
沁新煤焦	1.0000	0.8076	0.6075	0.6967	0.7994	0.6510	0.7604	6

续表

DMU	2004年效率	2005年效率	2006年效率	2007年效率	2008年效率	2009年效率	平均效率	效率排名
三元煤业	1.0000	1.0000	1.0000	1.0000	1.0000	1.0000	1.0000	1
汾河焦煤	1.0000	0.9987	1.0000	1.0000	1.0000	0.4497	0.9081	4
长治经坊煤业	0.8078	0.9828	1.0000	1.0000	0.6886	1.0000	0.9132	3
平阳重工机械	0.4247	0.5625	0.3636	0.3673	0.3203	0.3594	0.3996	14
阳泉荫营煤矿	0.5785	0.7633	0.4416	0.3985	0.3280	0.4568	0.4944	7
太原东山煤矿	0.6608	0.8801	0.4582	0.4287	0.6158	0.3305	0.5624	12
平朔煤炭工业公司	1.0000	1.0000	0.7395	0.6632	0.7559	1.0000	0.8598	5
金海洋洁净煤	1.0000	1.0000	1.0000	1.0000	1.0000	1.0000	1.0000	1
年各企业平均效率	0.7935	0.8708	0.6888	0.6596	0.6398	0.6688	0.7202	

表5-7 2004~2009年山西各煤炭企业规模效率统计表

2004年				2005年			
RTS	Efficient	Projected	Total	RTS	Efficient	Projected	Total
No. of IRS	1	1	2	No. of IRS	3	3	6
No. of CRS	5	2	7	No. of CRS	3	0	3
No. of DRS	3	3	6	No. of DRS	3	3	6
Total	9	6	15	Total	9	6	15
2006年				2007年			
RTS	Efficient	Projected	Total	RTS	Efficient	Projected	Total
No. of IRS	1	2	3	No. of IRS	1	2	3
No. of CRS	4	0	4	No. of CRS	4	0	4
No. of DRS	4	4	8	No. of DRS	3	5	8
Total	9	6	15	Total	8	7	15

续表

2008 年				2009 年			
RTS	Efficient	Projected	Total	RTS	Efficient	Projected	Total
No. of IRS	2	3	5	No. of IRS	1	4	5
No. of CRS	3	0	3	No. of CRS	4	4	8
No. of DRS	5	2	7	No. of DRS	1	1	2
Total	10	5	15	Total	6	9	15

(二) 各年的企业规模效率成因分析

图 5-6 为山西煤炭企业绩效评价结果规模效率值对比的折线图，图 5-7、图 5-8 为山西 2004～2009 年煤炭企业各企业、各年规模效率平均值折线图，这几幅图清晰地体现了山西 15 家煤炭企业 2004～2009 年企业规模效率数值、平均值及其变化趋势。

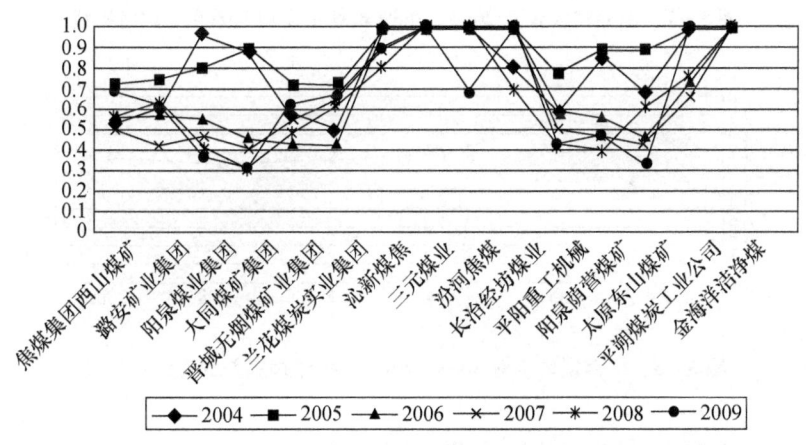

图 5-6 山西煤炭企业 2004～2009 年各企业规模效率

从图 5-6、图 5-7 可直观地看出，在 2004～2009 年沁新煤焦、三元煤业、汾河焦煤、长治经坊煤业、金海洋洁净煤五家企业的规模一直保持效率较高，其余各企业的规模效率值居中，而且在 2004～2009 年波动较大，各企业效率平均值在 0.53～0.94，随时间的推演而明显变化：2004 年兰花煤炭实业集团规模效率值最低，焦煤集团的技术效率值也不高，处于规模递增状态，说明其规模效率低的原因有一部分是由于技术效率低下所造成的。2005～2006 年各企业规模效率变化幅度较大，大同煤矿集团和太原东山煤矿下降幅度最大，但是二者的技术效率保持较高水平，分析影响其规模效率低下主要是由于 2006 年开始的煤炭资源整合的影响。2007 年各企业的规模效益较 2006 年有所回升，主要是由于煤炭资源整合后的效果出现。2008 年大同煤炭集团的规模效率最低，但其技术效率保持较高水平，说明影响其规模效率不是技术问题。分析造成规模效率值变化的主要是这几年来两次大的煤炭资源整合给各企业带来的影响。

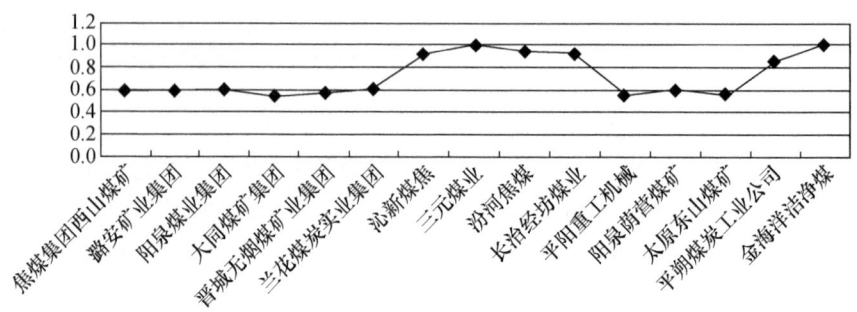

图 5-7　山西煤炭企业 2004~2009 年各企业规模效率平均值折线

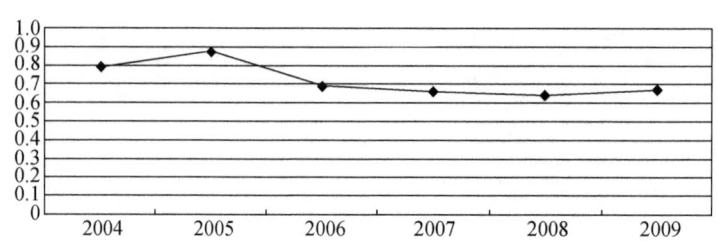

图 5-8　山西煤炭企业 2004~2009 年各年规模效率平均值折线

由图 5-8 可以看出，2004~2009 年山西煤炭企业的平均规模效率水平是从 2005 年开始有了下降的趋势，直到 2009 年才有了增长的趋势。结合山西煤炭产业的发展过程可以看出，煤炭资源整合过程对煤炭企业的规模效率有着较大的影响，2005~2009 年正是山西煤炭资源整合的时期，由于资源整合还未全部完成，所以带来的规模效益还未全部显现，由于资源整合是涉及企业各个资源多方面的重组，并不是一朝一夕所能完成的，所以后续的工作还很多，需要进一步加强煤炭资源整合的力度。

（三）各年各企业技术效率成因分析

同样可以得出山西煤炭企业绩效评价结果技术效率值对比的折线图（见 5-9）、山西煤炭企业 2004~2009 年各企业技术效率平均值折线图（见图

5-10)、各年技术效率平均值折线图（见图 5-11），它们清晰表明了山西 15 家煤炭企业在 2004~2009 年企业技术效率数值、平均值及其变化趋势。

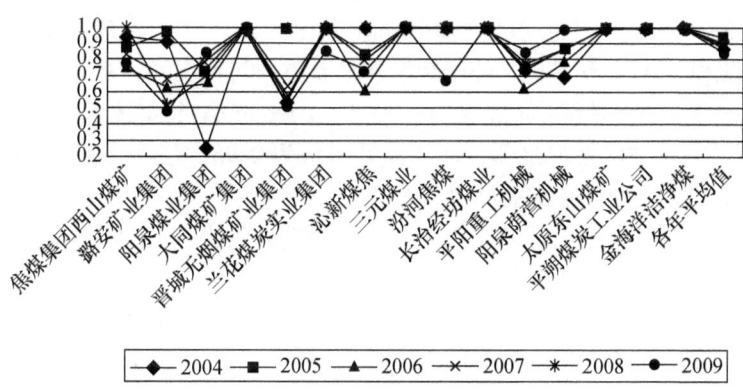

图 5-9　山西煤炭企业各企业技术效率

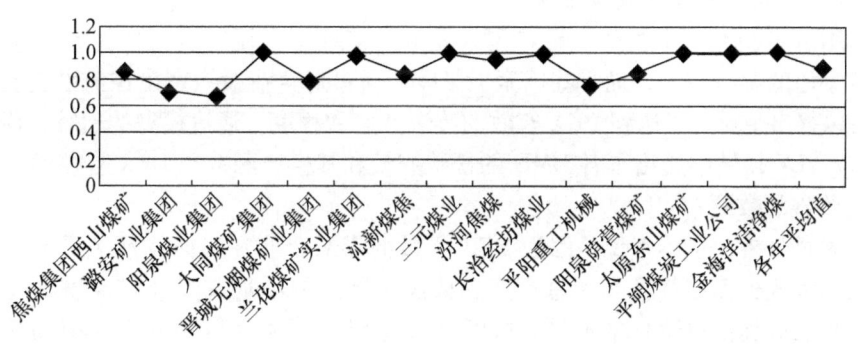

图 5-10　山西煤炭企业 2004~2009 年各企业技术效率平均值折线

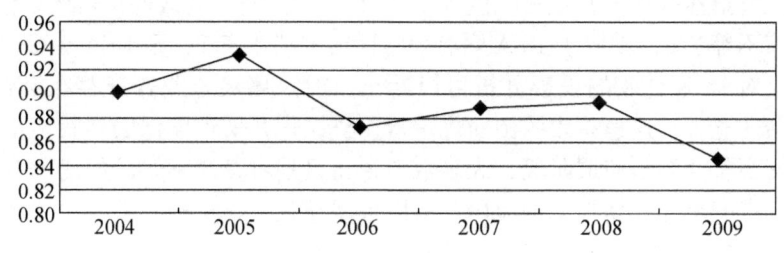

图 5-11　山西煤炭企业 2004~2009 年各年技术效率平均值折线

从图 5-8、图 5-9 可直观地看出，2004~2009 年，大同煤矿集团、三元煤业、长治经坊煤业、太原东山煤矿、平朔煤炭工业公司、金海洋洁净煤这6家企业的技术效率一直保持较高水平,比较稳定,其余各煤炭企业的技术效率变化幅度较大,其中潞安矿业集团、沁新煤焦的波动最大。2004~2009年技术效率平均值在0.5~0.9,并随时间的推演而明显变化:2004年阳泉煤业集团技术效率值最低,规模效率值也不高,处于规模递增状态,说明其技术效率低的原因有一部分是由于规模效率低下所造成的;2005~2006年各企业技术效率差别较小;2009年汾河焦煤技术效率最低,而规模效率值为0.95,说明2009年该企业的技术效率低下的主要原因是纯技术效率较低。

从图5-10可以看出,随着山西煤炭资源整合的进行,煤炭企业的平均技术效率指数逐年降低,分析其原因主要是因为在资源整合过程中,整合的主体往往是技术实力较强的大型企业去整合兼并那些技术落后的小企业,而在整合的初期,由于对技术落后企业的兼并整合,导致兼并后的企业整体技术水平降低,要看到资源整合带来的效果,还需等整个整合过程全部完成后的一段时间才能显现出来。

(四)各企业差额变量分析

DEA分析结果中松弛变量和剩余变量的值基本上说明了哪些因素对企业技术效率值的影响较大,而哪些因素无影响。通过对企业投入产出在前沿面上的投影可以得出企业为了达到DEA有效的改进方向和程度。通过模型的运算,DEA-Solver-LV软件中给出了各DMU的松弛变量和其生产函数在DEA有效面上的投影(改进的数额)。

通过分析,总体来说是因为DEA无效的煤炭企业在当前技术水平下的生产活动或多或少存在着投入(总资产、从业人员)的不足或冗余以及输出(主营业务收入、利税总额)的不足。这可以通过DEA模型(BCC模型)中的松弛值[即上述模型中所列的S-(1)、S-(2)、S+(1)、S+(2)]来说明,松弛值大于0说明存在浪费或不足,松弛值等于0则不存在浪费和不足。某煤炭企业只有在效率指标等于1并且松弛值等于0时,才是DEA有效的;若效率值等于1但松弛值不等于0,则属于DEA弱有效;而效率值小于1,则DEA无效。

通过对15家企业的投影分析可以看出,山西煤炭企业普遍存在资产过剩、人员冗余的显现,这也是表明山西煤炭行业机械化开采程度低的现状。由于目前是煤炭资源整合初步完成阶段,大多数整合还只是对资产和煤矿的简单合并,还未进行资产的重组和新技术的应用,所以也就导致了煤炭资源整合过程中,企业规模效率和技术效率有降低趋势的事实。

五、结论

本节是通过选取输入输出指标对山西煤炭企业各样本进行了DEA分析,并根据评价结果对其绩效进行探讨，所选数据为山西15家煤炭企业2004~2009年的企业财务数据。选择DEA方法对具有代表性的15家山西煤炭企业绩效进行评价，不仅减少了主观因素对评价结果的影响，还能够帮助我们根据评价结果提出一些有益的改进措施和建议。根据上述分析可得出如下结论：煤炭资源整合过程中煤炭企业资源利用效率和规模效率相对低，煤炭企业在山西煤炭资源整合中的效果还未显现。

作为全国煤炭行业整治的先锋，面临将煤炭企业做大做强的同时，也充满了各种新的挑战。根据本节评价及分析结果，在资源整合过程中对山西煤炭企业提出以下对策和建议：重视企业兼并重组的系统性原则，加强对兼并企业的技术改造和安全建设，延长煤炭企业产品链，促进企业效率提高。

参考文献

[1] 李德全，翟新献. 小煤矿煤炭资源特征及其整合问题[J]. 能源技术与管理，2007（4）.

[2] 康保民，王治现. 资源整合小煤矿重组后存在的问题及其对策[J]. 中州煤炭，2007（4）.

[3] 赵国浩. 煤炭工业可持续发展研究[M]. 北京：经济管理出版社，2008.

[4] 赵国浩，车康模，卢晓庆. 基于产业集中度视角的山西煤炭资源整合分析[J]. 煤炭经济研究，2010（2）.

[5] 曹海霞，王宏英. 山西煤炭行业资源整合的实践与对策[J]. 中国煤炭，2008（4）.

第六章 煤炭行业可持续发展理论与实践

第一节 山西煤炭行业可持续发展现状研究[①]

一、引言

煤作为一种不可再生资源,既是工农业生产和日常生活的主要燃料,又是化工生产的重要原料。实现山西省煤炭工业的可持续发展,不仅关系山西省煤炭工业的出路,也是实现社会、经济和环境可持续发展的基础之一。

二、山西省煤炭工业具有得天独厚的优势

（一）煤炭资源总储量丰富

山西含煤地层为石炭、二叠系和侏罗系,部分为第三系。全省潜在煤炭资源总量6652.02亿吨,占全国煤炭资源的11.9%,资源总量规模仅次于新疆和内蒙古。截至2004年底,全省累计查明煤炭资源储量2828.65亿吨,查明保有的煤炭资源储量2660.46亿吨,占全国保有查明的煤炭资源储量的26%,居全国首位。全省含煤面积6.48万平方公里,约占全省面积的40%,主要分布在大同、宁武、西山、河东、霍西、沁水六大煤田和浑源、繁峙、五台、垣曲和平陆等煤产地。全省119个行政县（市、区）,94个县地下有煤,其中68个县（市）煤炭年产量在百万吨以上。

（二）煤质好、品种全

山西的焦煤资源得天独厚,占全国同类煤炭资源储量的61.4%。山西煤炭按

[①] 原论文:《山西煤炭行业的发展现状研究》,《吕梁教育学院学报》2009年第4期。

国家煤炭分类标准有14个品种，分别是气煤、肥煤、焦煤、瘦煤、无烟煤、弱黏结煤、贫煤、不黏煤、长焰煤、褐煤十大类。尤其是大同的动力煤，阳泉、晋城的无烟煤，柳林、乡宁的稀有炼焦煤，储量大、分布广，在市场上具有极佳的品牌效应。从总体上看，山西煤炭具有"三低两高一强"的特点，即低硫、低灰、低磷，高发热量、高挥发分，黏结性强。大同的动力煤以硫分和灰分含量低、发热量高而享誉中外；离石、柳林、乡宁矿的焦煤被誉为煤中的"精粉"，是冶金工业最理想的食粮；晋城"兰花炭"更是闻名遐迩。山西煤炭无论是煤炭种类，还是煤质都居全国首位。

（三）煤炭易开采

山西煤田地质构造简单，埋藏浅，煤层厚，断层少，另外煤层倾角平缓，一般5~10度，水文地质条件也不复杂，绝大部分为地下开采，很大一部分可露天开采，因而开发山西煤田投资少，见效快，建设周期短。

（四）煤炭运输便利

山西省位于华北西部，地处全国能源消费扇面中心，同中国煤炭主消费地之间的距离，山西省处于最佳地带，主要煤田皆在铁路、公路沿线，有利于煤炭的外调输出。再加上国家和地方多年来在交通运输上的投资，山西煤炭铁路外运条件得到了根本改善。目前，山西煤炭外运已形成以铁路运输为主、公路运输为辅的路网体系。

（五）煤炭工业的主体地位没有改变

山西煤炭工业仍是全国煤炭市场的"领头羊"，特别是在焦煤、无烟煤市场中，极具竞争优势，这极利于山西省煤炭资源发挥垄断优势，掌控市场运行格局。

三、山西煤炭工业发展面临的问题

（一）煤炭生产集中程度低

2004年末山西省各类煤矿3856个，平均每个煤矿井产13.1万吨。其中国有重点矿87个，平均产能195万吨；国有地方矿371个，平均产能67万吨；乡镇三大类煤矿3398个，平均产能7.4万吨。据调查，2004年末山西省年产千万吨以上的煤矿只有7个，其中山西焦煤、大同煤矿、阳泉煤业、潞安矿业、晋城无烟煤五大集团生产原煤1.8亿吨，占到山西省产量的36%，占全国的21.4%。而南非前4个公司的煤炭产量占南非煤炭产量的87%；美国前6个公司占全美煤炭总产量的51%，排在第1位的皮博迪公司占美国煤炭总产量的16.1%；澳大利亚前7位煤炭公司产煤占澳大利亚煤炭总产量的46%。山西省煤炭工业生产总体上处于"多而散、散而乱、乱而差"的局面。这种分散的格局，既不利于一次能源的长期稳定供应,也不利于全行业整体素质的提高。

(二) 生态环境付出高昂代价

1. 煤炭资源回收率偏低

山西小煤矿较多,采煤方法原始落后和掠夺性开采又加剧了煤炭资源的浪费。按照国家规定,原煤开采率应在75%以上,山西乡镇煤矿回采率在20%~30%,小煤矿回收率只有10%~15%,据测算,山西省煤炭资源回收率仅有35%左右,特别是每年近5亿吨的煤炭产量,动用开采量近20亿吨,破坏和损失资源量15亿吨。

2. 长期以来不合理的开采和使用,使得山西省生态破坏日益严重

大型煤矿和遍地开花的小型煤矿的大量采煤使浅层和中深层的地下水资源遭到严重破坏和污染。地下水位年下降1.5~3.0米,加剧了全省水资源短缺的矛盾,由于采煤造成的采空区、地表塌陷等问题,进一步加剧了水土流失,恶化了耕地质量,减少了森林覆盖面积,增大了生态恢复的难度和成本。

3. 不合理的开采方式加剧了环境污染

煤的大力开发,煤炭、电力等企业的大力发展,留下了大量的采矿剥离物、煤矸石、粉煤灰以及炉渣,占用了大量耕地。"九五"期间,山西煤矸石、粉煤灰、炉渣占总固体废物的70%以上,自燃时还放出大量硫化氢、一氧化碳等有害气体,污染周围城市和乡村的大气环境。同时大量煤炭的直接燃烧也造成了严重的大气污染,2000年山西省燃煤量约为12790万吨,向大气排放的污染物废气约166亿立方米,烟尘约85万吨,二氧化硫约90万吨,太原、大同、临汾等重工业城市都属国家污染严重城市。空气中高浓度的二氧化硫还造成了临汾、太原等地的酸雨污染。全省"村村点火、处处冒烟"的现象屡禁不止,生活区的居民患肺病的增多,新生儿中的畸形、痴呆、智商低下者比例增大。

(三) 煤炭资源未得到综合开发利用

煤炭企业"粗放开发、简洗加工、低效利用、污染环境、效率低下"的局面没有改变。表现之一:煤炭资源配采不合理。全省煤矿采矿业中,普遍存在采浅弃深、采好弃坏以及采厚弃薄、采整弃残、采上组弃下组的现象,使煤炭资源严重丢失和浪费,矿井及矿区寿命大大缩短。如有些矿井煤层厚5~6米,本应采用分层开采工艺,但为片面追求减少成本而只开采中间4米左右部分,其余的人为丢弃。有的采用人工炮采工艺,只能开采2米煤层,丢弃的煤炭资源更多。据调查,山西省小煤矿的资源消耗率是大矿的4倍。小煤矿的回采率仅为15%~20%,甚至更低(大矿为60%~80%);但每年全省小煤矿的煤炭产量要占到全省煤炭产量的40%之多。这些小煤矿按年生产2.7亿吨计算,则要白白消耗至少13.5亿吨煤炭资源,可采储量消耗大,矿井报废频率高,资源浪费。表现之二:

与煤伴生、共生的矿产资源没有很好地开发。目前，山西省每开采1吨煤，就要消耗与煤伴生或共生的各种矿产资源8吨；每年因采煤排放的煤层气约116亿立方米，接近"西气东输"的输气量。

（四）山西煤炭企业持续发展能力不足

长期以来，山西省国有重点煤矿企业无偿开采行政授予的煤炭资源，但资本金投入的不足使得企业普遍背着沉重的财务负担。与此同时，煤炭长期执行国家规定的低价格，国有重点煤矿企业长期只能以较低的价格出售，乃至长期全行业亏损。开采资金投入不足与产品销售的低价格导致山西国有重点煤炭企业自我积累能力较差，主要的设备老化，技术更新资金缺乏，机制转换较慢，管理方式粗放，安全生产形势十分严峻，难以实现可持续发展。

四、山西煤炭行业推进可持续发展的对策

煤炭是不可再生能源，煤炭资源的开发利用必须达到开发与节约并重，循环、有效、科学、合理利用的目的，提高煤炭资源保障，进而实现煤炭工业的集团化、洁净化、多元化和现代化。为实现山西省煤炭工业可持续发展，提出以下发展对策：

（一）提高煤炭资源产业集中度

在加快关闭、淘汰一批规模小、产量低、对环境影响大的煤矿，坚决取缔私开的、不具备安全生产条件的煤矿、小煤矿的同时，积极实施"大集团战略"，全力组建煤业"航母"，可以把各地煤矿进行整合，以提升产业集中度和核心竞争力。鼓励煤炭企业，特别是国有重点煤炭企业与国内外电力、钢铁、化工、建材、交通运输等相关企业开展联合，相互渗透。逐步将煤炭企业建成焦煤、电、气、化、油、路、港等为一体的综合型、国际型的企业集团，以此提高山西煤炭企业在国内外市场的竞争力和抵御市场风险的能力。

（二）优化产业结构

为了使能源和各种资源在工业产业链中更好地利用，尽量减少浪费，应该加大科研投入，加强和拓宽煤炭工业的产业链，实现多种经营。要按照新型工业化的要求，积极走多元化发展道路。在开采煤炭的过程中，要加大对煤层气的开发。在煤炭加工过程中，利用高效的清洁技术，发展洁净煤项目，以及建立与煤炭产品相关的科研机构和物流中心，并大力发展第三产业。

（三）提高技术创新能力

要从根本上调高山西省煤炭工业的竞争力，必须大力推进"科教兴煤"战略，增强煤炭企业的技术创新能力，依靠科技进步提升山西省煤炭工业的整体素质，增强技术创新能力必须以企业为主体，进行产学研结合，组织开发和示范有重大带动和推广意义的支撑技术,加强先进使用技术的推广应用,不断增强自主创新能力。建设以企业为主体,以基础、高新技术研究为主要内容,产、学、研相结合的技术创新体系和以信息、咨询、技术服务为内容的科技服务体系。鼓励和支持大专院校和科研机构同煤炭企业合作,促进知识、科技成果的转化和应用。

(四)培育煤炭矿业权市场,全面推进矿业权的有偿取得和转让

煤炭资源矿业权定价和招标拍卖是矿业权市场交易是否公平、公开、公正的关键。在培育矿业权市场,对煤炭资源实行资产化管理的过程中,要完善政府用市场化手段配置探矿权和采矿权的管理,制定科学合理的矿业权定价标准、煤炭资源评估标准、探矿权和采矿权招标程序和规则,并设置相应的管理机构。有偿出让的煤炭资源应当有精、详查勘查程度,出让的煤炭资源的区块应该是具备30万吨/年以上生产能力的一个整体。煤炭资源有偿出让后,产权归属清晰明了,政府主管部门还应对本区块煤炭资源依法进行开发利用情况跟踪监管。

(五)煤炭产业与生态环境协调发展

1. 制定规则,治理生态环境

要按照"统筹兼顾,突出重点"的原则,治理重点土地塌陷,重点煤矸石,加强水资源的保护和"三废"的综合利用,保护生物多样性和对损坏的植被进行恢复,结合当地经济和社会发展的实际,编制生态环境恢复治理规划。

2. 完善生态环境评价及监管制度

环保行政主管部门要加强环境影响评价工作,具体制定煤炭开发环境评价内容,标准规范,强化生态环境评价。严格实施煤炭开发规划的环境影响评价,高度重视水源地、人口密集村镇、重要河床下采煤问题。开采前必须进行生态破坏和经济损失专项评估。对可能造成严重生态破坏和巨额经济损失的,必须禁采、限采和采取有效保护和防范措施。制定地方性法规,促使煤炭企业把环境保护和治理贯穿于煤炭资源开发、利用、加工、转化的全过程。

3. 建立煤炭综合利用补偿机制

各类煤炭生产企业要制订生态环境保护和综合治理方案,加快矿井废水、煤矸石、矿区面积沉陷和水土流失的治理。对废弃矿山和老矿山的生态环境恢复与治理,按照"谁投资,谁收益"的原则,积极探索通过市场机制多渠道融资,加快治理和恢复进程。煤矿企业应根据矿井设计服务年限或剩余服务年限,按煤炭销售收入的一定比例,分年预提矿山环境治理恢复保证金,并列入成本,按"企业所有、专款专用、专户储存、政府监督"的原则管理。

五、结论

在未来一段时间内,煤炭资源仍是经济社会发展和提高人民生活水平的战略

性物质保障,是宝贵的不可再生资源。我们必须认识到山西煤炭工业存在的问题,在今后的开发利用过程中,应该走合理用煤、综合利用与生态环境协调发展的道路,以煤炭资源的科学利用和可持续发展支持山西省经济、社会和环境的可持续发展。

参考文献

[1] 赵国浩.阎世春等.煤炭工业可持续发展研究[M].北京:经济管理出版社,2008.

[2] 赵国浩.资源管理系统工程理论与实践[M].北京:经济管理出版社,2008.

[3] 韩晋仙.山西省煤炭资源开发利用的现状及对策[J].郑州航空工业管理学院学报,2004(12).

[4] 范宝营.循环经济与煤炭产业可持续发展文集[M].北京:煤炭工业出版社,2006.

[5] 李慧.山西省煤炭产业可持续发展问题研究[J].科学之友,2006(9).

[6] 马旭军.山西煤炭产业可持续发展研究[J].山西高等学校社会科学学报,2007(2).

[7] 郭文奇.关于山西煤炭工业可持续发展的战略思考[J].山西煤炭管理干部学院学报,2005(3).

第二节 基于 SWOT 分析煤炭行业可持续发展研究[①]

一、SWOT 分析模型的应用

SWOT 分析也称动态模型分析,于 20 世纪 80 年代初被提出。SWOT 四个字母分别代表优势、劣势、机会、威胁。从整体上看 SWOT 可以分为两部分。第一部分为 SW,主要用来分析内部能力,第二部分为 OT,主要用来分析各种环境因素。另外,每一个单项如 S 又可以分为外部因素和内部因素,这样就可以对情况有一个较完整的概念。其分析模型如图 6-1 所示。

---

① 原论文:《基于 SWOT 分析山西煤炭行业可持续发展研究》,《山西财经大学报》2010 年第 5 期。

外部 \ 内部	优势（S）	劣势（W）
机会（O）	增长型战略：内部、外部条件都非常好，宜大力发展	扭转型战略：外部条件很好，内部有问题，要把握机会，调整方向
威胁（T）	多元经营战略：内部资源丰富，外部有威胁，为分散风险而实施多元化的战略，即"不把鸡蛋放在一个篮子里"	防御型战略：外部、内部条件均不如意，不能进攻，也无力扭转

图 6–1 SWOT 分析图

二、山西煤炭工业的 SWOT 分析

（一）优势分析

1. 煤炭资源优势

山西省煤炭资源储量大，品种全，煤质优，埋藏浅，易开采，是中国的"煤炭之乡"。全省含煤面积 6.2 万平方公里，占山西省国土面积的 40.4%，遍布全省 94 个县（市区），从北向南分布有大同、宁武、西山、霍西、沁水、河东六大煤田。山西已知煤炭地质资源储量 6.62×10^3 亿吨，已探明储量 2.72×10^3 亿吨，已探明储量占全国的 30%，产量占到全国的 1/4。

2. 产业优势

历经 50 多年的发展壮大，山西煤炭工业已形成大、中、小型矿井相结合，全民所有和各类所有制相协调，勘探设计、科研教育、洗选加工、机制机修、矿山救护、销售出口等配套的完整的工业体系。山西煤炭工业所产煤炭在满足本省工业及民用的同时，源源不断地销往全国的 28 个省、直辖市、自治区，出口到 23 个国家，有力地支援了全国的经济建设，成为中国最大的工业用煤供应基地。

3. 区位与交通优势

山西位于华北西部，地处全国能源消费扇面中心，在全国经济布局和生产力布局中具有承东启西的区位优势，距煤炭主消费地和港口运输半径平均为 600～700 公里，且主要煤矿皆在铁路公路沿线，运输方便，再加上国家和地方多年来在交通运输上的投资，山西煤炭铁路外运条件得到了根本改善。目前，山西煤炭外运已形成以铁路运输为主、公路运输为辅的路网体系。

4. 成本优势

从山西煤炭的整体看，原煤制造成本仍居全国最低水平，具有一定的成本优势。山西煤炭主要是晚古代石炭纪太原组和下二叠纪山西组，属于华北上古界含

炭构造的一部分，煤层比较稳定且大多数适合露天开采和大规模机械开采，因此建设与开采成本均低于全国其他产煤各省，有价格比较优势，并且具有一定的引导性和控制力，部分产品还具有决定性。

（二）劣势分析

1. 山西煤炭产品单一

长期以来，山西形成了以自然资源开发为先导，以原料输出为依托，轻能源重化工产品为主线的"粗放型"发展模式，这种模式是建立在高投入、低产出的资源耗竭性基础之上的。所以，山西虽有着丰富的资源，但产品技术含量低、附加值少、经济效益低。据调查，山西外输煤炭产品中，原煤占83.6%，原煤入洗率一直在12%左右，较全国平均水平低6%，煤加工转化仅有30%，高技术含量的煤炭深加工则更少，这一状况与发达国家相比相差更大。

2. 煤炭产业整体发展水平不高

山西煤矿矿井数量多、平均规模小、产业集中度低，市场竞争主体过多，产业整体发展水平不高。全省煤炭生产规模居前五家的煤炭产量只占全省总产量的32.83%，不足全国总产量的10%。与世界上大型煤炭公司相比，生产规模小，起不到稳定调节煤炭市场的作用。

同时，小煤矿又发展过快过多。经过连续几年的关闭整顿工作，虽然淘汰了一批落后的小煤矿，但数量仍然偏多，规模偏小。煤矿装备水平整体偏低，企业用人多，职工素质低，生产力水平低下。

3. 生态破坏和环境污染严重

受粗放型经济增长方式的影响，山西煤炭工业在开发和利用过程中，不太重视生态环境的保护，带来了严重的负效应。高强度的采煤，引发了矿坑突水、地表水漏失、地下水紊乱等诸多问题。目前，在全省的焦炭产量中，落后的土法炼焦产量约占40%，其年排放烟尘、强致癌物高达436万吨，年排放各类污染物810万吨。环境污染和生态恶化使山西水资源衰减速度达到惊人的程度。1982年，全省水资源总量为142亿立方米，1985~1994年，全省水资源平均总量下降98.05亿立方米，许多城镇和地区都敲响了水危机的警钟。

4. 煤矿安全生产形势严峻

煤矿事故多发，死亡人数占到整个工矿企业事故死亡人数的70%以上。特别是由于山西煤炭开采时间长、煤炭产量大，累计死亡人数多。1980~2004年的25年中，全省煤矿生产安全事故死亡17286人。在煤矿生产事故中，还造成大量的伤残人员。2004年，全省煤矿共发生一次死亡3人以上的重特大事故31起，死亡302人。在煤矿重特大事故中，瓦斯造成的损失尤为严重，2004年发生重特大瓦斯爆炸事故14起，死亡219人，其中，乡镇煤矿12起，死亡171人。

（三）机会分析

1. 需求增加，市场前景好

中国经济发展加快，新一轮经济结构调整和城市化进程在快速进展中。随着城市化进程的加快，基础设施的增加等对矿产资源的需求将保持增长格局。同时国际市场上能源、原材料价格变化对国内能源及矿产品进口价格产生了重要影响。受需求增加、投机资本、市场垄断等因素影响，国际初级产品价格呈现明显的上涨态势。

2. 国家和地方的政策支持

中共"十六大"后，国家将全面建设小康社会。发展成为中国执政兴国的第一要务，宏观经济形势向好。2006年4月19日，温家宝总理主持召开国务院常务会议，批准山西省为中国煤炭工业可持续发展试点省份。国家实施中部崛起战略、对资源产业和矿业城市转型非常重视。"十一五"期间，国家从政策、资金、重大项目布局等方面给予了中部地区许多支持，同时国家支持能源产业延长产业链条和加快资源型城市转型，为山西省的加快发展提供了政策支持。

（四）威胁分析

1. 环境压力

山西煤炭资源型城市基本上都是在计划经济时期和传统的粗放型经济增长模式中建立和发展起来的，在煤炭资源的开采过程中忽视了对生态环境的保护，空气污染超标、水质恶化、采矿塌陷区严重、生态承载能力减弱等问题十分突出。"十一五"规划中，国家提出了建立资源节约型社会、发展循环经济等战略设想，提高了环保要求，这对山西煤炭工业的发展既是机会又是挑战。

2. 竞争者的压力

随着交通的改善，煤炭的运输更加便捷，内蒙古等地的煤炭会大量运出，市场竞争将会加剧，直接威胁着山西煤炭工业的发展。国家西气东输、西电东送，特别是渤海湾天然气工程即将建成投产，替代品的出现势必给煤炭市场形成一定冲击。

三、SWOT战略分析

山西省经济发展优势与劣势同在，机会与威胁并存。一方面，山西省作为中国煤炭资源最为丰富的省份，有成熟的投资环境和投资政策，是进行煤炭行业投资的绝佳之地，并且国家和地方政策做支撑，发展前景乐观。另一方面，经过40多年开采，大气环境、水环境污染严重，地面环境遭到破坏，同时耕地面积减少，生态破坏严重。总体而言，山西省发展外部机遇好、内部煤炭资源优势明显，要依靠内部优势抓住外部机遇，在最优SWOT战略组合选择上应侧重SO战略，即增长型战略。山西省应加大煤炭资源开发利用力度，打造煤化工产业集群。同时兼顾 ST 战略，即多元经营战略。实现煤与非煤产品优劣互补，增加煤炭企业抵抗市场风险的能力。大力发展循环经济，以煤炭资源综合利用和深加工为突破，延长煤炭产业链。在提高煤炭资源综合利用率过程中开辟新产业，开创新经济增长点，培育新支柱产业。同时加强资源保护与生态环境保护力度。

四、山西煤炭行业推进可持续发展的对策

煤炭是不可再生能源，煤炭资源的开发利用必须达到开发与节约并重，循环、有效、科学、合理利用的目的，提高煤炭资源保障，进而实现煤炭工业的集团化、洁净化、多元化和现代化。为实现山西省煤炭工业可持续发展，提出以下发展对策：

（一）提高煤炭资源产业集中度

在加快关闭、淘汰一批规模小、产量低、对环境影响大的煤矿，在坚决取缔私开的、不具备安全生产条件的煤矿、小煤矿的同时，积极实施"大集团战略"，全力组建煤业"航母"，可以把区域相近煤矿进行整合，以提升产业集中度和核心竞争力。鼓励煤炭企业，特别是国有重点煤炭企业与国内外电力、钢铁、化工、建材、交通运输等相关企业开展联合，相互渗透。逐步将煤炭企业建成集焦煤、电、气、化、油、路、港等于一体的综合型、国际型的企业集团，以此提高山西煤炭企业在国内外市场的竞争力和抵御市场风险的能力。

（二）优化产业结构

为了使能源和各种资源在工业产业链中更好地利用，尽量减少浪费，应该加大科研投入，加强和拓宽煤炭工业的产业链，实现多种经营。要按照新型工业化的要求，积极走多元化发展道路。在开采煤炭的过程中，要加大对煤层气的开发。在煤炭加工过程中，利用高效的清洁技术，发展洁净煤项目，以及建立与煤炭产品相关的科研机构和物流中心，并大力发展第三产业。

（三）提高技术创新能力

要从根本上提高山西省煤炭工业的竞争力，必须大力推进"科教兴煤"战略，增强煤炭企业的技术创新能力，依靠科技进步提升山西省煤炭工业的整体素质，增强技术创新能力必须以企业为主体，进行产学研结合，组织开发和示范有重大带动和推广意义的支撑技术，加强先进实用技术的推广应用，不断增强自主创新能力。建设以企业为主体，以基础、高新技术研究为主要内容，产、学、研相结合的技术创新体系和以信息、咨询、技术服务为内容的科技服务体系。鼓励和支持大专院校和科研机构同煤炭企业合作，促进知识、科技成果的转化和应用。

（四）推进矿业权的有偿取得和转让

煤炭资源矿业权定价和招标拍卖是矿业权市场交易是否公平、公开、公正的关键。在培育矿业权市场,对煤炭资源实行资产化管理的过程中,要完善政府用市场化手段配置探矿权和采矿权的管理,制定科学合理的矿业权定价标准、煤炭资源评估标准、探矿权和采矿权招标程序和规则,并设置相应的管理机构。有偿出让的煤炭资源应当有精、详查勘查程度,出让的煤炭资源的区块应该是具备30万吨/年以上生产能力的一个整体。煤炭资源有偿出让后,产权归属清晰明了,政府主管部门还应对本区块煤炭资源依法进行开发利用情况跟踪监管。

(五)煤炭产业与生态环境协调发展

1. 制定规则与治理生态环境

要按照"统筹兼顾,突出重点"的原则,重点治理土地塌陷和煤矸石,加强水资源的保护和"三废"的综合利用,保护生物多样性和对损坏的植被进行恢复,结合当地经济和社会发展的实际,编制生态环境恢复治理规划。

2. 完善生态环境评价及监管制度

环保行政主管部门要加强环境影响评价工作,具体制定煤炭开发环境评价内容,标准规范,强化生态环境评价。严格实施煤炭开发规划的环境影响评价,高度重视水源地、人口密集村镇、重要河床下采煤问题。开采前必须进行生态破坏和经济损失专项评估。对可能造成严重生态破坏和巨额经济损失的,必须禁采、限采和采取有效保护和防范措施。制订地方性法规,依法保护促使煤炭企业把环境保护和治理贯穿于煤炭资源开发、利用、加工、转化的全过程。

3. 建立煤炭综合利用补偿机制

各类煤炭生产企业要制订生态环境保护和综合治理方案,加快矿井废水、煤矸石、矿区面积沉陷和水土流失的治理。对废弃矿山和老矿山的生态环境恢复与治理,按照"谁投资,谁收益"的原则,积极探索通过市场机制多渠道融资,加快治理和恢复进程。煤矿企业应根据矿井设计服务年限或剩余服务年限,按煤炭销售收入的一定比例,分年预提矿山环境治理恢复保证金,并列入成本,按"企业所有,专款专用,专户储存,政府监督"的原则管理。

五、结论

在未来一段时间内,煤炭资源仍是经济社会发展和提高人民生活水平的战略性物质保障,是宝贵的不可再生资源。我们必须清醒地认识到山西煤炭工业的现状,在今后的开发利用过程中,应该走合理用煤、综合利用与生态环境协调发展的道路,以煤炭资源的科学利用和可持续发展支持山西省经济、社会和环境的可持续发展。

参考文献

[1] Xu Nana, Wangbo, Jiao Jin. A Study on Sustainable Development of Coal Resources in Huaibei City: Based on SWOT Analysis [J]. Coal Economic Research, 2009 (5).

[2] Kou Wei. Sustainable Development of Coal Industry in Shanxi Province [J]. Journal of Anhui Agricultural Sciences, 2007 (7).

[3] Yang Weimin. Regional Economic Sustainable Development Based on Coal Resource [D]. Liaoning Technical University, 2006.

[4] Li Chunying. Study on the Strategy of Sustainable Development in Chinese Retailing Industry: Based on SWOT Analysis [J]. China Market, 2009 (5).

[5] 赵国浩, 阎世春等. 煤炭工业可持续发展研究[M]. 北京: 经济管理出版社, 2008.

[6] 赵国浩. 资源管理系统工程理论与实践[M]. 北京: 经济管理出版社, 2008.

[7] 徐娜娜, 王波, 焦进. 基于SWOT分析的淮北市煤炭资源可持续发展研究[J]. 煤炭经济研究, 2009 (4).

[8] 寇薇. 山西煤炭工业的持续发展研究[J]. 安徽农业科学, 2006.

[9] 杨伟民. 基于煤炭资源的区域经济可持续发展研究 [D]. 辽宁工程技术大学硕士论文, 2006.

[10] 李春英. 基于SWOT分析的中国零售业的可持续发展战略[J]. 中国市场, 2009 (7).

第三节 煤炭行业走可持续发展道路的战略定位[①]

一、山西煤炭企业走可持续发展道路的必要性

未来20年是中国实现现代化的重要战略机遇期。2007年山西省人均GDP已超过2500美元,开始向中等收入地区迈进。国际经验表明,从低收入地区步入中低收入地区行列的阶段,对任何国家和区域的成长来说都是一个极为重要的历

---

① 原论文:《山西煤炭行业走可持续发展道路的战略定位》,《煤炭经济研究》2010年第1期。

史阶段，它既是一个"黄金发展时期"，又是一个"矛盾凸显时期"。特别是随着经济快速增长和人口不断增加，水、土地、能源、矿产等资源不足的矛盾会越来越突出，生态建设和环境保护的形势日益严峻。面对这种情况，按照科学发展观的要求，走可持续发展道路，加快建立资源节约型社会，就显得尤为重要、尤为迫切。

（一）走可持续发展道路是缓解资源约束矛盾的根本出路

山西地处中国的中部经济带，拥有丰富的矿产资源，尤其是煤炭资源；但其他自然资源尤其是水资源和森林资源等方面相对贫乏，其经济体系也是依托煤炭建立的单一经济结构，整体经济发展水平较低。多年来经济发展过度依赖煤炭产业，过量低水平开采，低效利用，浪费严重，造成了严重的污染，生态系统被破坏。在国家公布的2007年各省GDP能耗中，山西以每万元GDP消耗2.757吨标准煤，在全国列倒数第四，属高能耗省份。

加快全面建设小康社会进程，保持经济持续快速增长，资源消费的增加是难以避免的。但如果继续沿袭传统的发展模式，以资源的大量消耗实现工业化和现代化是难以为继的。为了减轻经济增长对资源供给的压力，必须走可持续发展道路，促进资源的高效利用和循环利用。研究表明，如果采取强化节能的措施，大幅度提高能源利用效率，到2020年使万元GDP能耗由2002年的2.68吨标准煤降低到1.54吨标准煤，那么能源消费总量就能控制在30亿吨标准煤。再比如，预计到2015年中国木材供需缺口达1.4亿~1.5亿立方米，如果木材综合利用率提高10个百分点，就可弥补供需缺口的30%。到2020年中国再生铝比重如果能从目前的21%左右提高到60%，就可替代3640万吨的铝矿石需求，节电1365亿千瓦时，节水9100万立方米。由此可见，走可持续发展道路是缓解资源约束矛盾、实现可持续发展的必然选择。

（二）走可持续发展道路是从根本上减轻环境污染的有效途径

山西是中国污染最为严重的省份，环境污染状况日益严重。"十五"期间，山西省主要污染物排放总量仍处于增长的趋势，2005年二氧化硫、烟尘排放量分别为151.6万吨和110万吨，居全国第三位和第一位，与2000年相比分别增长26.1%和8.4%；废水、化学需氧量排放量分别为9.51亿吨和38.7万吨，与2000年相比分别增长4.5%和22.1%；工业固体废物产生量为11183万吨，比2000年增长45.4%。主要污染物排放强度远高于全国平均水平，单位GDP二氧化硫和化学需氧量排放量分别是全国平均水平的2.63倍和1.21倍；单位国土面积二氧化硫和化学需氧量排放量是全国平均水平的3.76倍和1.72倍。

山西省大气和水环境质量整体处于较高污染水平。2008年11个重点城市中有8个城市环境空气质量达到国家二级标准。但孝义、灵石、河津、清徐等焦化、钢铁、建材行业相对集中的县、市区域大气环境污染也相当严重，山西省大气污染呈现出由点源到面源逐步扩大的趋势。2008 年山西省地表水监测的 103 个断面中，仍有 58.3% 的断面为劣 V 类；部分城市集中式水源地水质和地下水源受到不同程度污染。

山西省固体废物产生量持续增长，仍是全国排放量最大的省份。垃圾处理能力明显不足，城镇生活垃圾、农村生活垃圾的产生量不断增加，大部分未得到无害化处理；危险废物和医疗废物安全处置设施尚在启动阶段。

山西省自然生态系统脆弱。植被覆盖率低，裸露和覆盖度低的土地占总面积的 43.1%；水资源短缺，水土流失严重，山西省 50 个贫困县全部集中在水土流失严重区，侵蚀模数大于 10000 吨/平方公里的地区占 1/10；长期采煤对水资源的破坏面积已达 20352 平方公里，占山西省国土面积的 13%，严重破坏区面积占到 1.7%；矿产资源的开采造成大面积地表沉陷，2005 年累计已达 3000 平方公里，采空区面积达 5000 平方公里，且每年以 74 平方公里的速度递增；煤矸石累计堆存量已达 10 亿吨，占地达 20000 多公顷，且每年新增 4000 多万吨；矿山生态总体恶化的趋势尚未扭转，山西省地质灾害分布面积超过 6000 平方公里，占到山西省国土面积的 3.83%。

目前中国解决环境问题的重要方式是末端治理。这种治理方式难以从根本上缓解环境压力。一方面投资大、费用高，建设周期长，经济效益低，企业缺乏积极性，难以为继。另一方面，末端治理往往使污染物从一种形式转化为另一种形式，如废气治理产生废水、废水治理产生污泥、固体废物治理产生废气等，不能从根本上消除污染。

走可持续发展道路，可将经济社会活动对自然资源的需求和生态环境的影响降到最小限度，以最少的资源消耗、最小的环境代价实现经济的可持续增长，从根本上解决经济发展与环境保护之间的矛盾，走出一条生产发展、生活富裕、生态良好的文明发展道路。

（三）走可持续发展道路是提高经济效益的重要措施

改革开放 30 年来，山西省通过大力调整经济结构，加快企业技术改造和加强管理，资源利用效率有了较大提高。但从总体上看，山西乃至全国资源利用效率与国际先进水平相比仍然较低，成为企业成本高、经济效益差的一个重要原因。目前，山西省的资源利用效率，可以概括为"四低"：资源产出率低、资源利用效率低、资源综合利用水平低、再生资源回收利用率低。

目前，中国矿产资源总回收率为 30%，作为煤炭大省山西省煤炭平均资源回采率只有 40% 左右，山西省乡镇煤矿回采率仅为 10%～20%，每挖 1 吨煤要消耗 5～20 吨资源。在美国、澳大利亚等发达国家，资源回采率能达到 80% 左右，每挖1吨煤只消耗1.2~1.3吨资源。

实践证明，较低的资源利用水平，已经成为企业降低生产成本、提高经济效益和竞争力的重要障碍；大力发展循环经济，提高资源的利用效率，增强国际竞争力，已经成为我们面临的一项重要而紧迫的任务。

（四）走可持续发展道路是落实科学发展观的本质要求

大量事实表明，传统的高消耗的增长方式，向自然过度索取，导致生态退化和自然灾害增多，给人类的健康带来了极大的损害。据有关部门测算，受污染影响，山西省新生儿缺陷率高于全国的平均缺陷率；山西呆傻症发病率是全国的4倍；山西肺癌发病率和死亡率明显高于全国平均水平。

如前所述，目前山西自然资源开发利用中存在一系列的问题，这些问题已经直接制约了山西经济的进一步可持续发展，影响了山西人民的健康生活和生活水平的进一步提高。2004年中科院可持续发展研究报告显示，山西省的可持续发展能力、生存支持系统、环境支持系统分别排在第28、31、30位，可持续发展能力不足的问题已成为山西经济社会发展中的主要问题。

我们要加快发展、实现全面建设小康社会的目标，根本出发点和落脚点就是要坚持以人为本，不断提高人民群众的生活水平和生活质量。这就要求我们，在发展过程中不仅要追求经济效益，还要讲求生态效益；不仅要促进经济增长，更要不断改善人们的生活条件，要真正做到这一点，必须走可持续发展道路，搞好资源节约和综合利用，加强生态建设和环境保护，走出一条科技含量高、经济效益好、资源消耗低、环境污染少、人力资源优势得到充分发挥的新型工业化道路，以最少的资源消耗、最小的环境代价实现经济社会的可持续增长。

总之，走可持续发展道路有利于形成节约资源、保护环境的生产方式和消费模式，有利于提高经济增长的质量和效益，有利于建设资源节约型社会，有利于促进人与自然的和谐，充分体现了科学发展观的本质要求，是实现全面建设小康社会宏伟目标的必然选择，也是关系山西长远发展的根本大计。

二、山西煤炭企业实现可持续发展的指导思想

山西煤炭企业走可持续发展道路、探索可持续开发模式应该依据可持续发展的相关理论和运作机制，针对山西煤炭行业自身的特点，在国家和山西省煤炭行业发展规划的战略框架下开展。本节主要参考了《山西省煤炭工业"十一五"发展规划》、《煤炭工业发展"十一五"规划》、《国家环境保护"十一五"规划》等发展规划。

《山西省煤炭工业"十一五"发展规划》中关于山西煤炭工业发展方向的表述：按照建设新型能源和工业基地的战略部署，统筹煤炭工业与相关产业协调发

展、统筹煤炭开发与生态环境协调发展、统筹矿山经济与区域经济协调发展，紧紧围绕大型煤炭基地建设，坚持以人为本、新型工业化，坚定不移地走集团化、洁净化、多元化和现代化的发展道路，加快推进资源整合、加快深化企业改革和结构调整，全面提升山西省煤炭产业集中度和产业素质，实现山西省由煤炭资源和煤炭工业大省向新型煤化工大省和煤炭经济强省转变，推动山西省煤炭经济集约发展、循环发展、安全发展、高效益发展和可持续发展。

《煤炭工业发展"十一五"规划》中关于煤炭行业可持续发展的表述：建设资源节约型和环境友好型矿区。①大力发展循环经济。②加快煤层气开发和利用。③积极发展煤炭洗选加工。④有序推进煤炭转化示范工程建设。⑤加强矿区环境的保护和治理。

在《国务院关于促进煤炭工业健康发展的若干意见》中对煤炭企业可持续发展的表述：加强综合利用与环境治理，构建煤炭循环经济体系。①推进洁净煤技术产业化发展。发展改革委要制定规划，完善政策，组织建设示范工程，并给予一定资金支持，推动洁净煤技术和产业化发展。大力发展洗煤、配煤和型煤技术，提高煤炭洗选加工程度。积极开展液化、气化等用煤的资源评价，稳步实施煤炭液化、气化工程。加快低品位、难采矿的地下气化等示范工程建设，带动以煤炭为基础的新型能源化工产业发展。采用先进的燃煤和环保技术，提高煤炭利用效率，减少污染物排放。②推进资源综合利用。按照"高效、清洁、充分利用"的原则，开展煤矸石、煤泥、煤层气、矿井排放水以及与煤共伴生资源的综合开发与利用。鼓励瓦斯抽采利用，变害为利，促进煤层气产业化发展。按照就近利用的原则，发展与资源总量相匹配的低热值煤发电、建材等产品的生产。修改制定配套法规、标准和管理办法，落实和完善财税优惠政策，鼓励对废弃物进行资源化利用，无害化处理。在煤炭生产开发规划和建设项目申报中，必须提出资源综合利用方案，并将其作为核准项目的条件之一。③保护和治理矿区环境。煤炭资源的开发利用必须依法开展环境影响评价，环保设施与主体工程要严格实行建设项目"三同时"制度。按照"谁开发、谁保护，谁污染、谁治理，谁破坏、谁恢复"的原则，加强矿区生态环境和水资源保护、废弃物和采煤沉陷区治理。研究建立矿区生态环境恢复补偿机制，明确企业和政府的治理责任，加大生态环境治理投入，逐步使矿区环境治理步入良性循环。对原中央国有重点煤矿历史形成的采煤沉陷等环境治理欠账，要制订专项规划，继续实施综合治理，中央政府给予必要的资金和政策支持，地方各级人民政府和煤炭企业按规定安排配套资金。④大力开展煤炭节约和有效利用。积极引导合理用煤、节约用煤和有效用煤，努力缓解当前煤炭供求紧张状况，解决煤炭产需长期矛盾。大力调整经济结构，切实转变增长方式，抓紧完善产业政策和产品能耗标准，限制高耗能工业的发展。优化能源生产和消费结构，鼓励发展新能源，努力减少和替代煤炭使用。依靠科技进步和创新，推广先进的节煤设备、工艺和技术。强化科学管理，减少煤炭生产、流通、消费等环节的损失和浪费。制定有利于节约用煤的经济政策、技术标准和法规，利用经济、法律和必要的行政手段，实行全面、严格的节煤措施，在全社会形成节约用煤和合理用煤的良好环境。

在《国家环境保护"十一五"规划》中关于在资源类行业可持续发展的表述：①加快推进循环经济。根据发展循环经济的要求，制定相关配套法规，完善评价指标体系。实行有利于资源节约和循环经济发展的经济政策。推进重点行业、产业园区和省市循环经济试点工作，推广循环经济先进适用技术和典型经验，建设循环经济试点示范工程。加快制定重点行业清洁生产标准、评价指标体系和强制性清洁生产审核技术指南，建立推进清洁生产实施的技术支撑体系。进一步推动企业积极实施清洁生产方案。对污染物排放超过国家和地方标准或总量控制指标的企业，以及使用有毒有害原料或者排放有毒物质的企业，要依法实行强制性清洁生产审核。②大力开展资源节约和综合利用。按照低投入、高产出、低消耗、少排放、能循环、可持续的原则，把节能节水节地与削减污染物排放总量有机结合起来，实行统筹规划，同步实施，以提高能源资源利用效率为重要措施，完成"十一五"主要污染物减排目标。

在《山西省环境保护"十一五"规划》中关于在煤炭行业可持续发展的表述：加快切实抓好煤炭开采生态补偿政策措施试点工作，制定煤炭开采生态环境治理与恢复规划。依法取缔违反环保法规、淘汰不符合国家产业政策规定的煤矿，强制淘汰年产9万吨以下的小煤矿；对地处生态敏感区，造成地表塌陷和生态破坏严重的煤矿实施限产、改造和治理措施；所有煤矿应完成矿井水达标治理和矿井水资源化设施建设，完成矿区生产、生活废水达标治理；完成矸石山自燃治理和扬尘治理；要把环保达标作为矿山取得合法生产资格的条件之一；启动矿山生态治理工程。在太原、大同、阳泉等地建设10～20个矿山生态恢复示范工程。

三、山西煤炭企业走可持续发展道路的战略部署

煤炭企业进行可持续发展模式的探索要立足于生产和消费过程中资源消耗的节约、废弃物减量化、资源化、再利用和"零排放"，促进煤炭企业的经济效益、社会效益和环境效益的同步增长，实现矿区经济与环境的协调发展，最终建成经济发达、环境优美、社会和谐的矿区。

结合相关规划和山西煤炭行业的特点，我们在5～10年内要达到的主要指标为：煤矸石为主的固体废弃物利用率要达90%以上；矿井水为主的液体废弃物

综合利用率要达95%以上；土地复垦为主的生态环境美化率要达90%以上；煤层气的利用率要达90%以上。与此同时，要加大煤炭就地转化加工的比率，加大共伴生矿物的综合开发与利用，提高煤炭企业的经济效益。

（一）节约煤炭资源

完善资源有偿使用制度，建立煤炭资源税费与动用储量挂钩的机制，加大资源监管力度，提高煤炭资源回收率。制定政策，鼓励采用先进技术，开采建筑物下、铁路下、水体下煤层和极薄煤层。充分调动社会各界力量，增加煤田灭火工程投资，加快煤田火区治理，保护煤炭资源和生态环境。

（二）加快煤层气（煤矿瓦斯）开发利用

完善煤层气（煤矿瓦斯）开发宏观调控管理、法规体系建设和经济扶持政策，协调煤炭开采与煤层气抽采的关系，改进煤层气矿业权管理，加强煤层气开发关键技术的攻关，制定"先采气、后采煤"的具体实施办法，统筹规划建设长输管网。

（三）鼓励洁净煤技术产业化

加强技术攻关，解决煤炭气化的技术障碍，促进煤炭深度加工转化。完善煤炭产品质量标准，促进煤炭洗选加工的发展，限制未经洗选加工煤炭的长距离运输和使用。

（四）推进清洁生产

实行污染物总量控制。完善污染物排放管理办法，加大污染物防治力度，以环境质量日报、环境总量控制为手段，实行污染现有量、削减量、新增量的统一调配的污染物总量控制，完善考核办法，实行环保一票否决制。完善排污许可证制度，建立排污权交易机制。加强国际合作，积极推行清洁发展机制（CDM）。

（五）加强资源综合利用

新建和扩建煤矿项目，必须提出资源综合利用方案，严禁设立永久性煤矸石堆场。以煤矸石等低热值燃料电厂为重点，建立资源综合利用项目认证和督察制度。对综合利用煤矸石、煤泥等资源，实行更加合理的财税扶持政策。

（六）保护和治理矿区环境

研究建立矿区生态环境恢复补偿机制、煤炭清洁生产评价指标体系和标准，明确企业和政府的责任，加大生态环境保护和治理投入，逐步使矿区环境保护和治理步入良性循环。

参考文献

［1］赵国浩，阎世春等．煤炭工业可持续发展研究［M］．北京：经济管理出

版社，2008.

[2] 韩晋仙. 山西省煤炭资源开发利用的现状及对策[J]. 郑州航空工业管理学院学报，2004（12）.

[3] 赵国浩. 资源管理系统工程理论与实践[M]. 北京：经济管理出版社，2008.

[4] 范宝营. 循环经济与煤炭产业可持续发展文集[M]. 北京：煤炭工业出版社，2006.

[5] 李慧. 山西省煤炭产业可持续发展问题研究[J]. 科学之友，2006（9）.

[6] 马旭军. 山西煤炭产业可持续发展研究[J]. 山西高等学校社会科学学报，2007（2）.

[7] 王宏英. 山西能源开发战略与可持续发展[M]. 北京：经济管理出版社，2003.

[8] 郭文奇. 关于山西煤炭工业可持续发展的战略思考[J]. 山西煤炭管理干部学院学报，2005（4）.

[9] 谢克昌. 循环经济与山西新型能源与工业基地建设[J]. 山西能源与节能，2005（3）.

[10] 殷涛，孙涛. 煤炭工业可持续发展中存在的问题及其对策[J]. 煤矿环境保护，2001（3）.

[11] 寇薇. 山西煤炭工业的持续发展研究[J]. 安徽农业科学，2007（7）.

第四节　基于可持续发展的煤炭资源承载力研究[①]

一、中国煤炭资源开采利用与存在的问题

（一）中国煤炭资源开采利用的现状

中国煤炭资源丰富，其储量约占全国矿产资源储量的90%。据统计，中国查明化石能源资源量为7456亿吨标准煤，其中煤炭占96.57%。中国能源结构的特点决定了煤炭是主要能源，长期以来煤炭在中国一次能源生产和消费构成中均占2/3以上。1998年前，一次能源消费中，煤炭所占的比例长期达到70%以上；

---

① 原论文：《基于可持续发展的中国煤炭资源承载力研究》，《煤炭技术》2008年第11期。

2000年之后,煤炭消费的比例在66%~69%,较为稳定(见表6-1)。

表6-1 中国一次能源生产及消费结构表

年份	一次能源生产总量构成					一次能源消费总量及构成				
	能源生产总量(万吨标准煤)	占能源生产总量的比重(%)				能源消费总量(万吨标准煤)	占能源消费总量的比重(%)			
		原煤	原油	天然气	水电、核电、风电		煤炭	石油	天然气	水电、核电、风电
1980	63735	69.4	23.8	3.0	3.8	60275	72.2	20.7	3.1	4.0
1985	85546	72.8	20.9	2.0	4.3	76682	75.8	17.1	2.2	4.9
2000	128978	72.0	18.1	2.8	7.2	138553	67.8	23.2	2.4	6.7
2001	137445	71.8	17.0	2.9	8.2	143199	66.7	22.9	2.6	7.9
2002	143810	72.3	16.6	3.0	8.1	151797	66.3	23.4	2.6	7.7
2003	163842	75.1	14.8	2.8	7.3	174990	68.4	22.2	2.6	6.8
2004	187341	76.0	13.4	2.9	7.7	203227	68.0	22.3	2.6	7.1
2005	205876	76.5	12.6	3.2	7.7	224682	69.1	21.0	2.8	7.1

资料来源:中经网产业数据库(http://ceidata.cei.gov.cn/)。

在中国煤炭消费结构中,煤炭的消费主要是直接燃烧,煤炭的直接燃烧造成大气典型的煤烟型。据统计,2000年燃煤排放的二氧化硫和烟尘分别占全国总排放量(1995万吨和1165万吨)的90%和70%左右,二氧化碳和氮氧化物排放量也分别占到全国总排放量的80%和65%左右。

据国家环保局统计,目前中国二氧化硫污染产生的酸雨危害面积已达到国土总面积的30%,全国年均降水pH值低于5.6的城市地区已占全国面积的70.6%,中国已成为世界三大酸雨区之一。

中国在2000年二氧化碳排放量达30.52亿吨,比1990年排放量增长了33.3%,次于美国,高居世界第二位,而其中由燃煤排放的二氧化碳量更是高达80%左右,可见燃煤是影响中国二氧化碳排放量的最大因素。二氧化碳排放量的逐年增加,加剧了温室效应,导致了气候变暖。

(二)中国煤炭资源存在的问题

(1)资源消耗高,资源利用率低。中国在经济发展中原材料、能源的消耗水平高于国际先进水平,即使在国内同行业资源消耗水平相差也很大。中国能源效率只有32%左右,比国外先进水平低10个百分点,中国每消耗1千克标准煤能源产生的国民生产总值为 0.46 美元，日本为 4.67 美元，美国为 2.06 美元。

(2) 资源回收率低，消耗过快，浪费严重。资源回收率低是近年来煤炭企业在资源开发过程中存在的最为普遍和严重的问题。尤其是在煤炭企业进入市场以后，一些国有煤矿短期行为加剧，为完成减污指标而吃肥丢瘦、采厚弃薄的现象相当普遍。据调查，近年来国有重点煤矿、国有地方煤矿、乡镇煤矿的资源回收率分别在 50%、30% 和 10% 左右徘徊，个体小煤窑的资源回收率在 10% 以下。

(3) 小煤窑发展的失控，乱采滥挖现象严重。随着煤价放开，煤炭企业逐步进入市场，乡镇及个体煤矿发展失控，虽然数次整顿，形势依然严峻。

(4) 资源级差收益悬殊，企业苦乐不均。拥有优等、中等煤炭资源的企业，就可以获得超过社会平均投资收益的超额利润，造成了煤炭企业的苦乐不均，不能在同一起跑线上公平竞争。

(5) 废弃物资源综合利用和无害化处理程度低。

二、煤炭资源承载力的概念和含义

(一) 资源承载力

生态承载力的一个较早的概念，是由世界自然保护同盟（IUCN）、联合国环境规划署（UNEP）及世界野生生物基金会（WWF）出版的《保护地球》一书中提出的，把承载能力定义为一个生态系统所能支持的健康有机体，即维持它的生产力、适应能力和再生能力的容量。以后"承载力"概念得到延伸发展，说明生态系统、环境系统、资源系统承受发展和特定活动能力的限度。

所谓资源承载力是指在某一历史发展阶段的技术、经济和社会发展水平下，资源对该区域社会经济发展的最大支撑能力。自然资源是支持地球上生命系统和人类生存发展的物质基础，其质和量是有限的，它满足人类现在与未来发展需要的能力也是有限的。因此，资源、环境的承载力是经济持续发展的基础。

(二) 煤炭资源承载力的概念和含义

煤炭资源承载力是指一个流域、一个地区、一个国家，一定的煤炭资源开发利用阶段，以可预见的技术、经济和社会发展水平为依据，在可利用煤炭资源合理开发的前提下，能够维系当代人及后代人煤炭资源有限需求目标的最大的社会、经济规模。

煤炭是中国重要的基础能源和重要原料，在中国一次能源消费构成中的比例占 70% 以上，煤炭资源约占化石能源的 95%。煤炭是中国主体能源，是能源安全的基石，也将是制约中国经济发展的"瓶颈"，从可持续发展的角度研究中国煤炭资源的承载能力，具有重大的现实意义。

三、资源承载力评价方法

定量化是承载力应用无法回避的一个重要方面,也是承载力概念具有可操作性的保证。从长期发展过程中,主要形成了以下定量化方法:①替代指标(Alternative Indicator)或指标体系(Indicator System)法。②系统动力学法(System-Dynamics)。③多目标决策分析法(Multi–objective DecisionMaking and Analysis);主要是从多种资源的限制作用和(或)多个目标来分析特定区域的土地或环境承载力。④专家系统法(Expert System Approach);主要采用专家系统并通过建模来实现承载力的分析和计算。⑤营养需求法(Nutrition Demand)。主要是在应用生态学领域中得到应用,根据特定环境所能提供的营养物和动物生长的营养需求之间的平衡关系来确定承载容量。⑥问卷调查和计数法(Questionaireand Counting)。主要是应用于旅游和娱乐承载力方面。目前也出现了采用定量化模型来计算旅游承载力的趋势。⑦生态足迹法。生态足迹法从需求面计算生态足迹的大小,从供给面计算生态承载力的大小,通过对这二者的比较,评价研究对象的可持续发展状况。

煤炭资源承载力本身具有动态特性,必须加强动态模拟研究,建立一套能反映煤炭资源承载力本质的模拟体系,实现煤炭资源承载力的估算与动态变化过程的预测。此外,目前几种常用的煤炭资源承载力评价方法,不仅方法本身需要改进、拓展,而且针对不同研究区域,需要对几种评价方法加以整合研究。煤炭资源开发过程中的环境影响因子、循环经济发展指数(包括减量化、再利用、资源化)在很大程度上影响煤炭资源的承载能力,因此,今后的煤炭资源承载力研究需以可持续利用、循环经济发展理念为原则,将环境因子作为约束条件,由单一的煤炭资源人口、经济承载力研究向综合化、系统化的研究方向拓展。

此外,现代计算机网络技术、GIS技术、遥感技术等可以为煤炭资源承载能力研究提供更加准确、全面的数据基础和定量研究结果。

四、提升煤炭资源承载力的对策和建议

(一)提高全民族的资源忧患意识和节约意识,在全社会树立节约资源的观念,培育人人节约资源的社会风尚,营造全民节约资源的良好环境

要将节约资源提升到基本国策的高度来认识,把建立资源节约型社会的目标纳入国家经济社会发展规划之中,以此为依据建立综合反映经济发展、社会进步、资源利用、环境保护等体现科学发展观、政绩观的指标体系,构建"绿色经济"考核指标体系,实现"政绩指标"与"绿色指标"的统一,彻底改变片面追求GDP增长的行为。牢固树立以人为本的科学发展观,改变透支资源求发展

的方式。按照科学发展观的要求,我们必须把资源保护和节约放在首位,充分考虑资源承载能力,辩证地认识资源和经济发展的关系。要加大合理开发资源的力度,努力提高有效供给水平;要着力抓好节能、节材、节水工作,实现开源与节流的统一。

(二)以大力发展循环经济来破解煤炭资源难题

循环经济是追求更大经济效益、更少资源消耗、更低环境污染和更多劳动就业的先进经济模式。建设资源节约型社会,要求我们牢固树立全面、协调、可持续的科学发展观,增强资源意识、节约意识、环保意识,用循环经济理念和模式优化经济增长方式。一是全面开展减量化活动,提高资源生产率;二是加强宣传教育,增强全社会的资源意识、节约意识和环保意识;三是大力发展环保产业,充分开发利用再生资源;四是推动资源节约科技的研究和开发,加快科技成果转化。

(三)贯彻以人为本的思想,积极调整政策,创造有利于吸引人才的工作和生活环境,引进优秀人才

鼓励和支持大中专毕业生到煤炭行业工作,提高科技人员比重。省内有关院校要积极为煤炭企业多途径培养急需人才。各煤炭企业要建立和发展面向全体员工的教育培训体系,办好各类职工培训,开展岗位培训和继续教育,利用社会力量培养人才,推行关键岗位持证上岗制度。改革煤矿职工招聘办法,主要技术工人要变招工为招生,关键技术工种人员文化程度要达到中专以上。努力建设一支熟悉煤矿专业知识、掌握煤矿新技术、新工艺、新设备的专业技术人员队伍和有现代化管理水平的优秀企业家队伍。通过各种渠道引进各类人才,并给他们提供良好的环境,充分发挥他们的潜能。建立合理有效的培训机制,对煤炭产业的各类人员进行培训,增强他们的素质。引入竞争机制,优胜劣汰,由此来提高煤炭企业的运作效率和创新能力,提升煤炭资源的承载力。

参考文献

[1] Onisto Wackernagelm, P. Bello etal National Natural Accounting with the Ecological Footprint Concept [J]. Ecological Economics, 1999 (29).

[2] Zhao Guohao. Study on Natural Resources Management for Sustainable Development in China [C]. Proceedings of the International Conference on Management of Technology, 2006.

[3] 王立宝,姚伟坤,煤炭资源资产化管理可持续发展的理想选择[J].内蒙古煤炭经济,2006 (1).

[4] 刘庄. 生态承载力研究[M].北京:中国环境科学出版社,2006.

[5] 刘强,杨永德等. 从可持续发展角度探讨水资源承载力[J]. 中国水利,2004(3).

[6] 成升魁,谷树忠. 2002中国资源报告[M]. 北京:商务印书馆,2003.

[7] 何伟. 中国节能降耗研究报告[M]. 北京:企业管理出版社,2006.

[8] 王广成,闫旭骞. 矿区生态系统健康评价指标体系研究[J]. 煤炭学报,2005,30(4).

[9] 赵国浩. 基于最优利用模型能源安全战略研究[J]. 中国管理科学,2005(10).

[10] 赵国浩. 煤炭资源综合开发利用对策研究[J]. 能源技术与管理,2007(5).

[11] 赵国浩. 煤炭资源利用效益最大化对策研究[J]. 中国管理科学,2007(11).

[12] 赵国浩. 刍议煤炭资源优化配置研究方法[C]. 中国管理科学学会2007年会论文集,2007.

第五节 煤炭行业可持续发展评价指标体系研究①

一、可持续发展系统

(一)可持续发展的内涵

1972年在斯德哥尔摩举行的联合国人类环境研讨会上,正式讨论了可持续发展的概念。自此以后,对可持续发展的定义已多达几百个,涵盖范围包括国际、域、区地方及特定领域的层面。目前被广泛采纳的定义是1987年挪威首相布伦特兰夫人在联合国世界环境与发展委员会的报告《我们共同的未来》中提出的"既满足当代人的需要,又不对后代人满足其需求的能力构成危害的发展",并在1992年联合国环境与发展大会上取得共识。可持续发展观是与传统发展观相对的一种发展理念,其核心思想是协调人口、资源、环境和发展之间的相互关系,在不损害他人和后代利益的前提下追求发展,保证世界上所有的国家、地区、个人拥有平等的发展机会,保证子孙后代同样拥有发展的条件和机会。

(二)可持续发展是一项人类系统工程

尽管可持续发展概念在其提出之初并没有冠以"系统"名称,但是可持续

---

① 原论文:《煤炭行业可持续发展评价指标体系研究》,《管理科学》2008年第5期。

发展的理念无疑是人类历史上最伟大的系统科学实践，具有系统的一系列特征。

1. 可持续发展系统的目的性

以和谐的方式实现人的全面发展是可持续发展的根本目标，满足当代人生存的基本需要、当代人的发展不应该损害后代人发展的能力，以及人类社会与自然环境的协同和谐发展是其子目标，根本目标与子目标之间相辅相成，共同致力于可持续发展系统的健康发展（见图 6-2）。

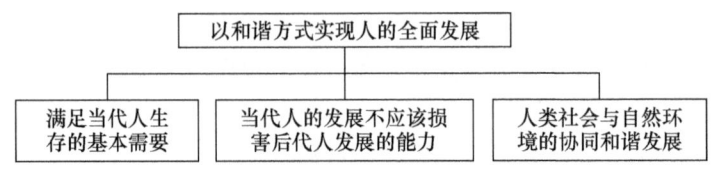

图 6-2　可持续发展系统的目的性

2. 可持续发展系统的集合性

可持续发展作为一个庞大而复杂的系统，对其的研究不应只限制在经济学、社会学、生态学领域，应该站在一个更高的层次去归纳和演绎，其要素的构成包括人口、经济、资源、环境、生产方式、消费方式、科技创新方式、公众参与方式、政府干预方式、道德规范、法律约束、国际合作等方面，并且组成系统的要素之间相互关联、相互作用。一般情况下，可将可持续发展系统概括为经济、社会、资源和环境 4 个有机联系的子系统（见图 6-3）。

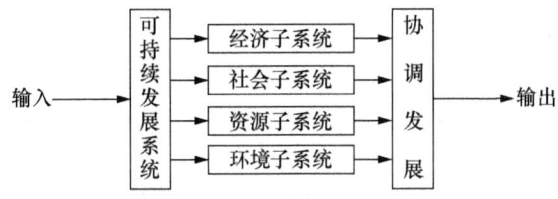

图 6-3　可持续发展系统

3. 可持续发展系统的相关性

可持续发展系统的相关性主要表现在两个方面：人类社会自身内部的和谐发展；人类社会自身与外部环境，包括地球生态圈甚至宇宙环境间的协同和谐发展。

4. 可持续发展系统的整体性

可持续发展系统是一个由社会、经济、环境、资源子系统组成的复合大系统，其构成要素之间不是简单的机械组合，而是诸多要素之间相互联系、相互作用、相互制约、全方位协调耦合的有机整体。可持续发展系统在核心思想上强调人类社会和地球生态环境相协调的整体性，在时间上强调短期效应和长期效应相兼顾的结合，在空间上强调个别、局部与全局相统筹的结合。

5. 可持续发展系统的环境适应性

可持续发展系统是人类社会一项长期的系统工程，将一直伴随着人类社会的发展，所以对可持续发展系统的认知过程是一个与时俱进的过程，将随着人类认识水平的提高以及外部环境的变化而不断地调整。

二、煤炭工业可持续发展系统

中国是煤炭资源大国，煤炭的储量居世界第一，石油和天然气储量相对不足，这种"富煤，少气，缺油"的能源结构决定了煤炭工业在中国国民经济发展中占有重要的战略地位。实现国民经济的可持续发展，就必须使煤炭工业走可持续发展道路。煤炭工业可持续发展系统同样是一个复杂的社会经济大系统，同样由经济子系统、社会子系统、资源子系统和环境子系统组成（见图6-4）。

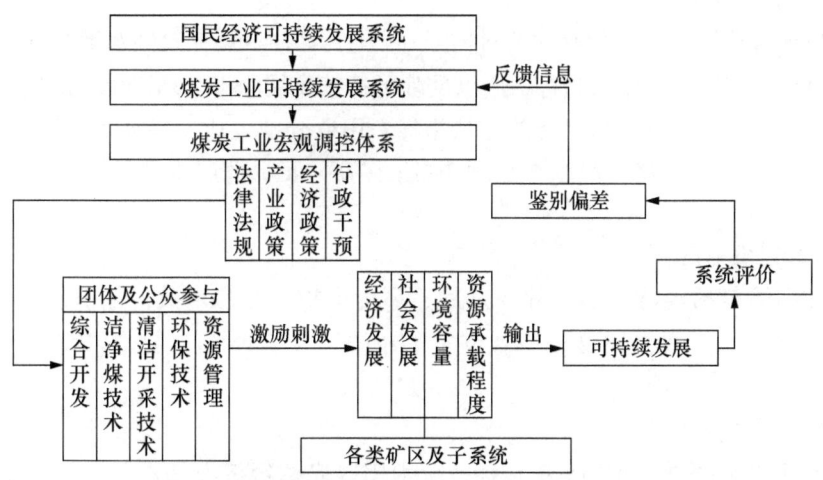

图6-4 煤炭工业可持续发展系统框架

煤炭工业可持续发展取决于煤炭经济发展、社会发展与环境容量、资源承载程度等要素相互制约和相互协调地发展。系统的功能是发展，发展的方向不是唯一的，可能是牺牲环境及过多耗费资源的传统发展，也可能是可持续发展。现在的意愿和需要是可持续发展，因此将输出目标定为可持续发展。为了促进和激励系统的诸因素能协调发展，走可持续发展道路，需要输入增强可持续发展的能力,主要包括综合开发、洁净煤技术、清洁开采技术、环保技术及资源管理,这些管理及技术措施,都离不开团体及公众参与。对输出目标达到可持续发展的程度要进行评价,评价结果经过鉴别偏差后,向煤炭工业可持续发展系统反馈信息,利用宏观调控体系实施调控。宏观调控体系是系统的中枢,该体系由法律法规、产业政策、经济政策及行政干预组成。根据反馈信息,采取各种手段向输入发出调控信息,调整增强可持续发展能力的结构及力度,强化促进及激励措施,使煤炭工业可持续发展系统中的基本要素遵循可持续发展的系统机理协调发展。

三、煤炭工业可持续发展指标体系

煤炭工业可持续发展理论研究的关键是,在对已有可持续发展评价原理和方法进行分析的基础上,探讨煤炭工业可持续发展评价指标体系的理论框架和各指标间的结构关系,从而构建出煤炭工业可持续发展的评价指标体系。根据对煤炭工业可持续发展要素与结构分析已有成果的借鉴及煤炭工业具体情况的研究,构建出煤炭工业可持续发展评价指标体系(见图6-5)。对指标体系的各项指标描述如下:

(一)目标层

目标层包括总目标层 D 及亚目标 D_1 和 D_2,D 是根据亚目标及准则层各项指标经过处理后得出的定量指标,用以反映可持续发展程度。D_1 和 D_2 是根据准则层的各项指标经过处理后得出的定量指标,用以分别表达发展水平及协调水平。"1"表示发展水平及协调水平是理想的;"0"表示发展水平及协调水平是最差的。

(二)准则层

准则层包括经济发展、社会发展、环境保护、资源增效,分别以 P_1、P_2、P_3、P_4 来表示。当运用该值计算煤炭工业持续发展程度 D 时,还要经过权重处理。

(三)指标层

包括图6-5所示的18项指标,分别用以表达经济发展水平、社会发展水平、环境保护水平、资源增效水平及四者相互协调的水平。煤炭经济发展是可持续发展的基础,标志煤炭经济发展水平的重要指标是企业资金利税率 u_1 及职工人均收入 u_2。考虑到煤炭经济发展的关键是调整产业、产品结构,增加产品的附加值,以及为分流人员开辟新的就业渠道,因此将煤下游产品值比重 u_3 列入指标体系。考虑到由于生产条件的恶劣(特别是事故)在经济上的直接损失可以在煤炭经济发展水平中得以反映,这里只选择由于生产条件的恶劣对人的健康和生活产生影响的有关指标。了解研究为问题的方便,间接地选定煤矿百万吨死亡

率 u_4 列入指标体系。

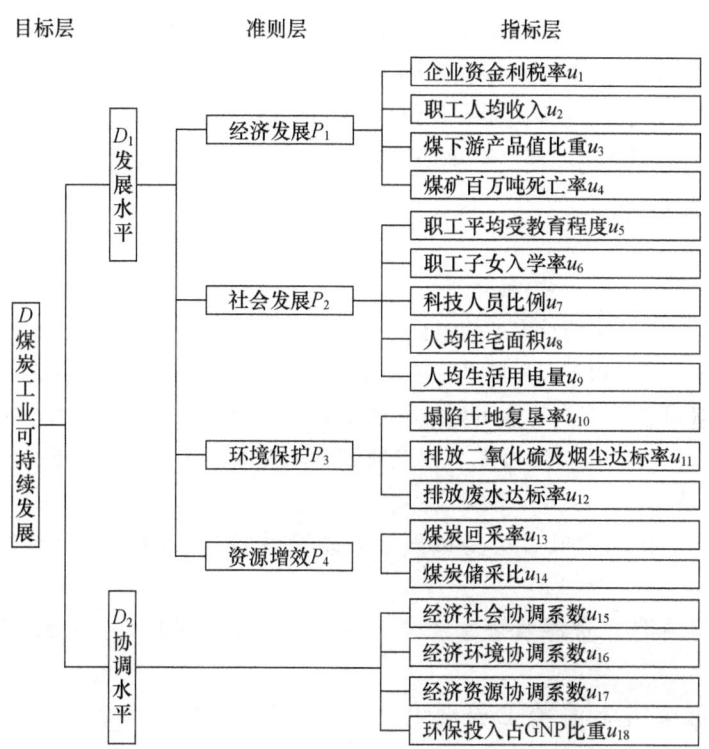

图 6-5　煤炭工业可持续发展评价指标体系

社会发展以煤炭经济发展为基础，又能促进煤炭经济发展，二者相互制约又相辅相成。社会发展包括众多内容，选择具有概括性、代表性，而又较易定量的职工平均受教育程度 u_5、职工子女入学率 u_6、科技人员比例 u_7、人均住宅面积 u_8、人均生活用电量 u_9 五项指标列入指标体系。

环境保护水平是煤炭工业能否实现可持续发展的关键。煤炭经济发展与环境保护是相互依存、互为条件的。环境保护应以不损害煤炭工业发展的功能、不危害人体健康和生态恢复为目标。根据煤炭工业的特点将塌陷土地复垦率 u_{10}、排放二氧化硫及烟尘达标率 u_{11}、排放废水达标率 u_{12} 列入指标体系。

资源的有效管理是煤炭工业实现可持续发展的重要因素。根据目前煤炭工业的实际情况，将煤炭回采率 u_{13}、煤炭储采比 u_{14} 列入指标体系。

煤炭经济发展需要从环境中索取资源，并向环境中排放废弃物，破坏土地，耗费资源，而且也需要社会相应发展，以不断促进经济发展。为了实现可持续发展必须在经济发展的同时，向社会发展投入，促进社会进步；向环境投入，削减排污量，保持生态平衡；向资源开发利用和环保投入，实现合理开发利用；向改善煤炭生产条件投入，降低矿工职业病发病率和矿工百万吨煤炭死亡率，因此选定社会发展投入增长率、环保投入增长率、资源开发利用投入增长率，改善煤炭生产条件投入增长率与国民生产总值增长率的比值来反映协调水平，分别称之为经济社会协调系数 u_{15}、经济环境协调系数 u_{16}、经济资源协调系数 u_{17} 及环保投入占 GNP 比重 u_{18}。

参考文献

[1] 范冬萍. 可持续发展战略目标的系统分析[J]. 系统辩证学学报，2001（4）.

[2] 庞元正. 可持续发展是一项人类伟大的系统工程[J]. 新视野，2007（1）.

[3] 赵国浩. 煤炭工业可持续发展研究[M]. 北京：经济管理出版社，2008.

[4] 冯桂珍. 可持续发展与系统原则的内在联系[J]. 系统辩证学学报，2004（10）.

[5] 梁吉义，梁枫. 可持续发展系统整体论[J]. 系统辩证学学报，2004（10）.

[6] 赵国浩. 资源管理系统工程理论与实践[M]. 北京：经济管理出版社，2008.

[7] 王应洛. 系统工程理论、方法与应用[M]. 北京：高等教育出版社，2006.

[8] 陈玉和. 可持续发展系统工程（Ⅱ）[J]. 中国煤炭经济学院学报，2007（1）.

[9] 刘翠兰. 可持续发展的系统探析[J]. 系统辩证学学报，2001（7）.

第六节 可持续发展视角下的煤炭行业发展研究[①]

一、煤炭工业可持续发展的内涵

人类发展的历史是经济发展的历史。近代以来人类社会的发展专注于片面追求经济的高速增长，不惜以高投入、高消耗作为基本生产方式，给资源和环境带

---

① 原论文：《可持续发展视角下的山西煤炭行业发展研究》，《煤炭经济研究》2010年第1期。

来巨大的浪费和危害。然而，社会的进一步发展证明了这种发展模式具有极大的副作用：资源的枯竭、环境的恶化、区域发展不平衡等等。因此，在这种情况下走可持续发展道路无疑是全世界共同和唯一的选择。可持续发展是一个涵盖人口学、经济学、生态学和系统科学等多学科的更高层次的理论系统，涉及的领域、时间和空间十分广泛，对其了解也就有不同的角度和含义，因而产生了许多不同的提法。"可持续发展"一词，最早于20世纪80年代中期出现在一些发达国家的文章和文件中，1987年布伦特兰夫人在《我们共同的未来》中较早地提出可持续发展的概念，并且为世界各国广为接受，也就是我们熟知的：既满足当代人的需要，又不损坏后代人需要能力的发展。到目前为止，可持续发展作为一个理论体系正处于形成和发展的过程中，对于可持续发展，在全球范围内形成了广泛的讨论与实践。

煤炭资源是有限的、非可再生的自然资源，煤炭工业的可持续发展具有十分重要的现实意义。从系统论的角度出发，煤炭工业可持续发展是在确保为国民经济各行业提供充足、高质量的煤电产品的同时，也确保了矿区的经济、社会发展，环境保护和资源开发利用的相互协调。通过利用市场调节机制和依靠科技进步的支持，提高煤炭资源综合利用水平，寻求煤炭资源的替代品，使煤炭资源在满足当代人需求时，又不会对后代对煤炭需求能力构成危害。

二、山西煤炭工业发展现状分析

山西素有"煤炭之乡"的美誉。据统计，从1996年起，连续13年，山西煤炭产量都要占到全国煤炭总产量的1/4，大部分供给到京、津、沪等28个省、直辖市、自治区，还出口到23个国家和地区。山西作为产煤大省为中国的经济建设做出了巨大贡献。煤炭工业作为山西的支柱产业，其经济效益的好坏直接影响到山西经济的进一步发展。煤炭经济在山西经济中占有很大的份额，仅2005年全省煤炭销售收入占全省工业新增收入的51%，利润总额与利税总额分别占全省工业的57%和46%。煤炭经济的发展，同时也带动了电力、冶金、化工、交通运输等相关产业的发展。我们在看到山西煤炭得天独厚的资源优势的同时，也应该看到在体制、观念等原因的影响作用下，山西煤炭工业可持续发展的"瓶颈"进一步凸显出来。

（一）资源浪费问题

煤炭是不可再生的自然资源。煤炭资源的开采与加工利用关系到山西经济建设当前、长远能否保持健康、持续、稳定发展。目前，山西煤炭资源市场尚处于形成阶段，市场机制下的资源管理体制还不完备，法制化程度较低，矿业权管理不够规范，矿业法律法规的可操作性较差。山西省煤炭生产结构也不尽合理，小煤矿点多面广，资源占有量大，多数小煤矿矿井装备简陋，布局不合理，开采技术落后，资源回收率低。目前，山西全省仍有各类煤矿2600座，其中30万吨及以下的小煤矿占了近七成，各类矿井平均单井规模只有36万吨。全省采煤机械化程度不到30%。大量中小煤矿资源回采率只有20%左右，这意味着每采1吨煤炭要破坏和浪费4吨资源，按中小煤矿年产3.5亿吨煤计算，每年要破坏和浪费约14亿吨的宝贵煤炭资源。据保守估计，近30年来，全省因粗放采煤造成的生态环境损失接近4000亿元。在美国、德国、澳大利亚等矿业发达国家，每挖1吨煤只需消耗1.2~1.3吨资源，资源回收率达80%左右。发达国家原煤入洗比例一般都在70%~80%，而中国原煤入洗比例仅为28%左右。目前山西国有大型煤矿企业一般采用机械化综采或普采，追求高产量而"吃肥丢瘦"，这种做法进一步加剧了煤炭资源的浪费。

(二) 环境破坏问题

煤炭开采在给山西带来经济效益的同时，也给全国其他省份提供了优质能源，为中国的社会经济发展做出了巨大的贡献。但是，煤炭的开发却给当地造成了极其严重的影响，特别是对水土资源和生态环境造成了毁灭性的破坏，影响到了人们的日常生活和地方经济的发展。

1. 对土地资源的破坏

据资料显示，山西矿井因开凿和采煤产生的废石和煤矸石量与原煤产量的比例大致为1:1，其中原煤产量与煤矸石的比例为1:0.2~1:0.3。山西每年煤炭产量为7亿~8亿吨，因此，每年排放的固体废弃物量达7亿~8亿吨。这些固体废弃物大多数随意排放，不仅占用了大量的土地，而且对矿区周围的生态环境造成了严重危害。2005年，山西省煤矸石累计堆存量已达11亿吨，占地达2万多公顷，且每年新增4000多万吨。

长时期的煤炭开采，形成了大面积的地下采空区，由于上面覆盖的岩土层丧失了稳定的支撑，在重力作用下，极易造成地表裂缝、沉陷、沉降、崩塌和滑坡等，从而对土地资源形成破坏。据测算，山西统配煤矿地下开采1平方公里约产煤600万~700万吨，按目前的生产水平测算，每年大约要增加80~90平方公里的地下采空区。由于采空区的不断扩大，采煤所引起的地表变形产生的辐射影响，要远远超过采空区的实际面积。山西省80%以上的土地面积为山区丘陵，上覆深厚黄土，耕作性能良好。山西省煤矿采区地表90%的面积是农耕地，煤炭开采造成耕地锐减。2000年全省人口3247.80万人，耕地面积434.194万公顷，截止到2008年，全省人口3410.64万人，耕地面积约为405.34万公顷。耕地面积减少了约28.85万公顷，人均耕地面积在9年时间下降了约1个百分点。

2. 对水资源的破坏

山西省是全国严重缺水省份之一，由于煤炭开采对水资源的不良影响，致使全省的缺水状况如雪上加霜，有些地方水源缺乏使得人畜饮水十分困难，有些地方虽然有水但因水质恶化不能饮用，直接威胁到人畜饮水安全。1995 年山西省人均水资源占有量为 360 立方米，2006 年人均水资源占有量下降到了 250 立方米，这一变化与山西煤炭开采有直接的关系。

煤炭开采对水资源的影响主要表现在以下几个方面：一是地下水位下降。煤炭开采和加工不仅本身需要大量用水，同时，由于采煤引起的地表裂缝和塌陷，直接或间接地破坏了煤系地层以上的所有储水构造，破坏了地表径流的排泄条件，地下水位下降，井泉枯干，水利设施被破坏，蓄水工程失去效用。二是河川径流大量渗漏。由于煤炭开采，矿区附近流域的采空区不断扩大，加之地表裂缝与塌陷，造成了河川径流量的大量渗漏。三是水质遭到严重破坏。煤炭开采不仅减少了水资源的可利用量，而且井下排出的矿坑水当中含有大量的有毒有害物质也在污染着水源。

（三）经济效益问题

中国煤炭产品结构不合理，一直都以销售原煤为主，这种传统的消费习惯使得原煤入洗率相对很低，2008 年国有重点煤矿原煤入洗率仅为 25.81%，而且产品类型单一，缺乏深加工，因此，山西形成了以自然资源开发为先导，以原料输出为依托，轻能源重化工产品为主线的"粗放型"发展模式，虽有着丰富的资源，但产品技术含量较低、附加值较少、经济效益较低。山西每年用于发电、炼焦的煤炭消费占全省煤炭消耗总量的 70% 以上（见表 6-2 和图 6-6）。

表 6-2　山西历年煤炭消耗总量及发电煤、炼焦煤消耗量及其占总量的比例　　　　　　单位：万吨

年份	煤炭消耗总量	发电	炼焦	发电、炼焦总和	发电、炼焦，占煤炭总量比例
2000	12704	3128	6298	9426	0.741971
2001	13271	3589	6343	9932	0.748399
2002	16587	4173	8504	12677	0.764273
2003	18829	4737	9754	14491	0.769611
2004	19112	5567	8943	14510	0.759209
2005	22631	6550	11208	17758	0.784676
2006	25514	7340	13094	20434	0.800894
2007	27772	7989	13800	21789	0.784567

资料来源：历年《山西统计年鉴》。

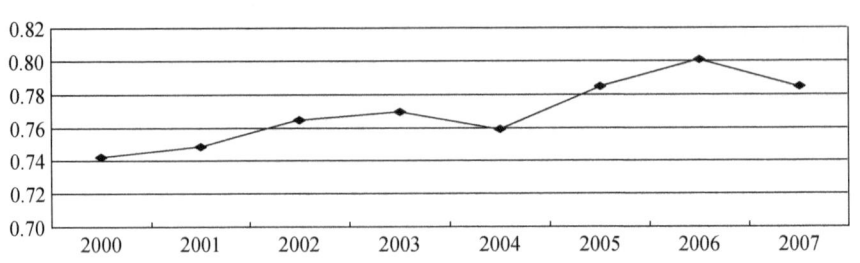

图 6-6 发电、炼焦煤炭消耗占煤炭消耗总量的比例

(四) 安全事故问题

煤炭资源在中国经济发展过程中发挥了重要作用,短期内能源消费以煤炭为主的现状不会改变,然而频频发生的矿难给人们心里留下了阴影,与国外主要产煤国相比,中国煤矿的百万吨死亡率仍处于较高的水平,虽然近年来中国煤矿事故起数和死亡率均大幅下降,但与国际先进采煤国家相比,中国煤矿的瓦斯事故控制水平和抽采利用水平差距仍然较大,百万吨死亡率是美国等先进国家的30~50倍。据国家能源局煤炭司发布的消息,中国煤炭产量占全世界煤炭总产量的37%左右,但事故死亡人数却占全世界煤矿死亡总人数的70%左右。虽然近年来煤矿事故起数和死亡人数持续下降,但事故的总量依然偏大。目前中国将矿难分级为:一次死亡3~9人的为重大事故;一次死亡10~29人的为特大事故;一次死亡30人以上的为特别重大事故。2000年4月份至2009年7月份,山西省共发生矿难99起,其中2008年死亡87人,为所考察年份最少,2007年死亡374人,为所考察年份人数最多(见表6-3)。

表 6-3 山西历年矿难次数及遇难人数统计

矿难\时间	2000	2001	2002	2003	2004	2005	2006	2007	2008	2009
重大	0	1	4	0	0	0	14	14	10	2
特大	2	2	1	6	2	2	7	12	2	1
特别重大	3	1	4	2	2	2	1	1	0	1
总计矿难	5	4	9	8	4	4	22	27	12	4
年死亡人数(人)	165	90	203	199	97	143	237	374	87	91

注:死亡人数为当日矿难直接死亡人数,不记失踪与被困者。

从表6-3可以得出自2000年至今,十年间,山西省发生的99起矿难共死亡1686人。每年平均发生约10起矿难,每次矿难平均死亡约17人,而且不包括大量失踪和被困矿工。这些触目惊心的数字又一次与以人为本的发展理念相悖。

三、山西煤炭工业发展对策建议

（一）落实科学发展观，改善资源管理政策

廉价甚至无偿占有资源是造成浪费的重要根源。中国煤炭资源现行的有偿使用制度，是通过征收资源补偿费和资源税实现的。但是这两种形式是以煤炭产量或销售收入为征收基础，不能真实反映资源本身的价值，没有体现出煤炭资源资产化管理和资源有偿使用的全部内涵，不利于提高资源回收率，也不利于促进资源的有效利用。落实科学发展观，实现煤炭工业全面、协调、可持续发展，必须改善中国的煤炭资源管理政策。在市场经济条件下，必须对煤炭资源实行资产化管理，以合理的资源价值为基础，建立高效的资源市场运行机制，通过资源资产市场和价格的杠杆作用，促进煤炭资源的合理配置，达到既保护资源又发展生产的目的。

（二）施行绿色管理模式

绿色管理是以可持续发展为核心，以保证良好的环境为目标，同时提高企业经济效益的一种现代企业管理。它要求煤炭企业从煤矿建设、产品原料、成品制造到产品的销售、消费和利用都推行绿色思想，即都不对环境产生污染或产生的污染控制在排放标准之内。

（三）加大结构调整力度，推动产业优化升级

加快煤矿技术改造和强化科学管理，提高煤炭企业生产水平和质量信誉等方面的品牌资源积累。并且要加快实施煤炭资源综合利用开发战略。抓紧发展一批大型煤炭洗选加工转化项目，扶持水煤浆、"煤变油"工程项目建设，扩大原煤入洗比重和炼钢喷吹煤生产规模，增加品种，提高质量。同时加快非煤产品项目建设，培养新的经济增长点。实施煤炭液化、气化、加大水煤浆生产规模，合理开发利用煤层气资源，调整煤炭输出产品结构，提高其科技含量和附加值，提高山西煤炭市场竞争力。大力发展煤化工产品，延伸煤—焦—化、煤—电—铝等产品链，变山西煤炭资源优势为经济优势。

（四）加大安全投入

包括具有符合国家标准的安全设施以及其他必要的人力、财力、物力保证，建立保证安全生产投入的监督体系和责任追究制度，整合关闭不具备生产条件的煤矿，形成规模生产；采用机械化采煤提高煤矿的技术装备，提升煤矿安全生产抗风险能力。依靠科技手段，提高煤矿安全的技术手段，不断提高煤炭安全水平。

四、结论

煤炭工业走可持续发展道路,是实现《中国 21 世纪议程》的需要,同时也是摆脱煤炭工业困境和振兴煤炭工业的唯一选择和可行之路。随着国内市场环境的变化,中国煤炭工业发展中长期积累形成的结构矛盾日益暴露和突出。按原有结构采取粗放式发展煤炭工业,不仅不能开拓更好的煤炭产品市场,而且资源、环境也难以承受。实现山西省煤炭工业的可持续发展,不仅关系山西煤炭工业的出路,同时也决定着山西省未来经济的发展。

参考文献

[1] 赵国浩. 煤炭资源综合开发利用对策研究[J]. 能源技术与管理,2007(5).

[2] 赵国浩. 煤炭工业可持续发展研究[M]. 北京:经济管理出版社,2008.

[3] 赵国浩,裴卫东,张东明. 中国煤炭工业与可持续发展[M]. 北京:中国物价出版社,2000.

[4] 赵国浩. 资源管理系统工程理论与实践[M]. 北京:经济管理出版社,2008.

[5] 殷涛,孙涛. 煤炭工业可持续发展中存在的问题及其对策[J]. 煤矿环境保护,2001(3).

[6] 乔照华. 山西省煤炭开采对水土资源的影响[J]. 山西水土保持,2007(4).

[7] 张晋陶,刘伯荣. 煤炭资源浪费的主要原因及其对策[J]. 内蒙古煤炭经济,2008(1).

[8] 才庆祥,徐志远,常华敏,尚涛. 我国煤炭资源开发存在的若干问题及对策[J]. 露天开采技术,2005(5).

[9] 寇薇. 山西煤炭工业的持续发展研究[J]. 安徽农业科学,2007(7).

[10] 綦振平,刘效参. 煤炭、环境与可持续发展问题的思考[J]. 煤炭技术,2000(4).

第七章 煤炭行业发展循环经济理论与实践

第一节 煤炭行业循环经济发展对山西的启示[①]

一、前言

自 20 世纪 60 年代,美国经济学家肯尼思·波尔丁首次将循环经济概念引入到经济发展领域,循环经济在世界范围内得到了广泛研究和推广,各种领域的相关理论开始不断出现,例如可用于煤炭环境领域的戴利的"稳态经济理论"、库普斯的"资源高价理论"以及柯尔姆的"环境使用税理论"等。

刘荣林等(2003)分析并通过事实证明,发展循环经济是煤炭矿区可持续发展的必然选择。马莉莉(2006)把握中外有关循环经济的研究动态,对其历史由来、理论发展、基本概念、主要理论与观点,以及实践进展等问题进行了归纳与总结,并指出为建设资源节约、环境友好的和谐社会,发展循环经济是一条极其重要的途径和有效措施。张欢、张毅(2010),关礼琴(2010),杨恒月(2010)从意义、条件、出现问题和对策等方面对发展煤炭循环经济进行了深入的思考和探索,并提出煤炭资源型城市重点是需要尽快和深入地发展循环经济。

赵国浩等(2000)在《中国煤炭工业与可持续发展》一书中曾指出:摆在我们面前的任务是:借鉴国外煤炭行业发展成功的经验,走出一条适合中国国情的煤炭行业发展的道路,这是一项艰巨的任务。王柳松、佘延双(2010)通过德

[①] 原论文:《国内外煤炭循环经济发展对山西的启示》,《现代工业经济和信息化》2011 年第 10 期。

国乃至世界上资源型城市鲁尔区成功的转型对山西省工业区持续发展提出了很多重要的启示。

国外对于煤炭经济学的研究更加注重分析煤炭产业的竞争态势，如何提高资源利用率及更好地降低成本，研究方法也逐渐地从定性研究转向了定量研究。Soyster 和 Gordon 是国外首次用数量化模型来分析产业竞争力的学者，为煤炭产业循环经济的研究奠定了量化基础。国内在循环经济理论和实践研究方面刚刚起步，还处于对国外研究成果的援引和借鉴阶段。

本文将打破停留在理论研究层面上的"瓶颈"，通过对国内外煤炭循环经济发展的成功案例的分析，对实践过程中涉及的深层次问题展开研究，选择山西煤炭循环经济发展的不同方面作为切入点，进一步提出具有针对性的对策建议。

二、煤炭循环经济的基本内涵

（一）循环经济的基本定义

循环经济的思想萌芽诞生于 20 世纪 60 年代的美国，90 年代中期出现于中国，学术界在研究过程中从广义和狭义、综合利用、环境保护、技术范式、经济形态和增长方式等不同角度对其做了多种界定。当前，社会上普遍推行的是国家发改委对循环经济的定义："循环经济是一种以资源的高效利用和循环利用为核心，以'减量化、再利用、资源化'为原则，以低消耗、低排放、高效率为基本特征，符合可持续发展理念的经济增长模式，是对'大量生产、大量消费、大量废弃'的传统增长模式的根本变革。"

（二）煤炭循环经济的内涵

循环经济发展是人类实现持久生存和发展的选择，是人类发展观念和发展模式的根本改变。煤炭循环经济的内涵要在遵循循环经济的宏观界定下，体现煤炭资源的特殊性和煤炭工业的特点。结合煤炭资源的有限且不可再生性，同时煤炭产业又是国家的支柱产业，我们提出煤炭循环经济是确保为国民经济各行业提供洁净、充足的煤炭、煤炭相关产品和电力的同时，运用宏观调控和市场机制，依靠科技进步和先进设备在煤炭资源综合利用、矿区和社会生态环境等领域达到绿色开采、一体化开发、综合利用"三废"和恢复生态环境的目标。

三、国外煤炭循环经济发展的典例

（一）鲁尔区——接替式转型

鲁尔区位于德国西部，在 20 世纪中叶前的 100 多年里，一直是德国煤炭和钢铁的生产基地。"二战"结束后，它也直接带动了德国经济的腾飞。60 年代，石油、天然气供应对以煤、钢为主的鲁尔区造成了冲击，煤矿和钢铁公司纷纷倒闭，大批工人失业。然而30多年转型之路，却使人口540万、面积4400平方公里的鲁尔区成为欧洲最大的新经济区。

1. 政府的大力支持

60年代末，北威州政府出台了第一个产业结构调整方案"鲁尔发展纲要"，将采煤业集中到盈利多、机械化水平高的大矿井，政府提供优惠政策和财政补贴，对煤矿业采取大力扶持政策，使煤矿生产技术和设备居于世界领先水平，保持技术和设备输出的优势。

2. 城市改造建设

1989年鲁尔区开始实施国际建筑展览10年行动计划，从改造昔日的矿区和厂房入手，对城市建筑景观动大手术。实施这一计划后，绿地、居民中心、物流中心、工商业园区等大小100多个城市项目像拼图游戏一般散布在埃姆舍尔地区的17个大小城市。"国际建筑展览埃姆舍尔公园"项目在欧洲被视为工业基地稠密区在城市建造和生态发展方面的一个重要模式。

3. 努力发展第三产业

政府充分发挥鲁尔区内不同地区的区域优势，形成各具特色的优势行业，实现产业结构的多样化。多特蒙德依托众多的高校和科研机构，大力发展软件业，杜伊斯堡发挥港口优势，打造贸易中心，并建立了内陆船运博物馆，埃森市则凭借广阔的森林和湖泊，成为当地的休闲和服务中心。

(二) 洛林矿区——告别式转型

洛林区位于法国东北部，包括孚日、默兹、默尔特—摩泽尔、摩泽尔4省，是法国矿产资源富集区。铁矿储量达60亿吨，占法国铁矿资源的80%以上，煤矿储量也很丰富，占法国总储量的一半以上。但是从20世纪70年代起，洛林的钢铁业景气不再，产量直线下滑。为了走出困境，法国政府早在1966年就提出整顿洛林冶金区，实施了"钢铁工业改组计划"。洛林的经济转型是由传统的单一经济结构发展模式向多元化的可持续发展模式转变。

1. 促进产业结构和产品结构调整

行业进行高新技术改造，使其生产过程实现自动化，产品向高附加值发展；坚决放弃那些成本高、在市场上没有竞争力的产业和产品，由于煤炭开采吨煤成本高于世界市场煤炭价格，则采取了逐步放弃的政策，煤炭产量和从业人员将逐步减少，规划到2005年煤矿全部关闭；发展新兴产业，计算机、激光、电子、生物制药、核电等新技术产业已占该区经济总量的15%，汽车工业占30%，成为支柱产业。

2. 提高劳动力转岗再就业

根据再就业和产业发展的需要，组成若干不同类型、不同专业、不同所有制、不同层次的培训中心。培训中心根据培训者的文化、技术基础，将要从事的工作和国家将要发展的新产业，有针对性地分门别类进行培训。培训时间一般为2年，特殊岗位为3~5年，培训期间受培训者的培训费由国家支付，工资由企业支付。

3. 支持山区农业发展

从实际出发，调整发展思路，扶持青年扎根农村，尤其是提高农产品的质量和增值，利用农业资源，大力发展种植业、畜牧业和食品业，促进农副产品的深加工。建立稳定的资金渠道，1984年，法国政府出资成立矿区工业化基金，1990年至2000年每年提供1500万欧元，帮助矿区改善基础设施和发展高技术产业。广泛开展国际合作。近年来，洛林地区将国际合作作为政府的优先项目，吸引周边和邻近国家参与洛林地区的经济建设。

四、国内煤炭循环经济发展的典例

（一）河南焦作——绿色式转型

焦作市位于河南西北部、紧邻山西晋城，曾是全国著名的"煤城"。焦作工业的起步，起源于煤炭的开采，1949年焦作煤炭工业总产值643万元，占全市乡及乡以上工业总产值的82.1%，原煤产量59.1万吨，占河南省的65.7%。那时的焦作工业只有单一的煤炭工业，矿产资源丰富，黏土、石灰石、石英石、铁矿、硫铁矿分布很广，煤炭储量很大。到20世纪80年代，围绕煤炭开采，焦作又逐步发展了煤矿机械制造、化工、冶金、建材等工业。到90年代初，焦作拥有资源开采及配套型企业1200多家，增加值占本市工业增加值的比重在90%以上。但是由于多年的开采，焦作的矿产资源特别是煤炭资源日益枯竭，致使城市发展出现了一些经济增长乏力、人员就业困难、城市污染严重等突出的问题。

1. 煤炭相关产业领域

利用焦炭、晋煤的优势组合，建设、改造了焦作电厂、丹河电厂、万方爱依斯电厂和一批地方电厂，坚持走煤—电产业之路，发展能源工业。促进电、铝联产，延长产业链条，着眼于电力资源就地转化增值，大力发展电、铝联产，截至2004年，铝工业实现增加值26.8亿元，占全市规模以上工业增加值的15.4%。

2. 煤炭非相关产业领域

发展以轮胎为主的橡胶化工，形成了以基本化工原料、有机化工原料、橡胶制品为主的多门类化工体系。同时发展农用机械、重型机械、汽车配件、电机电器、仪器仪表等产品体系，部分企业的生产规模和能力已达到国际、国内先进水平，晶体材料、丙烯酰胺、免疫试剂、冰晶石等高新技术产业进一步做大做强，高新技术产业逐步成为焦作新的经济增长点。

3. 发展第三产业领域

旅游业实现了跨越式发展，经过近几年来的景区开发和景观道路建设，焦作市已成为"中国优秀旅游城市"、"焦作山水"和"云台山"被评为"中国旅游知名品牌"，云台山入选首批世界地质公园。

(二) 辽宁阜新——农业式转型

阜新市位于辽宁西部，是内蒙古高原和辽河平原的中间过渡带。阜新地区矿藏资源多且储量大，其中，煤的资源储量就有10亿多吨。20世纪60年代阜新海州露天矿不仅是全国第一座现代化露天煤矿，还冠有"世界第二、亚洲最大的机械化露天煤矿"的美誉，阜新发电厂也曾是亚洲第二大的火力发电厂，所以阜新在中国素有"煤电之城"之称。新中国成立以来到2002年，共生产煤炭5.3亿多吨，发电1500多亿度，为年轻的共和国做出了重大贡献。但是作为一个资源型城市转型是必然的选择，而且，辽宁阜新是国务院确立的全国第一个资源型城市经济转型试点市，所以其转型工作一直备受国内外关注。

1. 依托优势资源

大力培育和引进龙头企业，建设全国重要的食品及农产品加工供应基地，并实施稳煤强电战略，建设全国重要的新型能源基地。通过深部找矿、提高井工矿生产能力等措施，使煤炭产量在一定时期内保持在1000万吨左右。利用能源优势，推进资源深加工，建设全国重要的煤化工产业基地。加速产业集聚，培育壮大一批优势特色产业，突出抓了皮革、液压、林产品、铸造、氟化工、新型电子、玛瑙加工等产业集群建设，并在彰武林产品产业基地、清河门皮革产业基地建设上取得了重大突破。

2. 坚持以人为本

阜新市坚持就业优先战略，千方百计抓好就业再就业工作，加强社会保障和救助体系建设，城镇职工基本养老保险制度基本完善，27.8万名退休职工养老标准得到了提高，在突破传统劳动力就业转移（就是从第一产业向二、三产业转移）模式上，阜新选择"退二进一"，对于解决下岗就业、改善人民生活起到了积极作用，并且积极培养经济转型适用人才。

3. 生态环境建设

积极实施"林业二次创业"，大力推进退耕还林、辽西北边界防护林带、防沙治沙、农田林网、村屯绿化、矿区绿化等林业重点工程建设，按照建设"清洁卫生城市"和"生态园林城市"的目标，加大了对城区街路改造力度，并建设了广场、游园、车站等一批改善城市面貌的重点工程，城市居民的生活环境得到了很大改善。

五、对山西省发展煤炭循环经济的启示

（一）有效的法律、法规更能实现转型的高质、高效化

鲁尔区改造是在各项规划的总体指导下进行的，如 1966 年 KVR 编制的鲁尔区第一个总体发展规划就是最终以法律形式予以确定的。德国政府在鲁尔区的改造振兴中还先后制定了《联邦区域整治法》、《煤矿改造法》、《投资补贴法》、《环境基本法》等法律法规。而山西也在不断地颁布各项法案、法令，如《山西省煤炭企业转产煤炭城市转型政策试点实施方案》、《山西省加快推进社会领域节能工作实施方案》、《山西环境保护法》等，这从客观方面尽量地保证各项规划长期、稳定地实施，从而使煤炭城市转型按照预定轨道来进行，但是相关部分的法律还有待完善，才能不断增加转型的有力法律保障。

（二）轻工业的不断拓展更能促进转型之路顺利畅通

有关统计数据显示：山西省的轻工业中，主要供居民部门使用的食品工业产品有 48.87% 由省外调入，如纺织及服装加工类产品、家具制造业产品、文教体育用品、日用化学产品、家用视听设备制造业产品等，每年从省外调入的轻工业产品已超过了 400 亿元。而无论是焦作的"从黑色到绿色"，还是阜新的"退二进一"，都是向第三产业的领域大力拓展，这就需要山西不断加强轻工业的发展，从经济、社会和环境三方面来推动转型步伐加快进行。

（三）就业问题的积极解决更能加快就业结构的调整

2008 年开始，山西省政府开始进行煤炭资源整合，整合后，矿井总数已由 2600 座减少到 1053 座，使大量从事与煤炭相关行业的人员转岗。由于这些转岗的劳动者技能单一、受教育程度较低，在对传统产业进行大刀阔斧改革之后，转岗就业问题更加严峻。而鲁尔区转型的一个鲜明特点就是特别注意在产业结构调整中对劳动大军的调整，使之尽快掌握新知识新技能，适应新岗位的需要。为了尽可能将就业结构调整与产业结构调整相结合、相适应、相匹配，山西省政府、企业和社会组织应分别建立培训中心，对转岗人员进行分门别类的培训。培训中心还与招工局联网，可向每个培训者提供两个以上的就业机会，从而长远解决就业危机及产业结构问题，提高产业竞争力，为产业技术创新和产业发展的多元化起到有利作用。

参考文献

[1] 刘荣林，于保华，张涛. 循环经济与煤炭矿区可持续发展[J]. 江苏煤炭，2003（1）.

[2] 马莉莉. 关于循环经济的文献综述[J]. 西安财经学院学报，2006（2）.

［3］张欢，张毅. 煤炭循环经济研究述评［J］. 煤炭经济研究，2010（5）.

［4］关礼琴. 关于发展煤炭循环经济的思考［J］. 企业家天地，2010（12）.

［5］杨恒月. 论发展煤炭循环经济［J］. 企业家天地，2010（8）.

［6］赵国浩，裴卫东，张冬明. 中国煤炭工业与可持续发展［M］. 北京：中国物价出版社，2000.

［7］王柳松，佘延双. 国外煤炭循环经济发展对我国的启示［J］. 资源与产业，2010（6）.

［8］秦军. 煤炭市场及其稳定供给的策略研究［D］. 浙江工商大学硕士学位论文，2009.

［9］赵国浩，凌涛. 可持续发展视角下的山西煤炭工业发展研究［J］. 煤炭经济研究，2010（1）.

［10］赵国浩，车康模，卢晓庆. 基于产业集中度视角的山西煤炭资源整合分析［J］. 煤炭经济研究，2010（2）.

［11］赵国浩，卢晓庆. 煤炭资源优化配置视角下的山西煤炭资源整合分析［J］. 煤炭经济研究，2010（6）.

第二节　基于循环经济的煤炭行业发展模式研究[①]

一、引言

目前，中国经济正处于发展与变革之中，一方面要担负起强国富民的重任，另一方面却又面临着人口众多、资源紧缺、环境破坏严重的压力。而且，随着中国经济的快速增长和人民生活水平的持续提高，资源短缺、环境污染问题也日益突出。高投入、高消耗的粗放生产模式已经难以维系经济增长的长远发展要求。迅速攀升的资源消耗，日益加大的对国外资源和国外矿产品市场的依赖度，已然凸显了资源对经济发展的"瓶颈"制约。如何摆脱传统的发展模式，走出一条科技含量高、经济效益好、资源消耗低、环境污染少、人力资源优势得到充分发挥的新型工业化路子呢？发展循环经济，建设资源循环型社会成为实现新型工业化的必然选择。特别是在煤炭工业领域大力发展循环经济有着十分深远的重大战略意义，关系到中国的能源安全，是落实科学发展观的必然要求，是建设和谐社

---

① 原论文：《基于循环经济的煤炭行业发展模式研究》，载《和谐发展与系统工程》（中国系统工程学会第十五届年会论文集），2008年。

会的必然要求。

二、循环经济的简述

循环经济的研究和实践源于人类对经济、环境和社会的可持续发展的认识，是人类克服环境、资源短缺困境的途径和方法。循环经济的提出引导人们把目光从末端治理转向生产过程中的阶段控制，消除长期以来环境与发展的尖锐冲突。

循环经济作为一种全新的经济发展模式，是以资源的高效利用和循环利用为核心，以"3R"即减量化、再使用、再循环为原则，以低投入、低消耗、低排放、高效益为特征，符合可持续发展理念的经济增长模式，属于资源节约型和环境友好型的经济形态。发展循环经济的直接目的就是提高资源效率，从而使环境效率也随之得到相应的提高。循环经济是经济生态化在实践中的表现，运用生态学规律指导人类社会的经济活动，在本质上是一种生态经济。

与传统经济相比，循环经济的不同之处在于：在传统工业经济的各要素中，资本在循环，劳动力在循环，而自然资源却没能形成循环，它是一种"资源—产品—废弃物"的线性开环性模式。表现为人们对自然资源的开采是掠夺性的，对资源的利用却是粗放性和一次性的，排放出的废弃物又是巨量的；而循环经济倡导的是一种建立在物质不断循环利用基础上的经济发展模式，它要求把经济活动组织成一个"资源—产品—再生资源"的反馈式流程，所有的物质和能源要能在不断进行的经济循环中得到合理和持久的利用，以把经济活动对自然环境的影响降到尽可能小的程度（见图7-1）。因此循环经济要求经济发展要与环境相协调，这不仅是实施可持续发展战略必然的选择和重要保证，也为传统资源依赖型经济转向可持续发展经济提供了战略性的理论范式，从根本上消解了长期以来环境与发展之间的尖锐冲突，实现了经济与环境发展的"双赢"。

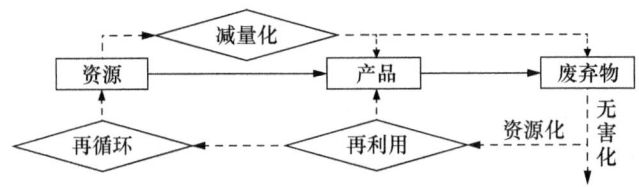

图7-1 循环经济的3R原则流程

三、煤炭工业发展循环经济的模式选择

（一）微观层面——煤炭企业的发展模式

这种模式的实质就是指在企业内部实现清洁生产和废弃物的循环利用。一般

是将生产过程中生成的废料经过适当处理后作为原料或原料替代物返回原生产流程中,或用于其他生产过程中。煤炭企业作为典型的资源依赖型企业,以对煤炭资源的掘取和加工为其盈利模式,对煤炭资源的依存度高。随着全球生态环境的恶化和资源短缺现象的加剧,煤炭企业在发展过程中面临着严峻的挑战。为此,在循环经济的视角下积极探索推动煤炭企业创新发展的有效路径,转变煤炭企业的经济增长方式,实现可持续发展,具有重要的现实意义。

煤炭企业是煤炭工业发展循环经济的主体,更高层面的循环经济都是建立在这个基础上的。在煤炭企业内部发展循环经济就是研究如何回收利用企业在生产过程中产生的煤矸石和其他伴生矿物,减少瓦斯的排放,减轻地表沉陷,减少对水资源的破坏,提高资源利用效率。通过推行清洁生产,综合利用资源和能源,组织企业内部的物料循环,压缩对电力、钢材、木材等的消耗,减少废弃物和有毒物的排放,最大限度地利用可再生资源和提高产品的耐用性(见图7-2)。

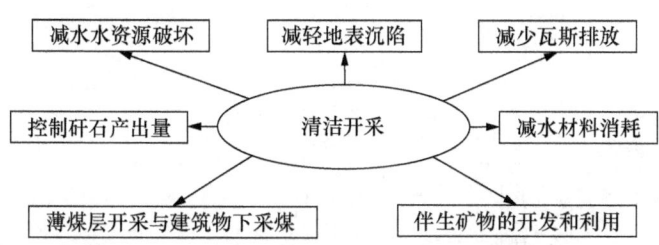

图7-2 清洁开采的主要内容

成立于1802年的美国杜邦公司作为全球化工行业的巨头,创造性地把循环经济的原则发展成为与工业相结合的模式,以达到少排放甚至零排放的环境保护目标,成为了在公司内部建立循环经济模式的成功典范。近年来,中国矿业企业在这一层面有许多实践范例。如山东新泰市的新汶矿业集团,以煤炭深加工和资源综合利用为突破口,延伸产业链,全面开发电力、建材等再生能源生产主线和土地复垦、矿井水利用等资源开发副线,形成"资源—产品—再生资源"的反馈循环型经济系统。

(二)中观层面——生态工业园的发展模式

生态工业园的概念是在企业群落层次上的循环经济实践,是依据循环经济理念、工业生态学原理和清洁生产要求而设计建立的一种新型工业园区。它通过物流或能流传递等方式把不同工厂或企业连接起来,通过它们之间的物质集成、价值集成和信息集成,形成共享资源(信息、物质、水、能源、基础设施和自然居留地)和互换副产品的产业间的代谢和共生耦合关系,建立"生产者—消费者—

分解者"的物质循环方式，通过共享资源、梯级利用、废物交换、清洁生产等手段，使一家工厂的废物或副产品成为另一家工厂的原料或能源，寻求物质闭环循环、能量多级利用和废物产生最小化，形成相互依存的工业生态系统。

在这一层面发展煤炭工业循环经济，依托的正是建立这样一个生态工业园。即以煤炭开采为基础，在推行清洁生产，发展生态企业的基础上，积极引进建设与现有企业配套互补的企业和项目。例如，洗煤厂可以使原煤运到地面后直接入洗；电厂可以利用洗选中剩下的中煤、尾煤等低热质煤和排放出的煤矸石、煤泥等废弃物发电，其中煤矸石还可以做成工艺品；废水处理厂可以将矿井排放出的工业废水以及居民生活废水回收处理后供电厂使用。通过一系列措施，建立企业间的协调合作，逐步形成产品或废物加工链，整个工业园区组成生态工业链，做到多业并举，实现煤炭资源利用低消耗、低排放、高效率，从而更加有效地利用资源和保护环境（见图7-3）。最大限度地实现经济、社会和环境三个效益的统一。

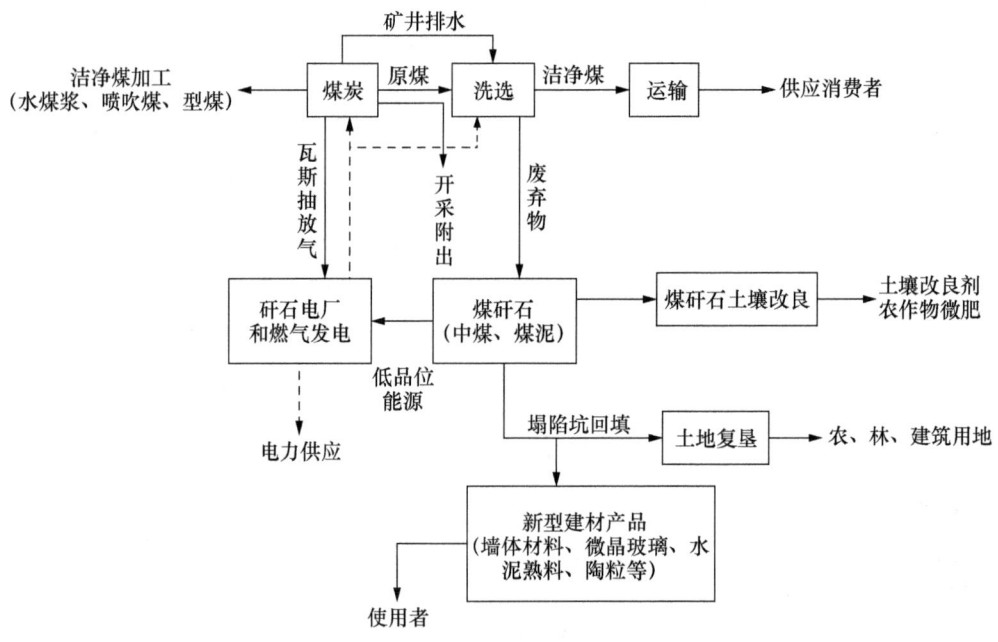

图7-3 煤炭行业循环链

形成于20世纪50年代的丹麦卡伦堡生态园就是一个高效、和谐的产业园区。园区内企业之间通过废弃物的交换建立起生态产业链条，在企业群落之间实现了环境良性和生产高效的循环体系。目前，中国矿业在这个层面也有了实践性的发展。山西省长治市潞安集团构建的屯留煤—油园区、高河煤—电园区、潞城焦—化园区和东古电—化园区,"十一五"期间分别建成投产,将形成煤炭电力、煤基合成油、焦化、乙炔化工和建材等多元产业。

(三) 宏观层面——煤炭资源型城市的发展模式

这一层面的循环模式是整个区域(或社会)层次进行的全面的废物回收和再利用体系,以实现消费过程中和过程后物质与能量的循环。其中,以德国的双元回收体系和日本的循环型社会体系为代表。此模式在煤炭循环经济中的应用主要是指煤炭循环系统作为社会整体循环的一部分,与其他子循环相互联合,促成煤炭循环经济的多种形式、不同规模上的闭合,如全社会调整产业结构、改善消费方式,以降低对煤炭资源的需求,真正实现减量化;全民节约煤炭资源,减缓循环内煤炭的流速,提高煤炭资源的使用效率,减少污染处置的压力(见图7-4)。

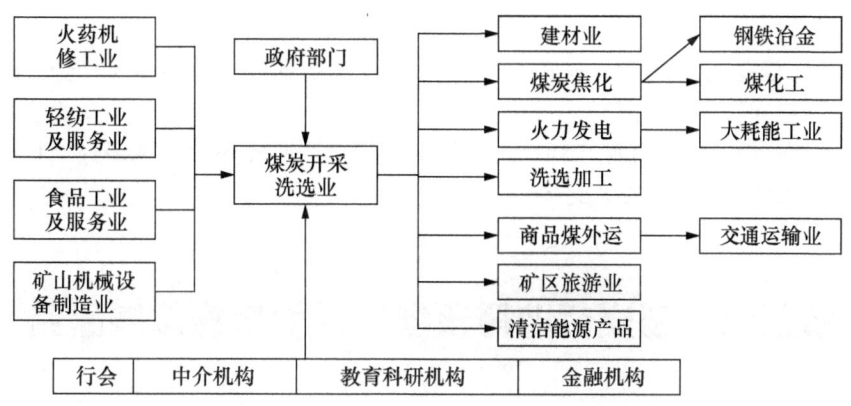

图7-4 煤炭资源型城市产业结构

德国鲁尔矿区是典型的煤炭资源型城市,通过清理改造和产业结构调整,鲁尔区从以煤炭和钢铁工业为中心的资源型生产基地,转变为以煤炭和钢铁生产为基础,以电子计算机和信息产业技术为龙头,多种行业协调发展的新型经济区。鲁尔区的成功转型是世界煤炭产业发展循环经济最为成功的代表。

四、结论

综观中国煤炭工业的发展历程,"高投入、高消耗、高污染"的生产和消费方式带来了严重的环境问题。若继续沿袭传统发展方式,资源和环境支撑将难以为继。从循环经济的理论和一些发达国家及中国的实践来看,发展循环经济符合中国国情。总的来说,煤炭工业领域发展循环经济模式要把握以下几个原则:全民参与、绿色消费；试点推进、重点突破；创新模式、技术推广；完善法规、健全制度；严格执法、强化管理。积极构筑以循环经济理念为核心的煤炭工业发展模式，是中国煤炭工业实现可持续发展的必然趋势。

参考文献

［1］王丽萍，赵毓仁，周敏，杨燕舞．生态工业工程在发展矿区循环经济中的应用［J］．中国资源综合利用，2005（1）．

［2］赵国浩，阎世春．煤炭工业可持续发展研究［M］．北京：经济管理出版社，2008．

［3］檀学燕，郑小霞．基于循环经济的矿业发展模式与机制研究［J］．煤炭工程，2008（5）．

［4］左铁镛．加快发展循环经济构建节约型社会［J］．中国建材，2005（10）．

［5］蒋衔武，孙磊，张冬梅．基于循环经济的煤炭工业可持续发展研究［J］．煤炭工程，2007（5）．

［6］欧阳新年．资源与环境约束下中国煤炭产业集约化发展研究［D］．中国地质大学硕士论文，2008．

第三节　煤炭行业循环经济评价指标体系研究①

煤炭在中国一次能源的消费中一直占70%左右，煤炭工业作为一种主要能源产业，在中国社会经济发展中发挥了巨大的作用。长期以来，中国煤炭工业一直采取"资源—产品—废物排放"的单向流动的线性发展模式，煤炭工业在为国民经济快速发展提供大量的原料和燃料的同时，煤炭资源大规模的开发和燃烧利用，对生态环境的污染与破坏是十分严重的，煤炭开采造成土地塌陷，引起水资源的破坏及污染，造成煤矸石的大量堆积，引起城乡大气污染等。传统的煤炭资源开发利用模式造成了严重的资源浪费和环境破坏，面临着不可持续发展的危机，为遏制煤炭工业的恶性发展，循环经济作为一种促使资源、环境与经济协调发展的先进发展模式成为煤炭工业探索新型工业化道路的必然选择。从循环经济的战略思想出发，设置基于循环经济理念的煤炭工业评价指标体系，对循环经济

---

① 原论文：《煤炭行业循环经济评价指标体系研究》，载《经济、技术与环境》（全国经济管理院校工业技术学研究会第九届学术年会论文集），2008年。

新模式的引进、实施和控制都有十分重要的意义。

一、煤炭工业循环经济评价的基本内容

(一) 煤炭工业实施循环经济的总体思路

煤炭工业实施循环经济,除了具有循环经济的一般特征以外,还要在内容上突出以下方面:

(1) 以资源和能源的稀缺性和有限性以及煤炭资源的不可再生性为基本出发点,把源头治理作为第一优先级。主要体现在两个方面:一是千方百计提高煤炭资源回收率,最大限度地避免开采和加工过程中造成的资源浪费,要结合实际情况,确定资源回收率标准,采取有效的政策和措施,并建立行之有效的执行保障体系;二是大力节约煤炭工业自身在生产、加工过程中的能耗及物耗,煤炭工业本身是高耗能及原材料的部门,节约潜力巨大。

(2) 以环境承载力的有限性及环境问题会造成灾难性后果为基本出发点,把清洁生产和提高经济效益结合起来,贯穿整个生产、加工及转化的全过程。煤炭工业的环境问题有行业的特殊性。大气环境、生态环境问题比较突出,还要解决安全环境和劳动作业环境问题,比其他行业复杂得多,治理成本也高得多。因此,要把治理环境的项目与经济效益结合起来,尽一切可能使投入有所回报。

(3) 把一体化整合作为实施循环经济的重要基础。以横向一体化方式组建大型企业集团,提高集中度,实现规模效益,提高市场竞争力,并以此作为循环经济工业园区的基础。有条件的企业也可适度发展纵向一体化,发展以煤为本,以煤炭生产基地为中心的相关多元化产业集群,充分发挥协同作用和聚合作用。

(4) 把综合开发和综合利用作为充分利用资源提高边界效益和环境质量提高的重要手段。

(5) 充分发挥市场机制的作用,把政策法规、技术创新、组织创新及管理创新作为循环经济的四个支撑体系。政策法规是非常重要的外在动力,三个创新是可靠的内部保证。

(二) 煤炭工业循环经济评价指标体系设置的原则

1. 科学性原则

这是指标体系设置应遵循的基本原则。它要求指标与指标体系的设置应与循环经济思想和煤炭工业自身发展特点相一致。因此,指标的概念要准确,内涵和外延要清楚,计算方法要科学可行。

2. "3R"原则

"3R"原则是循环经济的基本原则,煤炭工业循环经济的指标必须能够体现这一原则,科学地将"减量化、再利用、资源化"从资源利用的源头到最终

废弃物的排放这样一个大的"循环"经济的体系用统计指标及统计数据进行客观、科学地描述；既要从宏观管理的角度考察总量指标，又要涉及经济个体如企业在生产和流通过程中的行为，将广泛意义上的微观活动用宏观指标体现出来。

3. 定量与定性相结合的原则

如果完全采用定性方法，不可避免地要受到各种主观因素的干扰，影响到评价的科学性和客观性；如果只采用定量指标，仅能从微观的层次上对煤炭工业循环经济做出评价，评价结果不全面，具有片面性。定性与定量评价相结合可避免单纯依靠某方法所带来的缺陷，提高评价的科学性和客观性。

4. 可操作性原则

建立煤炭工业循环经济评价指标体系目的是要用于实际评价，因此可操作性是评估指标体系好坏的重要原则，也是循环经济从观念走向实践的关键环节。具体体现在以下两方面：①指标体系的设计要做到难易适中，便于操作，利于推广。即评价指标体系不可设计得太繁琐，在保证指标体系能客观、全面地反映煤炭工业循环经济发展状况的情况下，尽可能简化。②所需的数据易于采集，保证有可靠而又容易获得的数据来源渠道，尽量利用好现有的统计资料，与现行的统计方法相衔接。

5. 可比性原则

指标要尽可能名称规范，计算方法、计量口径统一，符合国际有关标准，这样既可以实现同一评价对象不同时点的对比，即纵向比较；又可实现同一时点不同评价对象的对比，即横向对比。

二、煤炭工业循环经济评价指标体系的设置

（一）评价指标体系的整体设计

1. 目标层

煤炭工业循环经济评价的总目标是循环经济模式下煤炭工业整体发展水平和发展效益的量度，也就是在一定时期内，要实现煤炭工业经济效益和环境效益相协调，同时指标的设计要体现对煤炭工业发展循环经济状况的评价，因此经济、生态环保和循环经济特征三个方面构成评价体系的目标层。

2. 准则层

准则层是目标层的具体反映，本研究设置了经济发展水平、经济发展潜力、污染排放强度、环保控制力度、生产安全环境、循环管理能力、物质能量消耗、资源利用效率、投入减量化9个方面。

3. 指标层

煤炭工业循环经济评价的指标层是影响评价对象循环经济发展的最基本因素

形成的指标，它提供了收集信息的基本框架，一般不需要综合，反映的是影响煤炭工业循环经济的某方面的基础信息，即图7-5所示的三级评价指标体系。

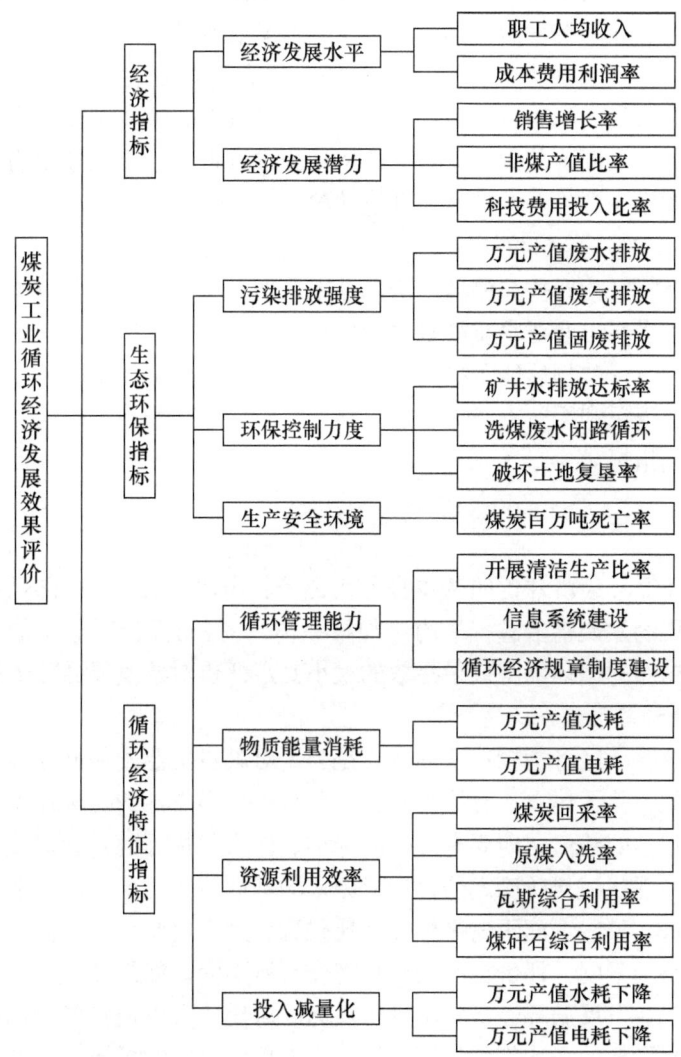

图7-5 煤炭工业循环经济的评价体系

(二) 经济指标

煤炭工业经济状况是衡量整个行业循环经济发展的一个重要依据。经济指标既反映工业当前的发展水平，又反映工业的发展潜力和发展趋势，反映评价对象推行循环经济发展模式对行业经济效益的影响。本研究选用经济发展水平和经济发展潜力两个二级指标，在二级指标下设置若干三级指标。

（三）生态环保指标

生态环保指标用来衡量企业生态治理与环境保护的强度和水平。循环经济发展模式要求企业在经济发展的同时注重生态环境质量的提高。煤炭工业的生态破坏和环境污染主要表现为矿区"三废"的产生和不当处理，以及煤炭在燃烧过程中对环境的污染。同时，作为一种广义的环境概念，煤炭工业生产和劳动环境的安全性也应纳入评价范围。本研究选用污染排放强度、环保控制力度、生产安全环境三个指标来评价企业的生态环境状况。

（四）循环经济特征指标

循环经济特征指标按照循环经济的基本原理，参照生态工业效率指标进行筛选，它反映了煤炭工业对物质能量的利用水平。其中，包括企业实施循环经济的管理能力指标、反映物质能量投入利用水平的物质能量消耗指标、反映企业废物资源化水平的资源利用效率指标，还包括反映资源综合循环利用的效果的物质能量投入减量化指标。

三、评价方法

煤炭工业循环经济评价的基本操作思路是：分别求出每一目标层的指数值，将三个目标层的发展指数进行平均（加权平均），得出评价对象总的循环经济效果指数，根据总的循环经济效果指数的大小判定评价对象发展循环经济的状况。

（一）评价基准

煤炭工业循环经济指标体系的建立是为了对煤炭工业发展循环经济的效果做出评价，因此，除了建立一套能高度概括并具有可操作性的指标体系外，各指标还必须具有相应的数值，即要有评价的标准，作为各指标的目标值或基准值，通过评价对象的现状值与所确定的目标或原来的基准值做对比，确定区域在哪些方面做出了改进，哪些方面距离循环经济比较远，为今后政策导向提供依据。

评价的目的不同，评价标准的选择就会有所不同。如果评价是要对不同区域之间的煤炭工业发展循环经济状况进行横向的对比，可以选择各指标的目标值或不同区域相同指标的平均值作为评价标准；如果评价目的是要了解某一区域煤炭工业发展循环经济随时间的变化情况，发现问题，为指导区域发展服务，即是进行区域的纵向对比，则可以选择该区域某一年的指标数据作为评价标准。

（二）指标的无量纲化处理

众多评价指标原始数据量纲各不相同，数量等级大小差别悬殊，不利于各变量的比较，因此在利用指标进行评价前首先要对数据进行无量纲化处理，从而得出各评价指标的评价值。

指标无量纲化的方法较多，常用的有统计标准化法、极值标准化法、环比转换法、定基转换法等。评价的目的和对象不同，宜选择不同的指标无量纲处理方法，其中前两种方法适合于评价不同地区同一时期的情况，后两种方法适合于评价不同地区同一时期的情况。

（三）指标权重的确定

指标体系中各指标内涵不同，对煤炭工业发展循环经济效果的重要性也不相同，在利用指标体系进行评价时，需要确定指标权重的大小。指标权重是定量反映各项指标在综合评价中所起作用大小的比重。指标权重的合理与否在很大程度上影响综合评价的正确性和科学性。权重的确定方法有专家咨询法、层次分析法、主层次分析法、灰色关联法等。由于指标的数量比较多，直接赋予权重不太现实，层次分析法是依据系统理论提出的定性与定量相结合的一种方法，这种多层次分别赋权法可避免大量指标同时赋权的混乱，对于判断和评价多变量、多层次的系统，进行决策，是一种有效的工具。同时在确定指标权重时，还要咨询相关专家的意见，尽量避免权重受评价者个人主观感受的影响。因此，本指标体系在进行评价时宜采用专家咨询与层次分析相结合的方法确定权重。

四、结论

循环经济是21世纪的主流经济模式。煤炭工业要在新世纪实现可持续发展，就要将循环经济的思想渗透到煤炭工作发展的各个环节。为了对煤炭工业发展循环经济的效果进行评价，就要建立面向循环经济的煤炭工业评价指标体系。作为一种尝试，本节提出了煤炭工业发展循环经济评价指标体系，并对评价方法进行研究。实际应用中，煤炭工业可视具体情况对评价指标加以增减，以便指导本行业推行循环经济。

参考文献

［1］王文飞．煤炭工业实施循环经济的总体思路［J］．煤炭经济研究，2005（8）．

［2］杨国华．可持续发展指标体系及广东可持续发展实验区建设研究［D］．中山大学博士论文，2006.

［3］李健，邱立成，安小会．面向循环经济的企业绩效评价指标体系研究［J］．中国人口·资源与环境，2007（5）．

［4］K. Sinding. Environmental in Pact Assessment and Management in the Mining Industry［J］. Natural Resources Forum, 1999（23）．

［5］陈傲．循环经济技术范式变革与企业技术创新的生态化转向［J］．科学学与科学技术管理，2007（5）．

第四节 循环经济下的煤炭企业发展对策研究[①]

一、引言

据统计,中国的天然气、石油、煤炭的人均占有量分别为世界平均水平的4%、11%与54%,富煤、少气、贫油的资源能源特点,注定了中国能源结构只能是以煤为主。然而,随着煤炭的大规模开发和利用,对生态环境的破坏与污染是十分严重的:煤炭开采造成土地塌陷、引起水资源的破坏及污染、造成煤矸石的大量堆积、引起城乡大气污染等。与此同时,煤炭是不可再生的自然资源,因此需要从可持续发展的要求上对待、处理煤炭资源的合理开发利用。

循环经济亦称资源循环经济,是指将清洁生产和废弃物综合利用融为一体的经济。循环经济本质上是一种生态经济,按照自然生态系统的模式进行的经济活动,组成"资源—产品—再生资源"的物质反复流动循环的过程,从而建立起在物质不断循环利用基础上的经济发展模式。目标是达到人与自然的和谐相处,实现经济增长、环境保护、资源利用和人们生活质量的全面提高。发展循环经济的煤炭企业需要把传统的粗放型产业转变为资源综合利用型,走一条经济效益好、资源消耗少、科技含量高、环境污染少的新型工业化道路。从而实现资源高效利用,保障煤炭资源的有效供给。具有自动调节、自适应功能的反馈系统和"资源—产品—再生资源"的闭环反馈流程,可以使企业内的信息、物质、能量在时间、数量、空间上得到合理、最佳的运用。可以在保护环境的前提下,通过资源的有效循环利用,实现煤炭企业整个系统的高利用、低开采、低排放的新型发展模式,降低企业的成本。

二、中国煤炭企业传统发展模式存在的问题

长期以来,中国资源型产业一直是"大量生产、大量消费、大量废弃"的单向直线模式。与之相对应的,煤炭企业则是"快速建矿、强力开采、废物排放、缺乏治理"的发展模式,这种传统的发展模式在奠定经济高速发展的物质基础为人类提供所需能源的同时也带来了许多问题。

(一)资源利用率低与浪费严重

由于缺乏长远规划管理,不重视资源的勘探,没有合理完善地建立储量管

[①] 原论文:《循环经济下的煤炭企业发展的研究》,《中国市场》2012年第15期。

理体系，加上政策、经济、技术等多方面的原因，导致煤炭企业片面追求经济效益和产量。与世界先进水平相比，中国的矿产资源综合利用水平存在很大差距。特别是经济转型时期，没能及时调整相关经济政策。一些地区采富弃贫，乱采滥挖现象非常严重，造成资源的破坏与浪费，严重破坏了煤炭资源的整体可采性。

（二）生态环境失衡

由于开采引起的地表坍塌造成了煤炭企业周边环境的生态失衡。由于地下矿的大力开采，导致了地表的塌陷加强。传统的煤矿开采模式只注重生产，缺乏对塌陷造成的植被枯死、河流污染、生物链破坏等问题综合治理，久而久之，造成了生态失衡。

（三）环境污染日益严重

煤炭企业环境的污染源主要是污水、矸石等。煤炭开采排放的污水污染了江河水系，破坏了土壤结构，造成土地板结，影响作物生长。煤炭生产和加工过程中产生的煤矸石占用了大片土地，造成大量的土地占用和原有生态系统的破坏。矿石、粉煤灰等固体废物中含碱性、酸性、毒性、放射性或重金属成分，通过地表水体径流、大气飘尘污染周围的土地、水域和大气等。煤炭生产对环境造成的影响如图7-6所示。

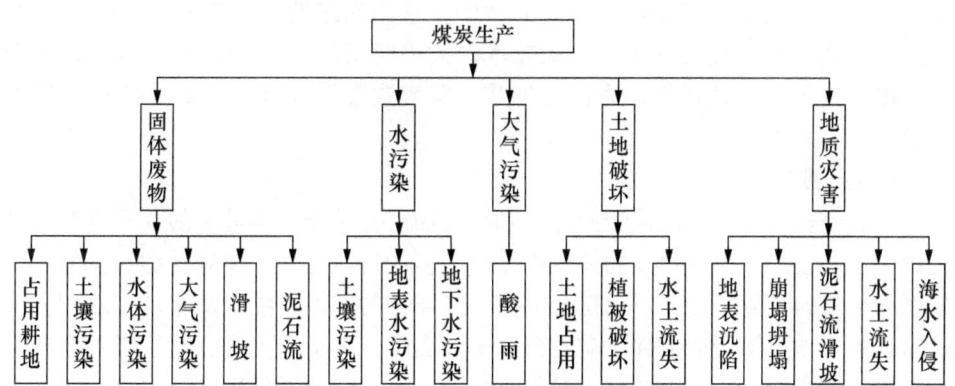

图7-6 煤炭生产对环境造成的影响

三、煤炭企业实施循环经济探讨

（一）煤炭企业内部的循环经济模式

具有不可再生性和有限性的煤炭属于易耗竭型资源，过量的开采不仅影响煤炭资源可持续利用，而且还对环境造成了一定的危害。煤炭企业走循环经济发展之路的前提条件和重要保证是煤炭企业要按照循环经济"源头控制"的理念，本着"低开采—高利用—低排放"的原则，综合协调各方面因素，根据煤炭适度开采的发展战略，确定适合煤炭企业的年产量、年收益、生产年限等。煤炭生产属于循环经济中从资源到产品的过程，因此，从源头把关，预防和减少废物的产生，在生产过程中的每个环节都要遵守循环经济的要求。在组织生产和运营过程中煤炭企业应该遵循以下三个原则：

1. 标准化原则

遵循绿色设计的原则，设计各种生产机械设备和零部件。例如采掘、运输机械等设备及零部件不必更换整个设备，可以相互更换使用。即使在设备使用生命周期结束之后，也不必整机报废，应予拆卸和综合利用。

2. 减量化原则

通过减少原料的使用量、重新设计生产工艺，在生产中减少排放和节约资源。例如通过采煤工艺和方法的优化，一方面可以提高煤炭的质量，另一方面可以实现矸石回填、矸石不出井等多种环保目标；对矿井水进行采矿井的闭路循环和分类处理，采用煤矿生产污水处理技术，从而减少污水的排放量；改革巷道布置方式，从源头上控制矸石的排放，少开岩巷的巷道布置和矿区开拓。

3. 清洁化原则

尽量减少在生产过程中对人体健康和环境的不利影响。如采取井下瓦斯抽放技术，减轻瓦斯排放给环境造成的污染；采用先进的生产工艺减少矿石的采掘量；采用无害或低害新工艺、新技术，大力降低原材料和能源的消耗，实现高产出、少投入、低污染；采用房柱式、条带式等采煤技术，减少破坏土地的程度。

（二）调整产业结构

煤炭企业的主业是煤炭资源开发和初级加工，是全社会最大的物质资源流动行业之一，也是工业废水和固体废物排放最多的行业之一。煤炭采掘和洗选加工从循环经济的角度来看，仅仅是产品链和产业链的起点。在煤炭生产过程中受开采损害的土地，煤炭的共伴生矿物硫铁矿、高岭土、铝矾土等，甚至煤炭生产加工中排放的煤泥、矸石、矿井水等都是资源，存在着潜在的巨大经济价值。但是上述种种却都是环境问题，从环境保护的角度，无论是堆积还是排放，都会对环境造成损害，而且还需要承担排污费等相关费用。因此，煤炭企业发展循环经济，就需要延伸煤炭产业链，调整产业与产品结构，发展相关后续产业。理想的矿区产业集群的循环经济设计模式如图7-7所示。

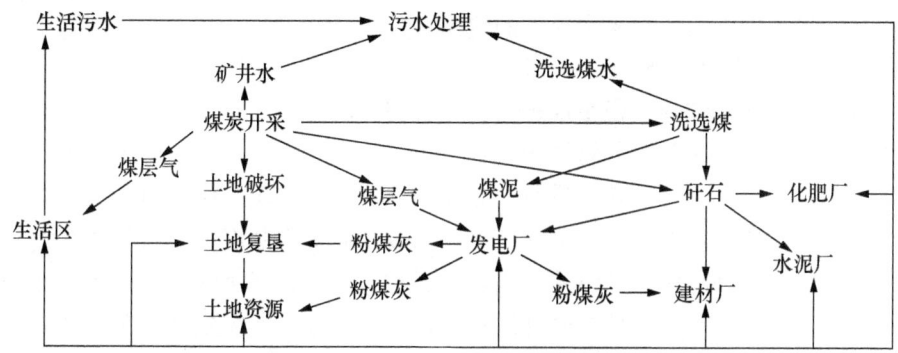

图7-7 矿区产业集群循环经济模式

在这个模式下,最终将把矿区建设成为理想的绿色生态矿区。通过对能量和物质正确的设计,模拟出自然生态系统,形成了企业间的共生网络。能量、水等资源能够在企业间梯级利用,一个企业的废弃物成为下一个企业的原料,从而真正完全体现能量守恒定律和物质转换,最终消除煤炭生产对环境的负面影响,实现煤炭生产污染的零排放,实现矿区与环境的和谐共处。

从图7-7可看出,电厂的燃料是煤炭开采排放的矸石等废物,矸石还用于水泥、化肥、制砖、土地复垦等。矿井水经过多级污水处理后作为水泥厂等工厂生产用水、发电厂的冷却水、土地灌溉用水和生活区居民用水等。煤层气用于民用和发电。发电厂为工厂煤矿供电供热。在发电系统中,发电过程中产生的粉煤灰又可用于土地复垦和制砖,从而实现能源、资源的梯级利用和物质的循环使用。在煤炭工业生产链,通过系统之间废物或产物的相互交换,使矿区内废物得到充分的利用,各种资源得到最佳配置,最低限度地降低环境污染。

四、煤炭企业实施循环经济中对策建议

(一)履行社会责任

首先,企业的经营活动要以社会观念来对待,树立正确的经营理念,把社会、企业、环境、消费者、员工当成一个有机的利益相关体。人的价值高于一切,煤炭企业要从人本精神出发,在关注员工的安全的同时,照顾到企业的利润、社会环境等其他层面。从另一个方面讲,企业在以人为本的前提下经营,照顾到社会的多个层面,为企业树立了良好的社会形象,也因此为企业带来了良好的经济利润。

其次,把自觉履行社会责任渗透到企业的价值观中,建立自觉履行社会责任的企业文化,用企业文化强大的影响力来促进企业自觉履行社会责任。人才的竞争是企业之间最主要的竞争,但归根结底是企业文化的竞争,所以在企业文化的层面要体现出人的价值高于一切,做到以人为本。只有这样才会有安全生产、保护环境等措施的强力实施来保证人的价值。

（二）完善管理制度

首先，要强化领导，稳步推进，统一协调。由主要领导牵头，在企业成立专门机构，相关部门参与，分管领导负责，统一领导，协调一致，分工协作，狠抓落实。为保证循环经济有效地进行，必须建立有效的协调工作机制。

其次，发展循环经济需要建立严格的长效企业管理制度，而长效的企业管理制度要建立在循环经济统计体系、指标体系和考核体系三个体系基础上。循环经济进行有效管理的基础是建立循环经济统计体系，在企业中建立起基本的物质流量表。推动清洁生产，淘汰落后的产品、生产技术、设备和工艺，不断地提高技术含量和产品的附加值。建立循环经济评价指标体系，逐步把环境和资源代价计入成本，真实反映、科学评价企业经济增长的效益与质量。建立循环经济发展指标的考核体系，把发展循环经济的指标和措施定量化、具体化，纳入干部、职工的业绩考核体系。要使经营者树立正确的政绩观，在对经营者考核时既要考核各项经济指标，还要注重先进生产力的培育和提高，注重以人为本的全面发展，注重人与自然的和谐，注重"环境、资源、人口、经济发展"四位一体的总协调，注重人民生活质量的持续提高。

（三）加快技术进步

首先，引进国外先进开采技术，结合实际情况采用大型智能化、自动化采矿设备进行综合机械化采煤，尽量使采煤设备自动化、液压化和无轨化，引入机器人作业、无人驾驶等新技术，保证工人安全，减少矿山事故，采取环保和整体性预防措施，减少乃至消除地质灾害发生，从而有效避免矿区内的地质灾害，保护采矿区域地表水和地下水环境，将生态环境在煤炭生产中受到的影响降到最低。

其次，采用清洁生产技术。改变以往在煤炭生产中"先污染后治理"的状况，在生产末端严格控制废弃物的排放。在原煤生产过程中，产生的废弃物主要是矸石和矿井水，积极采取煤矸分流措施，努力杜绝割底、割顶现象，采用煤矸石井下充填技术，减少矸石割出量从生产源头上抓起。推广应用矿井水复用技术，实现矿井水井下的循环利用，最大限度地减少资源开发中的浪费。

五、结论

在强调可持续发展的今天，发展循环经济是煤炭企业的重大选择。煤炭企业的资源开发与生态环境的保护产生了矛盾，发展循环经济是解决这个矛盾最好的选择。通过发展循环经济，为煤炭企业调整产业结构，创造新的经济增长点指明了方向。因此，抓好可持续发展，在煤炭企业中推行循环经济的发展模式将为煤炭企业带来更加广阔的发展前景。

参考文献

[1] K. Sinding. Environmental in Pact Assessment and Management in the Mining Industry [J]. Natural Resources Forum, 1999 (23).

[2] L. Reminders. A normative Strategy for Sustainable Resource Choice and Recycling [J]. Resources, Conservation and Recycling, 2000, 28 (1 – 2).

[3] Tsiliyannis. C. A. A Flexible Environmental Reuse/Recycle Policy Based on Economic Strength [J]. Waste Management, 2007 (27).

[4] 庞晓雁. 发展循环经济是煤炭企业实现可持续发展的必由之路[J]. 煤, 2011 (134).

[5] 孙玉峰. 基于循环经济的煤炭企业发展模式研究[J]. 采矿技术, 2006 (1).

[6] 蒋衔武, 孙磊, 张冬梅. 基于循环经济的煤炭工业可持续发展研究[J]. 煤炭工程, 2007 (5).

[7] 曾键年. 矿山安全与矿山环境保护[M]. 北京: 地质出版社, 1998.

[8] 曹少中, 涂序彦, 杨国为. 绿色循环经济与绿色设计[J]. 机械设计, 2004 (4).

[9] 何志强. 矿区可持续发展——资源、经济与环境[D]. 辽宁工程技术大学硕士论文, 2003.

[10] 陈傲. 循环经济技术范式变革与企业技术创新的生态化转向[J]. 科学学与科学技术管理, 2007 (5).

[11] 孙磊, 李培哲. 基于循环经济的煤炭企业管理模式研究[J]. 能源技术与管理, 2008 (6).

第五节 山西煤炭行业发展循环经济对策研究[①]

一、前言

山西省作为煤炭资源大省，在短短数十年的时间里，煤炭工业取得了长足发展，在山西省经济和社会的发展中发挥着举足轻重的作用。但目前山西省煤炭工

---

① 原论文:《山西省煤炭行业发展循环经济研究》,《中国市场》2012 年第 3 期。

业发展的现状,仍然是用资源的粗放开采来换取经济的发展。这样的模式是以牺牲巨大的资源与环境为代价,换取有限的经济效益,给山西煤炭工业的可持续发展带来了严峻挑战。

煤炭工业走循环经济的发展道路,直接关系到中国的能源安全,也是落实科学发展观、建设和谐社会的必然要求。同时,也是发展资源转型综合改革配套试验区的必要措施。因此,如何以科学发展观为宗旨,研究煤炭工业循环经济的发展模式和运行机制,对于各级政府机构制定管理决策和煤炭工业的发展规划,都有着重大的现实意义和指导意义。

目前问题主要体现在:①回采率过低,煤炭资源浪费严重,共伴生矿物及废弃物没有得到合理的利用。②资源的粗放开采模式严重破坏了环境;煤炭工业结构单一,产业链过短,产品附加值低,经济效益低下;这些问题的出现,成为发展山西煤炭循环经济的"瓶颈"。因此,为解决发展循环经济的瓶颈,山西省煤炭工业必须尽快实现转型。

二、循环经济的概念与内涵

20世纪60年代随着对环境保护的不断关注,循环经济的思想萌芽也随之产生。90年代后,发展循环经济已经成为了经济社会的一大趋势。各国相继逐步完善关于循环经济的立法、制度和政策建设,并且在循环经济的实践过程中取得了一定的成就,其中以日本、德国、美国最具代表性。而中国对于循环经济的研究开始于20世纪90年代,较其他发达国家晚,但是也取得了一定的成果。如在理论方面,中国著名的软科学专家冯之初较早地提出了循环经济的概念,并且系统地阐述了中国发展循环经济的重要性和必要性;中科院可持续发展战略研究组的组长牛文元则系统地总结了发展循环经济的三种模式。而在实践上,随着各地政府对循环经济的重视,中国以循环经济理论和外国的实践经验为基础,建立了许多城市试点和工业园区。这些都为山西省发展循环经济,实现资源型经济转型提供了借鉴。

循环经济也称资源闭环利用型经济,在保持生产扩大和经济增长的同时,建立"资源—生产—废物再资源化"的清洁闭环流动模式(见图7-8)。循环经济是把清洁生产、资源综合利用、可再生能源开发、灵巧的产品设计和生态消费等融为一体,其本质是一种生态经济,它运用生态学规律来指导人类社会经济活动的模式。循环经济以资源的高效利用和循环利用为核心,以"减量化、再利用、资源化"为原则,以低消耗、低排放、高效率为基本特征,符合可持续发展理念的经济增长模式,是对"大量生产、大量消费、大量废弃"的传统增长模式的根本变革。

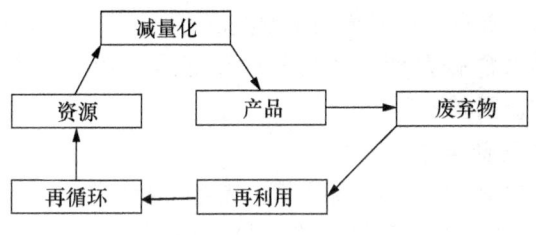

图 7-8 循环经济模式

三、山西煤炭工业现状与存在问题

(一) 山西煤炭工业的基本情况

山西省是煤炭资源蕴藏大省和煤炭资源的开发大省,同时也是中国最重要的煤炭生产基地,2009 年山西省原煤产量为 6.1 亿吨,约占全国原煤产量的 1/4,调出量占全省原煤产量的 75%。同时,煤炭工业也是山西省的支柱工业,2011 年山西入选全国五百强的企业共有 9 家:太钢集团、山西煤销集团、山西焦煤集团、潞安集团、阳泉煤业(集团)有限责任公司、山西晋城无烟煤矿业集团有限责任公司、大秦铁路股份有限公司、山西煤炭进出口集团有限公司、山西省国新能源发展集团有限公司,其中有 6 家企业属于煤炭企业。

(二) 山西煤炭工业发展过程中存在的问题

1. 山西煤炭传统开采方式及其问题

中国煤炭开采分为井工开采和露天开采两种,其中 95% 以上的煤炭产量来自井工开采。长期以来,由于煤炭企业生产技术落后,以及在计划经济时期形成的淡薄的资源环境观念,形成了高开采、高排放、低利用的生产模式,浪费并破坏了大量的煤炭资源。因此,目前主要存在的问题如下:

(1) 资源浪费。由于技术设备和采矿技术的落后,山西省的煤炭资源的回采率长期徘徊在低水平阶段,加之小煤矿和小煤窑的存在,大肆浪费着煤炭资源和伴生资源。

(2) 次生土地灾害。井工开采所引起的地表塌陷,造成了难以治理的次生灾害问题;露天开采过程中露天采掘场对土地的毁灭性挖损,以及排土场对土地的压占极大地浪费和污染了土地资源;煤矿生产过程中产生的固体废弃物压占污染土地。

(3) 地下水源浪费与污染。伴随着煤矿开采的延伸,使矿区地下水位不断下降。同时,大量未经处理的矿井水直接外排,而这些未经处理的矿井水中含有大量的悬浮物、硫化物、化学需氧量和生化需氧量等污染物,不仅浪费了宝贵的水资源,而且对矿区周围的水环境造成了污染。煤矿的水污染另一个主要来源就是洗煤水。现在大多数选煤厂采用的是湿法洗煤工艺，在洗选煤过程中产生大量洗煤水，这些洗煤水含有大量的煤泥和泥沙等悬浮物，以及大量石油类药剂、酚、甲醇和有害重金属离子等。

2. 山西煤炭传统储运方式及其问题

山西煤炭运输主要依靠铁路和公路，还有少量的管道运煤，而在储运过程中产生的煤的自燃和抛洒，不仅造成了煤炭资源的浪费，而且还造成了环境污染。

综上所述，面对煤炭资源传统开采方式和运输方式带来的环境压力和资源浪费，就必须实现煤炭工业的可持续发展，发展循环经济。

四、山西煤炭工业发展循环经济的主要措施

2010年12月1日，经国务院同意，国家发改委批复在山西省设立国家级综合配套改革试验区。因此，山西将获得煤炭工业可持续发展、煤层气开采、旧有煤矿用地审批权等方面优惠政策。

山西省资源型经济转型将围绕深化改革，加快产业结构的优化升级和经济结构的战略性调整，建设资源节约型和环境友好型社会，统筹城乡发展，保障和改善民生这一重要任务进行开展。循环经济是现阶段山西省煤炭工业缓解资源约束矛盾的根本出路，是从根本上减轻环境污染的有效途径，是提高山西省经济效益的有效措施，同时也是以人为本、实现可持续发展的本质要求。山西省的经济转型更应该借着综合配套改革试验区的建立，凭着各种优惠政策等条件，在各个方面加大对煤炭工业的扶持力度，大力发展循环经济，从根本上实现经济的转型跨越发展。

（一）加强政府的主导作用

1. 完善山西省循环经济法律法规体系

循环经济发展工作必须纳入法制化轨道，有法可依，有章可循，是发展循环经济的先决条件。当前中国循环经济立法从总体上还处于起步阶段，现有的有关环境和资源保护的法律仅有《中华人民共和国可再生能源法》、《中华人民共和国节约能源法》、《中国21世纪初可持续发展行动纲要》、《中华人民共和国清洁生产促进法》等。这些法律只是部分涉及污染防治、资源综合利用等内容，几乎没有对全局产生重大影响的实质性内容。而山西省的地方法规，仅有省政府下发的《山西省全面推进循环经济实施意见》，缺乏专业的法律法规支持。为保障山西循环经济的顺利进行，山西省人大和政府应在现有国家法律法规基础上，构建包括循环经济促进法、矿山地区土地资源保护法、矿山地区水资源保护法、矿山地区植被保护法、废物回收、循环利用和工业等法规在内的法律法规体系。对于

已开采矿山地区的植被恢复、土地恢复、水资源保护等，建立完善的管理办法和法律法规。将循环经济的基本理念、基本原则等，以法律的形式明确下来。法律法规的健全，规范了政府、企业及个人的权利与义务，有效避免发展过程中人为的阻力和破坏，使得循环经济的发展有法可依、有法必依，引导循环经济健康发展。

2. 制定推动煤炭工业发展循环经济的政策体系

（1）制定合理的经济激励政策体系，以此来推动和促进煤炭企业主动淘汰落后技术与设备，引进先进的生产技术和设备，完善企业的循环经济体系。

（2）加大政策倾向，增加对发展循环经济的煤炭企业以税收、资金和政策等方面支持。

（二）培育大型煤炭企业集团

（1）提高工业集中度，优化煤炭工业结构。遏制非法、违法煤矿的生产，从根本上扭转全省煤炭工业"多、小、散、乱、差"和生产方式落后的格局。

（2）淘汰生产能力落后的矿井，通过大型煤炭企业托管中小煤矿、改造提升中型煤矿等方式来发展一批现代化的大煤矿企业，达到提高单井生产能力和采煤机械化水平的目的。

（3）在全省范围内，引导和支持重点煤炭企业，运用市场经济的方式和手段，实施煤炭企业横向和纵向联合重组。例如，以产权股权为纽带，联合、兼并、重组地方中小煤矿；兼并整合煤资源加工转化企业；在国有控股的前提下，通过合资合作、股份制等形式引进国内外先进企业结成战略合作伙伴；从而实现产权主体多元化，形成良好的经济体制，建设一批大型矿井与资源转化并举、核心竞争力较强的大型煤炭集团。

（4）积极推行采煤方法改革，重视资源再利用，开展煤炭资源整合与有偿使用工作。

（三）完善循环经济的人才和技术支撑体系

1. 人才支撑体系的建立

山西的煤炭企业要打破传统的劳动人事管理制度，以现代人力资源管理理念为指导，在企业内部营造学习氛围，努力提高职工的团队学习能力、竞争能力和创新能力。在人力资源开发的过程中，注重职工的教育培训，定期利用煤炭企业自己的职工大学、高级技校对职工进行教育培训，从而提高全体职工的素质；加强与高校、科研单位的联合力度，加大科技投入，重点对煤炭开发、高产高效矿井建设、煤矿安全、煤炭洁净利用与环境保护、煤矿信息化和管理科学五大领域的关键技术组织科技攻关，并通过高校直接为煤炭企业培养所需人才。

现代人力资源管理的创新，还应体现在对人才的任用上。企业广开渠道，不拘一格选拔人才，能者上，庸者下，形成良好的竞争机制。总之，人才是煤炭企业发展循环经济的基础。

2. 技术支撑体系的建立

从清洁生产的角度来看，循环经济是把清洁生产和废物综合利用融为一体的生态经济。它是在可持续发展的思想指导下，按照清洁生产的方式，对资源及其废物实行综合利用的生产活动过程。实施和发展循环经济的关键是要做到废物的零增长以及废物的零排放，清洁生产是循环经济的微观基础，也是实现循环经济的基本途径。

洁净煤技术是一种专门针对煤炭清洁生产的技术，它主要是指在煤炭开发、加工、利用过程中，提高煤炭利用效率、减少污染，从而达到煤的高效、洁净利用的一系列新技术组成的体系。通过发展洁净煤技术，煤炭在提供能源的同时，改变了以往"肮脏"的能源形象，资源的利用效率大大提高，对环境的污染程度大大降低。

山西煤炭工业要想发展好循环经济，就必须为洁净煤技术的应用创造良好的平台。全面运用循环经济理论，真正落实到每个环节，依托科技进步和技术创新，以雄厚的人才保证洁净煤技术的实施推广。同时，煤炭企业应严格依法组织生产，加大资金技术投入，采取有效措施，按照废物减量化的首要原则，减少污染物的排放，利用各种清洁开采技术减轻对土地资源的破坏，实现低开采、高利用、低排放的良性循环。

3. 扩大煤炭工业链的延伸

山西是中国重要的能源基地，煤炭工业是山西最重要的支柱工业，煤炭资源的长期持续开发为国家经济建设做出了巨大的贡献，同时也形成了一批高度依赖煤炭的资源型城市。为了实现可持续发展，在循环经济思想的指导下，我们可以以工业转型为突破口，做到以下几点：

（1）产业延伸。以煤炭资源开发为核心，通过开发煤炭资源深加工，积极引进关联企业和项目，形成煤炭行业产业链，并拓展延伸产业链，如建设一批大型坑口电厂、煤矸石电厂、热电联产项目都是发展循环经济的强力体现。

（2）工业替代。为避免煤炭资源枯竭之后经济发展的断层，应鼓励依托现有工业基础，着力发展高新技术工业，扩大新型工业规模，逐步建立不依赖煤炭资源的全新工业群，培育新的经济增长点。

（3）积极发展煤炭的深加工和转换，注重产品结构调整，加强综合利用。20世纪80年代初山西省与原煤炭部共同投资成立太原煤气化公司，成为煤炭工业加工转化、综合利用的示范性企业。进入21世纪，我们应该开展多种经营，加强煤炭的洗选和深加工，发展煤电、矸石发电、煤化工和煤建材等工业。

五、结论

"不积跬步,无以至千里;不积小流,无以成江海"。目前煤炭行业发展循环经济面临着底子薄、阻力多等众多不利因素,但我们深信,只要坚持走循环经济的道路,扎扎实实地将改革推进下去,就能用合理的市场手段和政策导向,引导山西煤炭行业达到低开采、低排放、高利用、优化煤炭产业结构的目的。

参考文献

[1] 冯之浚. 循环经济导论[M]. 北京:人民出版社,2004.

[2] 赵国浩,裴卫东,张冬明. 中国煤炭工业与可持续发展[M]. 北京:中国物价出版社,2000.

[3] 赵国浩. 管理科学理论研究与应用[M]. 北京:中国科学技术出版社,2005.

[4] 赵国浩,阎世春. 煤炭工业可持续发展研究[M]. 北京:经济管理出版社,2008.

[5] 王宏英. 山西能源开发战略与可持续发展[M]. 北京:经济管理出版社,2003.

[6] 周仁,任一鑫. 煤炭循环经济发展模式研究[J]. 煤炭经济研究,2004(8).

[7] 谢克昌. 循环经济与山西新型能源与工业基地建设[J]. 山西能源与节能,2005(3).

后 记

煤炭资源管理理论研究主要运用管理科学和系统科学的理论与方法，以及能源经济、可持续发展理论和循环经济理论，针对煤炭资源管理问题进行系统分析，探析煤炭资源管理系统构成要素和系统要素之间的相互关系，剖析影响煤炭资源高效、绿色、低碳开发利用的因素；基于循环经济和可持续发展理论，探索煤炭资源高效、绿色、低碳开发利用的评价指标体系，构建煤炭资源优化配置、高效绿色低碳开发利用煤炭资源的数理分析模型，模拟分析煤炭资源管理决策可行方案；煤炭资源管理实践研究，主要在收集整理煤炭资源开发利用现状的基础上，整理分析中国煤炭资源消耗和需求状况，预测煤炭资源需求趋势，结合数理分析模型运行的系统优化方案，对（山西省）煤炭资源整合进行科学分析和系统评价，进而提出煤炭资源发展循环经济和实现可持续发展的对策建议。本书围绕煤炭资源管理理论与实践研究成果，为实现适应经济社会发展、资源节约型和环境友好型的煤炭资源高效绿色低碳开发利用战略目标提供理论指导与方法论指引。

本书36篇学术论文是笔者以第一作者和所指导的博士、硕士研究生一起发表的，博士生有闫新华、张华明、高文静、柳亚琴、杨毅、朱美峰、曹翠珍、程艳、韩慧，硕士生有王晓军、李敏、王永光、武斌、翟燕妮、李静娜、胡雪棉、王冬梅、张玲娟、李君平、王嘉雯、卢晓庆、车康模、凌涛、解宇歆、王婧臻、朱玮琼、于贵芳、武幸凤、刘瑞、范瑞、周萌、武彩霞、朱柏龙，研究成果也有他们的智慧和贡献，也是他们的成果；在编辑过程中，硕士研究生刘建平、董慧琳帮助整理和排版。在此对我的博士生和硕士生们表示感谢！

赵国浩

2014年12月3日于龙城